ワードマップ

イスラーム

社会生活・思想・歴史

小杉 泰・江川ひかり 編

新曜社

はじめに

イスラームは現代において、宗教として、文明として力強く生きている。今日の世界人口の五分の一余りがムスリム（イスラーム教徒）であり、国連加盟国の三分の一近くが**イスラーム諸国会議機構***（OIC）に加盟している。それらの国々を訪れると、そこには多様なイスラーム社会が、現代世界の一部として息づいている。

各地にさまざまな形のモスク（礼拝堂）があり、ミナレット（尖塔）やドームがイスラーム世界らしい情景を作っている。もっとも、マッカ（メッカ）に向かって祈る点では同じでも、モスク建築には多様な様式があり、それぞれが地域の特色を示して、独自の文化を表わしている。イスラーム諸国の都市も、かつてのオスマン朝の帝都イスタンブルやモロッコの古都フェズ、マラケシュのように、イスラームの伝統を色濃く残した都市がある一方、マレーシアの首都クアラルンプールや湾岸の商都ドバイのように、近代とイスラームが融合した都市もある。

イスラーム諸国を訪れると、コーヒーの発祥地イエメンやエジプトでエキゾチック

***イスラーム諸国会議機構**　一九六九年の第一回イスラーム首脳会議で設立が決定された。イスラーム諸国が加盟する国際機構で、国際社会のなかでイスラーム世界を代表する機能を果たしている。

なカフェや水煙草の風景に出会い、トルコやイランのバザールでは、諸国の物産を集めた巨大な市場が旅人を魅惑してやまない。絨毯屋でお茶を飲みながら値段の交渉に励む楽しみもあれば、迷路のような街区をはてなく散策する喜びもある。

いわゆるイスラーム諸国を旅して、エキゾチックな情景に出会うだけではない。ロンドンでもパリでも、欧米諸国にも、アラブ的な、あるいは南アジア的なムスリムたちの街区や通りがあり、イスラーム・レストランや絨毯屋が軒を並べていたりする。ムスリムがいるところをイスラーム世界というならば、グローバル化とともに、イスラームは世界の各地に拡散している。

きわめて多様でありながらも、「イスラーム」*という点において、なにがしかの共通性を持つ世界――それがイスラーム世界である。実は、「イスラーム」そのものも、各地の文化と融合して生きてきた以上、多様性を内包している。しかし、多様性を内包しつつも、いくつかの共通性を持っているがゆえに、それらのすべてをイスラームという語でくるむことが可能となり、イスラームとイスラーム世界は**「多様性と統一性」**というキーワードで語られるのである。

本書は、そのような多様性と統一性を合わせ持ち、共通性を持ちながらも複雑で限りない具象のなかに展開し、五大陸に広がって、人類の歴史と文明の重要な担い手の一つとして生きてきたイスラームに迫っていきたい。重要な基本ワードを通して、七

＊イスラーム　聖典クルアーンのなかに「イスラーム」という名称が明記されている。原義はアッラーへの「帰依」「絶対服従」。「教え」の意味も含まれているのと、狭義の宗教のみならず、政治や経済も含むため、「イスラーム教」としないことが多い。日本ではかつて、回教、マホメット教などの誤称も広く用いられていた。

世紀におけるイスラームの誕生や基本的な教義をとらえ、独自の世界観や固有の社会像を理解し、さらに具体的なムスリムの人生の様子を通して、彼らの生き生きとした暮らしに肉薄してみたい。

かつて、二十世紀半ばには、イスラームも含めて、世界の多くの宗教が近代化のなかで次第に社会的な意義を喪失し、政治や経済においても重要性を失っていくと思われていた。もし宗教が生き残るとしたら、それは個人の信仰のなかだけと思われていた。しかし、二十世紀後半には、世界的な**宗教復興**の傾向があらわになり、とくに**イスラーム復興**がめざましい勢いで広がった。日本でも、第四次中東戦争（一九七三年）やそれにともなう第一次石油ショック、イランでのイスラーム革命（一九七九年）などによって、「アラブ」「イスラーム」「中東」などが国際関係を理解するキーワードとして、強く意識されるようになった。

イスラーム復興は政治面だけではない。利子を取らないイスラーム銀行が各地で設立されたり、イスラーム的な**喜捨**（**ザカート**）に基づく福祉活動が広がったり、さまざまな面でイスラームが現代的な生活に再登場した。また、イスラーム諸国会議機構も、国際社会におけるイスラームの代表として、次第に認知されるようになった。

さらに、二十一世紀の最初の年には、米国における「**同時多発テロ事件**（**九・一一事件**）」*が起きて、急進派の指導者ビン・ラーディンや彼の率いる組織アル＝カーイ

***同時多発テロ事件**　二六〇頁参照。

ダのようなアラビア語の名称も、日常のニュースの常連となった。マスメディアに関するかぎり、イスラームをめぐるニュースや情報は、茶の間にも浸透するようになったのである。

とはいえ、**イスラームとは何か**、を考えると、未だその姿が十分理解されているとは言えない。国際社会におけるイスラームの重要性と、その実体に対する認知との落差を考えると、イスラーム世界はまだまだ日本から遠い。イスラームの重要性を考えると、その理解は私たちにとっても大きな課題となり始めた。

日本では、長い歴史のなかで、中国、インド、西洋などの宗教や文明を、理解し、吸収し、活用してきた。その文明理解の歴史のなかで、いわば**新しい「練習問題」**となっているのが、今日のイスラームではないだろうか。言いかえると、国際化が加速度的に進行している現在、イスラームは**「異文化理解の試金石」**ともなっている。

しかし、「イスラームは誤解されている」というわけではない。欧米では、いつも、「もっとも誤解されている宗教」のように言われるが、それが西洋とイスラームの関係史が一四〇〇年に及んでいるからで、直接的な接触がわずか百年に満たない日本の場合、「誤解」はほとんどない。単に、「未知の宗教・文化」というべきであろう。

実のところ、日本が歴史を通じて発揮してきた世界文明や異文化に対する理解力、感受性を考えると、イスラームという「練習問題」がそれほどむずかしいものとは思えない。というわけで、いわば未知への接近として、本書は最新の研究成果を盛り込みながら、読者の皆様とともに、イスラームとイスラーム世界に接近していきたい。

昨今は、イスラームについての日本語の書物も増えてきているが、本書は三つの重点と三つの工夫を特徴としている。まず重点となる三つのポイントであるが、第一に、イスラームを「宗教と文明」「宗教と社会」としてとらえる。イスラームというと、政治と宗教について焦点があてられがちであるが、政治は人間生活の一つの側面にすぎない。ここでは、もっと大きく、社会生活の全体像を考えていきたい。第二に、現代のイスラームの生活に迫っていきたい。イスラームは非常に強い理念を持っており、それも大事なポイントであるが、その理念と現実の暮らしが交差するなかで生じている実際の社会、実際の人間の営みを描き出したい。第三は、歴史の深みである。イスラーム世界は重層的で深い歴史を持っており、なにげない現代の生活にも、しばしば歴史が強い影を落としている。この世界を理解するためには、現在目に見えるものだけではなく、その背後にある歴史の深みを探ることが必要とされる。本書では、歴史の諸層のなかから特に、現代に直接つながっているオスマン朝時代に強い光を当てていく。

次に、三つの工夫であるが、第一は、女性について十分な目配りをすることである。女性について目配りをするということは、社会を構成している両性についてバランスよく見たり考えたりすることにほかならない。「イスラームは女性隔離をしているのではないか」という質問がしばしばなされるが、実は「女性隔離」という表現は男性からの視点である。確かに、イスラーム社会では男女が分かれている機会も多いが、研究者が男性ばかりの時代には、彼らの目からは、女性は隔離され、隠されているように見えていた。実際には、女性は女性で自由で豊かな暮らしを持っている。それは、女性研究者が増えてきた今日では、ごく当たり前の知見になってきたが、本書では、イスラームの側についてもイスラームを研究する側についても、おおいに女性に活躍していただきたいと思う。第二の工夫は、さまざまな文化圏を対象とすることである。イスラームというと中東、というイメージが今でも広く見られるが、たとえば人口を考えても、全世界のムスリムの三分の二はアジアに住んでいる。多種・多様な地域・国に広がっている現状にバランスよく目配りし、多様性の現実をとらえていきたい。多様でありながら、そのいずれもがイスラーム、という様子を見ると、非常に面白い。第三の工夫は、若手の執筆者たちに、新しい観点から元気に書いていただくということである。イスラーム研究は、近年、学生や一般の方の関心を集め、活気に満ちあふれている。その一端を披露したいと思う。

生き生きとしたイスラームとその世界を、活き活きと描く。それが編者の願うことであり、そのために三つの重点をもうけ、三つの工夫を試みた。思えば、イスラームという異文化の研究は、未知との遭遇に満ちて、刺激的で楽しいものである。是非、その楽しさを読者の皆様と分かち合いたいと願っている。

編者

イスラーム——社会生活・思想・歴史＊目次

Ⅲ　知の体系としてのイスラーム

Ⅳ　歴史のなかのイスラーム

Ⅴ　ムスリマ・ムスリム群像――歴史と現代

装幀＝加藤光太郎

界主要図

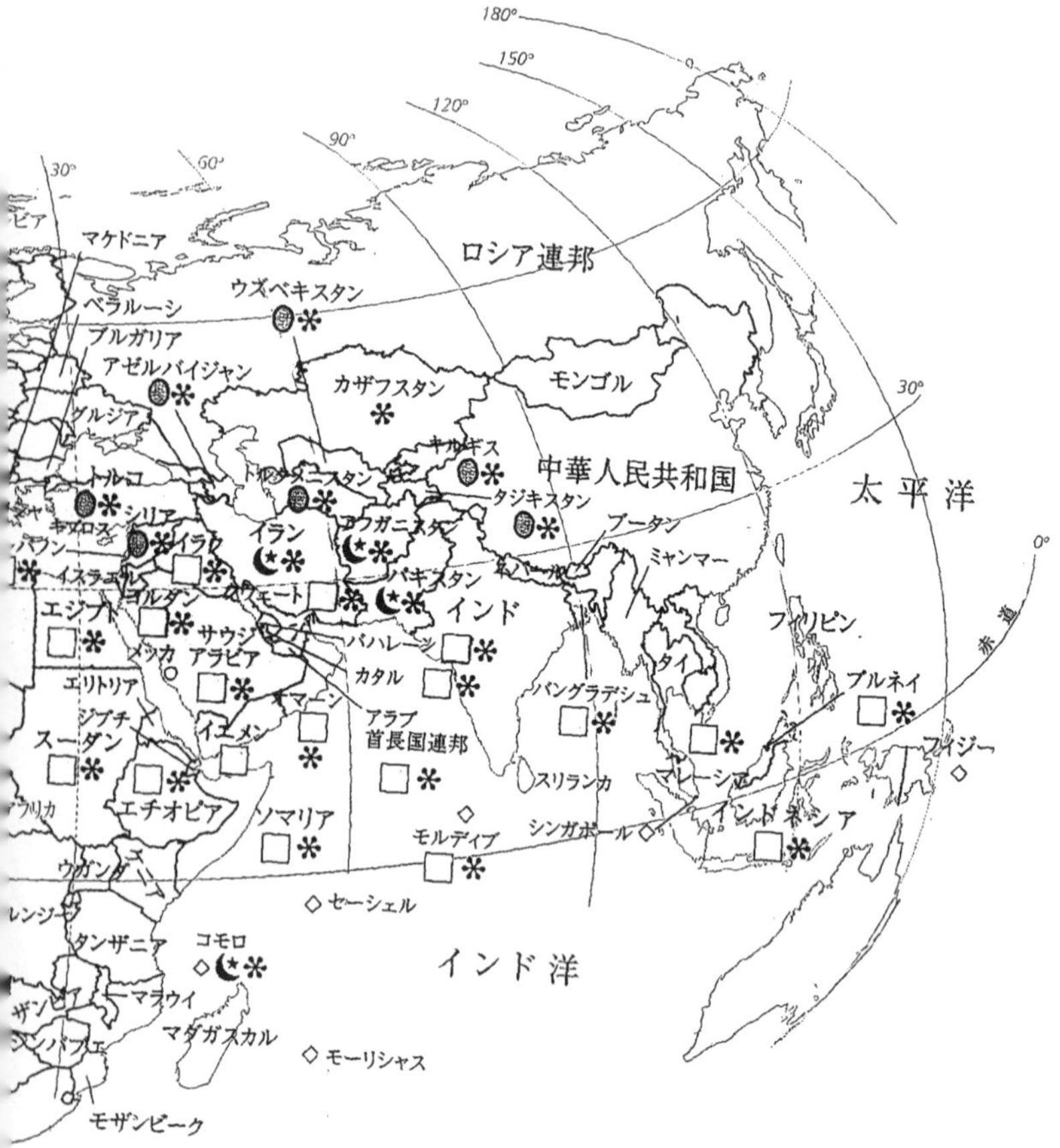

出所：ポール・ランディ著・小杉泰監訳『イスラーム』ネコ・パブリッシング，2004，p.9の地図を加筆・修正

イスラー

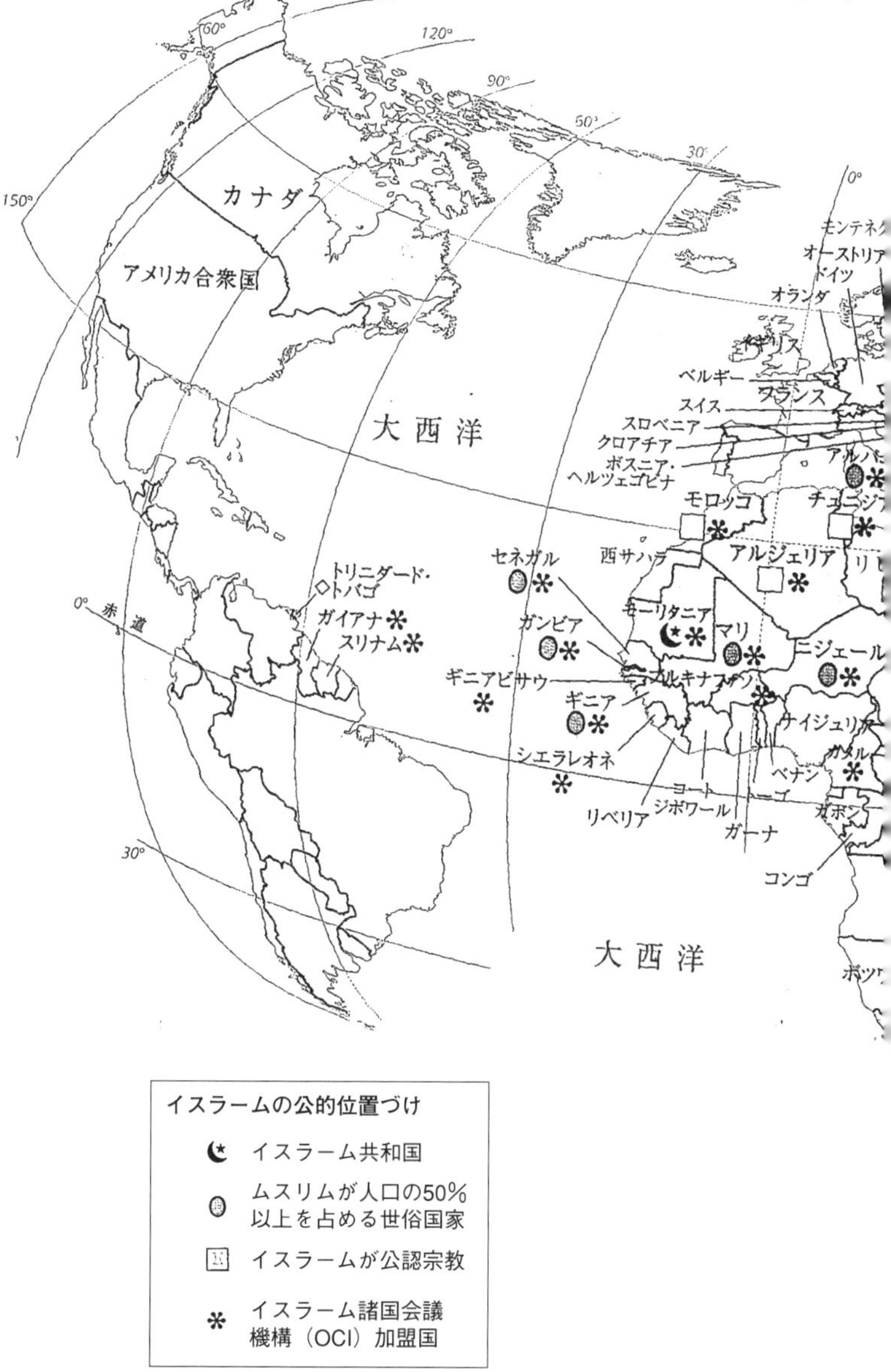

カナダ
アメリカ合衆国
大西洋
トリニダード・トバゴ
ガイアナ
スリナム
赤道
セネガル
ガンビア
ギニアビサウ
ギニア
シエラレオネ
リベリア
コートジボワール
ガーナ
トーゴ
ベナン
ブルキナファソ
マリ
モーリタニア
西サハラ
モロッコ
アルジェリア
ニジェール
ガボン
コンゴ
オーストリア
ドイツ
オランダ
イギリス
ベルギー
フランス
スイス
スロベニア
クロアチア
ボスニア・ヘルツェゴビナ
大西洋
イスラームの公的位置づけ
イスラーム共和国
ムスリムが人口の50%以上を占める世俗国家
イスラームが公認宗教
イスラーム諸国会議機構（OCI）加盟国

系図　ムハンマドとその後継者たち

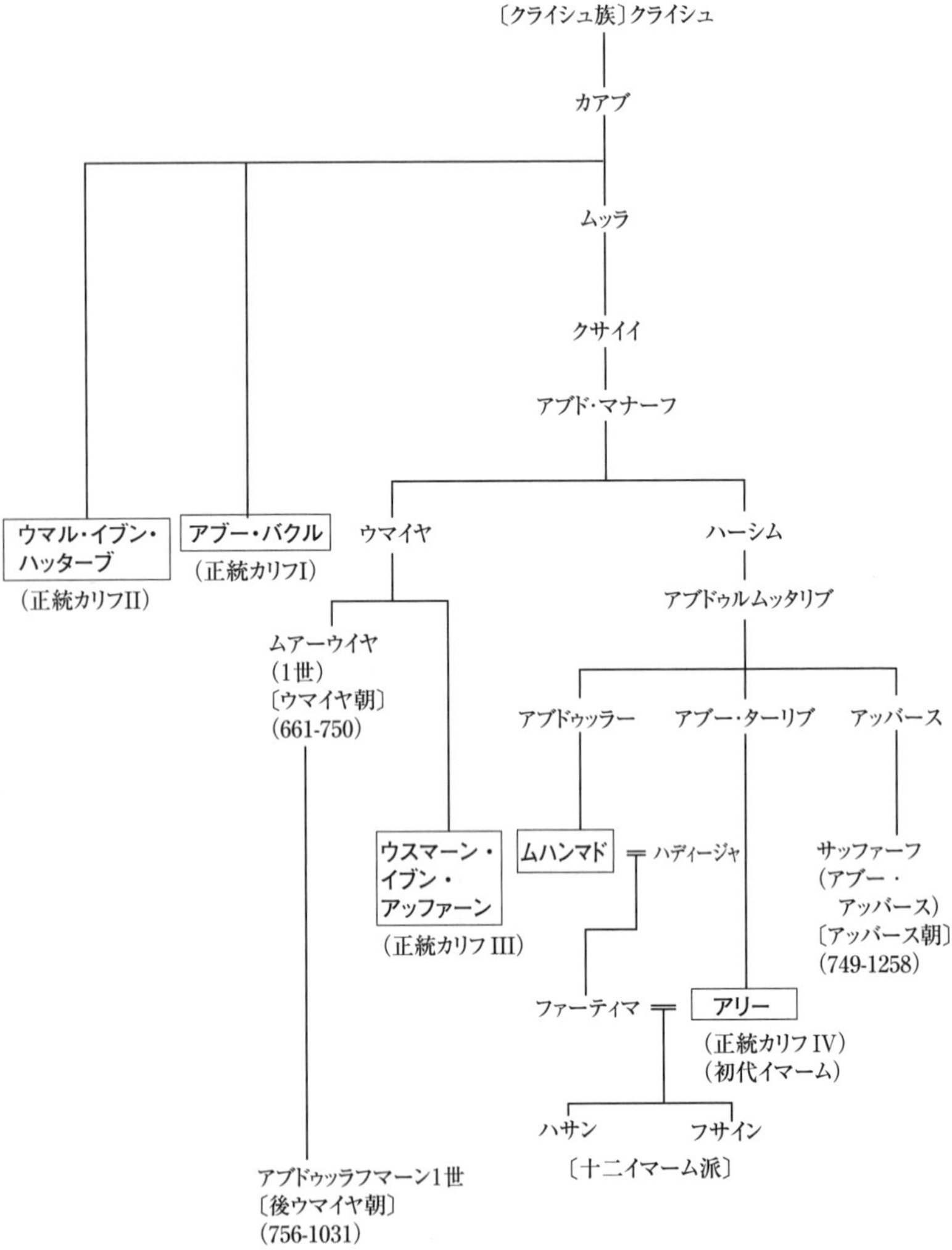

Ⅰ　宗教としてのイスラーム

唯一の神、唯一の啓典

神は見えないが、その言葉は聞きうる

（小杉　泰）

▶前頁写真　アズハル・モスク中庭から（カイロ旧市街）

イスラーム世界ではどこの町へ行っても、**モスク**（礼拝堂）が建っている。場合によっては、街角に小さなモスクがひっそりと建っていて、気がつかないこともある。しかし、多くの場合、モスクには丸いドームと**ミナレット**（尖塔）が付属しており、一目でそれとわかる。

かつてオスマン帝国の都であったイスタンブルのように、巨大なドームと鋭く屹立するミナレットが美しいシルエットをつくっている町もあれば、カイロのようにさまざまな時代に建てられたモスクによって、多彩な様式のミナレットが並んでいる町もある。ちなみに、カイロはミナレットが多く、「千の塔の町」とも呼ばれる。

礼拝の刻限がくると、そうしたモスクから朗々と礼拝への呼びかけ声が流れる。かつては、呼びかけをする係（ムアッズィン）は尖塔の上にのぼって、街に向かって声を張り上げたものである。今では、尖塔のスピーカーから呼び声が流される。

「アッラーフ・アクバル」（アッラーは偉大なり）

モスクとミナレット（カイロ旧市街）

で始まる**アザーン**（呼びかけ）が、朗々と街へと流れていく。暁前の礼拝では、夜明け前の静かな時間に、呼びかけがしじまを破っていく。モスクがいくつもある地区では、互いにこだまするように、このアザーンの声が反響し合う。イスラーム諸国への初めての訪問者は、この声に起こされて、何ごとかと驚くのである。

教会やお寺の鐘に類する装置は、モスクには付いていない。**肉声の美しさ**こそがイスラームを示すにふさわしい、とアザーンが定められたという。確かに今では、アザーンはイスラームの独自性を示すものとなっている。モスク本体もユニークな宗教建築である。

まず驚くのは、中に入っても、礼拝用の空間しかないことである。偶像を禁ずるイスラームに神像や聖画像がないのは当然だとしても、中心となるものも祭壇もない。いつだったか、あるモスクを訪れた日本人が、内部を見回して「何をどうやって拝むのか、見当もつかない」と首をかしげたのを耳にした。寺院として見ると、確かに拝礼の中心点も設定されていないし、崇拝の対象も見あたらない。あるのは、**マッカ（メッカ）***の方角をしめす印だけである。

イスラームでは、世界を創造した唯一神を拝む。しかし、この神はすべてを超越して存在し、形もなく、姿も見えないという。聖典である**クルアーン***は「どこを向いても、そこにはアッラーの顔」（雌牛章一一五節）というが、すべての場所に遍在する

＊マッカ　長らく「メッカ」と呼びならわしてきたが、正しくはマッカ。アラビア半島紅海側のヒジャーズ地方に位置する。

＊クルアーン　一〇五頁以降の「クルアーン」の項参照。

神は、神を見ることができない人間にとっては、どこにもいないのと同じである。ちなみに、この章句の**「顔」**の語も神の本質を指す比喩であり、神には人間のような顔はない。仏像や神像と違って、知覚の対象となる顔も身体もないのである。

ところが、信徒が満ちているモスクに行けば、誰もが同じ方向を向いて一心に祈っている姿に出会う。礼拝は直立の形（立礼）から始まり、頭を下げる屈折礼、額を床につける平伏礼と続くが、祈りのために立つことを「神の前に立つ」という。神は見えないが、彼らは神の前に立っているのである。祈る人々を見て、彼らの真剣さを感じる者は誰でも、信徒が神に向かっていることはわかる。その意味で、**人々が祈っている先に、確かに神は実在する**。

世界中の信徒がひれ伏して祈る先には、聖地マッカ（メッカ）があり、その中心にカアバ聖殿が建つ。**カアバ聖殿**は立方体の石造の建物で、「アッラーの館」とも呼ばれる。しかし、ここにも神は棲んでいない。信徒たちは、聖殿の中が空洞であることを知っている。クルアーンによれば、神は「この館（カアバ）を、人々が集う場所であり平安の場所とした」（雌牛章一二五節）のであり、「最初に人々のために建てられた（信仰のための）館はバッカ（マッカの古名）にあり、諸世界への祝福と導きとなっている」（イムラーン家章九六節）という。

要約していえば、カアバ聖殿は人間のために建てられた人工の建築物ということで

カアバ聖殿（中央）と礼拝する巡礼者たち

あろう。見えない神に向かって祈るためには、方向が必要とされる。マッカの方角を「キブラ」と呼ぶが、信徒が気持を向ける方向、心を注ぐ方向が**キブラ**なのである。

方向づけを英語で「オリエンテーション」と言い、この語は学生に対する進路指導などの意味にも使われるが、もともとはキリスト教会が東（オリエント）を向いて*建てられたことに由来する。イスラームにおけるオリエンテーションは、マッカへと方向づける**「キブラ化」**と呼ぶこともできる。

イスラームが見えない唯一神への信仰を呼びかけるものであるとしたら、がらんどうのモスクが「キブラ化」されていることは、実際的な工夫であることがわかる。マッカへのキブラ化（方向づけ）は、世界中から信徒が聖地に集まる**巡礼***においても、顕著に表われている。巡礼者たちは、**「ラッバイカ」**と唱えながらマッカにやってくるが、これは「神よ、あなたの御前に来ました」という意味である。

イスラームは七世紀のマッカで始まった。この町はその頃、クライシュ族と呼ばれる部族が支配していた。クライシュ族はほとんどが商人で、インド洋と地中海を結ぶ陸上交易を行なっていた。そのなかの一人、**ハーシム家のムハンマド***が「預言者」と名乗ったとき（六一〇年頃）、イスラームの歴史が始まった。

クライシュ族の宗教は、多神教かつ偶像崇拝であった。いうまでもなく、多神教だからといって、偶像をまつる必要はない。見えない神々をまつる多神教というものも

***東を向く**　キリスト教会は、日昇がキリストの復活を象徴するとして、東を向いて建築されていた。

***巡礼**　一四四頁以降の「巡礼経済」の項参照。

***ハーシム家のムハンマド**　アラビア半島の部族は「誰々の子孫」と称するが、これを「〜族」と訳する慣行になっている。ハーシム家はクライシュ族内の支族の一つで、クライシュから数えて八代目のハーシム（ムハンマドの曾祖父）を名祖とする。名家ではあるが、ムハンマドの時代には勢力は小さかった。

ある。しかし、クライシュ族は見えないものを構想するイマジネーションを欠いていたようで、巨木、特別な形・色をした自然石、外界から持ち込まれたギリシアの彫像などを、それ自体が神であるとして崇拝していた。

見えない神がムハンマドを預言者として選んだ、という情報がもたらされると、系譜自慢の有力者たちは「なぜ、弱小支族の一員が選ばれたのだ?」という疑問を持った。彼らは、「見えない唯一の神」という新しい概念も理解できなかった。ムハンマドに対するクライシュ族の文句はクルアーンの章句にも記録されているが、そこには多神教を体系的な世界観として擁護する言葉は見あたらない。彼らが主張したのは、単に「父祖伝来の宗教を捨てるのか?」ということであった。

マッカでの布教は約一三年に及んだが、イスラームは総人口に対してわずかな入信者を獲得したにすぎなかった。迫害の激化に、ムハンマドは弟子を連れて**マディーナ***の町に移住した(六二二年)。マディーナではようやくイスラーム共同体が自立できたが、彼らとクライシュ族の戦いは、アラビア半島の諸部族を巻き込みながらさらに数年続いた。クライシュ族の攻撃に対して、イスラーム側も軍を整えた。イスラームは、部族主義や富者の支配にも反対し、人間の平等を訴えたから、宗教をめぐる戦いは社会をめぐる改革派と保守勢力との争いでもあった。六三〇年、ついにイスラームの軍勢はマッカに無血入城し、カアバ聖殿のまわりから一切の偶像を排除した。こう

モスクの内部 手前は額ずいている信徒。

***マディーナ** マッカの北北西三五〇キロほどに位置する町。オアシスがあり、農業が盛んであった。元の地名はヤスリブ、のちに「預言者の町(マディーナ)」、略して単に「マディーナ」と称されるようになった。

して、クライシュ族もアラビア半島の人々も、イスラームを受容することになった。

わずか二〇年の間に、石や木でできた実物の多数の偶像から、見えない超越的な一神へと、信仰の対象は一八〇度転回した。考えてみれば、**可視的な偶像から見えない唯一神への転回**は、革命的なことであった。この転回はどのようにして可能だったのであろうか。

大きな鍵は、聖典**クルアーン**にある。ムハンマドが預言者を名乗ったのは、神の「言葉」を啓示として「預かった」からである。それは、イスラームの唯一の聖典クルアーンとして結実した。啓示に基づく聖典という意味で**「啓典*」**と呼ばれる。

実は、「クルアーン」とは「読まれるもの」「読誦されるもの」を意味し、書物として扱うのではなく、暗記して朗誦するのが前提である。当時のアラブ人は、神の姿について根本的なイマジネーションを欠いていたが、聴覚的な言語的イマジネーションは豊かであった。彼らは美しい詩を好み、雄弁を愛していた。そのため、クルアーンを通じて「神の言葉を聴く」ことには、理解を示したのであった。その意味で、**イスラームにおいては神は見えないが、その言葉に耳を傾けることはできる**のである。

＊啓典　天から啓示によって下された聖典、天啓の書の意味で、イスラームでは他の宗教を理解するときに啓典の有無を考える。ユダヤ教徒、キリスト教徒は「啓典の民」として尊ばれた。その対象は後に、イスラーム世界の広がりにともなって、ゾロアスター教、ヒンドゥー教にも及んだ。

二つの信仰告白

一分で終わる入信式

（小杉　泰）

イスラームとは「帰依」を意味する。信徒は「**ムスリム**」（女性形は**ムスリマ**）と呼ばれるが、これは「帰依する人」を指す。

したがって、イスラームへの入信とは、帰依することとも言える。そのためには、どのような儀式が必要なのであろうか。キリスト教における洗礼のような儀式を期待する人は、拍子抜けする。二つの言葉を口にすると、それでもうお終いだからである。

その二つとは、

（一）「ラー・イラーハ・イッラッラー」（アッラーのほかに神なし）と、私は証言します

（二）「ムハンマド・ラスールッラー」（ムハンマドはアッラーの使徒なり）と、私は証言します

と、ごく簡潔である。この証言を「**信仰告白**」（**シャハーダ**）という。ただし、証言

をするときには、二人以上の証人が必要となる。自分一人だけでこの証言をしても、イスラームに帰依したことにはならない。二人の証人は社会全体を代表する。つまり、二つのイスラームの原則を社会に向かって公言すると、その人は帰依したことになる。

モスクなどで入信式が行なわれるときも、入信希望者に、**イマーム***（導師）が「では、私に従って、次の言葉を言ってください」と、信仰告白の言葉を言う。入信する人がそれを繰り返す。二度繰り返すこともあるが、それでも、所要時間は一分である。すると、

「はい。ただ今、あなたはムスリムとなりました」

とイマームが宣言する。たまたまモスクに来ている信徒たちが、「おめでとう」などと言って祝福する。それで、儀式とも言えない入信式は終わる。ものものしい儀式が好きな人には、物足りないかもしれない。

簡単とはいえ、信仰告白はイスラームの第一の柱であり、その内容が根本教義となっている。ムスリム（イスラーム教徒）に「イスラームの教えを一言で言えば？」と訊ねると、アラブ人でも非アラブ人でも、**アラビア語***で「アッラーのほかに神なし」「ムハンマドはアッラーの使徒なり」という二つの言葉を言う。国や地域が違うと表現が違うということはない。

そのような統一性が可能となったのは、イスラームの啓典**クルアーン**がアラビア語

***イマーム**　礼拝の先頭に立つ人、転じて指導者。集団で礼拝する際には必ずそのなかの一人が先頭に立つので、誰でもイマームになることができる。ただし、モスクなどでは宗教的指導者が常在して、職業的に導師の役割を果たす。

***アラビア語**　アラビア語はセム諸語の一つで、古くからアラビア半島で話されていた。イスラームの広がりとともに、半島の外にも広まった。二八文字のアルファベットは純粋な表音文字で、右から左へ書く。五四頁、一四二頁のコラムも参照。

だからである。基本教義もアラビア語で表現される。クルアーンを翻訳すれば、それはクルアーンではなくなる。たとえばトルコ語に訳せば、それはトルコ語で解釈の一つを書いたことになる。その理由は、クルアーンの章句には重層的な意味があり、正しい字句とそこに含まれる複雑な意味を同時に表わすことができるのは、元のアラビア語版だけということによる。しかし、もっと重要なことは、クルアーンが「神の言葉」であり、その啓示にあたってアラビア語がわざわざ選ばれた以上、それを他の言語に置き換えることは不可能という点にある。

クルアーンに関するイスラームのこだわりは、非常に強い。

よく考えてみれば、二つの信仰告白のうち、最初の言葉は唯一神の存在を確認するものであり、一神教の共通項である。ユダヤ教、キリスト教、イスラームは、セム的一神教の姉妹宗教とされるが、この三つとも唯一の神を前提とすることにおいて一致している。日本では時に、**アッラー**は「イスラームの神」と誤解されているが、アラビア語ではキリスト教徒も「アッラー」と言う。アラビア語版の聖書を見れば、創世記の冒頭に「初めに、アッラーが天と地を創造した」と書かれている。つまり、アッラーとはアラビア語で唯一神を示す言葉であり、イスラームだけの固有の神が存在するわけではない。ということは、「アッラーのほかに神なし」だけでは、イスラームにはならない。

イスラームの独自色が現われるのは、二番目の「ムハンマドはアッラーの使徒なり」による。使徒はアラビア語で**「ラスール」**と言うが、英語風にいえば「メッセンジャー」、メッセージを伝える人である。彼を介して、神から送られたメッセージが啓示*に立脚する聖典クルアーンということになる。ムハンマドを認めることは、クルアーンを認めることと同義であり、この啓典のあり方にイスラームの独自性がある。

ムハンマドは四十歳の時に、はじめて啓示を受け取ったという。それ以前の事蹟については記録が少ない。古今東西、偉人は名をなしてから記録されるもので、名をなす以前の記録が少ないのは当然であろう。しかし、偉人伝のなかには、後の創作によって名をなす以前の事蹟が書き込まれているものも少なくない。その観点からムハンマド伝を見ると、四十歳以前について後世の書き足しがないことがわかる。判明しているのは、出生以前に父が亡くなり、六歳の時に母が亡くなり、祖父、ついで伯父に育てられたというようなことにすぎない。「アミーン」（正直者、誠実な人）として知られていたことを除けば、ふつうの人物だったと思われる。

彼は読み書きができなかった。ところが、四十歳のある日、洞窟で瞑想をしていると、得体の知れないもの（後に天使とわかる）が現われ、突然、「読め！」と命じた。驚いたムハンマドは、「私は読むことができません」と答えると、相手は死ぬほど彼を締めつけ、再び彼を放つと、「読め！」と再度命じた。三度これが繰り返され、あ

***啓示**　神の言葉が特別な人間に与えられること。イエス・キリストが神のロゴスの受肉であるというような特殊な形式もありうるが、イスラームでは天使が神の言葉を預言者に伝達するとされている。夢を通した啓示も存在するとされる。

きらめたムハンマドが相手の言葉を復唱すると、相手は満足して、続きの数句を述べ、復唱させた。それが、今日「凝血章」として伝わる章の最初の五節である。

短いので、引用してみよう。

読め！「創造なされた汝の主の御名によって。かれは、凝血から人間を創られた」

読め！「汝の主はもっとも尊貴なお方、かれは筆によってお教えになった方、人間に未知なることをお教えになった」

この後、およそ二三年近くにわたってクルアーンの啓示が続くが、それは「神の言葉」がムハンマドに対して読まれ、彼が暗唱して、弟子たちに読み聞かせ、弟子たちも暗唱をするという繰り返しであった。ひとかたまりごとに伝達される章句について、ムハンマドはいちいち以前の章句との関係や順番を指示したと言われる。そのため、完成したクルアーンの章句は、時系列的に並べられたものではない。クルアーンを冒頭から読んでも、時代的な順番が全くわからないのは、そのためである。

ムハンマドの死後二〇年ほどで、暗唱内容を確定するための書物版の『クルアーン』がつくられたが、暗唱して伝承するパターンは今日まで続いている。イスラーム世界の各地には、クルアーン学校があるが、教師たちは何も持たずに自分の覚えているクルアーンを生徒たちに教えている。暗唱の手助けとして書物版の『クルアーン』を手にしているのは、生徒たちの方である。

もっとも、ムハンマドの役割は、クルアーンを伝達しただけではない。一読すればわかるように、クルアーンの内容は一般論が多い。たとえば、「礼拝をしなさい」という命令は繰り返されているが、その様式の指定はない。ムスリムが日に五回の礼拝をすることはよく知られているが、クルアーンには「日に五回」とさえ書いていない。そのような指示はすべて、ムハンマドが与えた。

ムハンマドが弟子たちに指示したり、語ったりした様子は、「ハディース」として記録されている。**ハディース***はもともと「語り」「話」を意味するが、なかには、ムハンマド本人の語りではなく、彼の風貌や習慣を弟子が語っているものも含まれている。それによれば、彼が弟子たちの誰よりも早足であったことがわかる。

だからといって早足で歩く必要はないが、ムハンマドの行ないのなかには、模範例としてイスラームの慣行になったものも多い。たとえば、清潔を保つこと、右手で食事をすることなども、ムハンマドがよき行ないとして示した先例である。結婚も、彼の模範に含まれている。

ムハンマドを使徒と認めることは、彼をモデルとして生きることにつながる。唯一神を認める第一の証言では、一神教というにとどまるが、ムハンマドを認める第二の証言によって、イスラーム的な世界観、人生観という独自性が生じるのである。

***ハディース**　預言者言行録。ムハンマドが言ったこと、行なったこと、承認したことなどの記録。はじめ口承で伝えられ、のちに書きとめられた。誰から誰へ伝えられたのかを示す**イスナード**（伝承の鎖）と、内容を示す**マトン**（本文）から成る。それらを精査・編集したハディース集がいくつも今日まで残されている。

三つの聖都、四角い館——マッカ、マディーナ、エルサレム

世界の中心で祈りを捧ぐ

（小杉　泰）

アラビア半島は大半が砂漠であり、一年の大半は暑い。しのぎやすいのは冬季の二、三ヶ月だけであり、その季節が終われば、すぐに摂氏三〇度、四〇度の日々となる。乾燥した地域では、水の存在は人間にも動物にも死活的である。

イスラームの伝承によれば、太古の昔、預言者**イブラーヒーム***（『旧約聖書』のアブラハム）が**マッカ**にやって来たという。しかし、その時は、マッカにはまだ水がなかった。今日まで「ザムザムの泉」として知られる湧き水が出てから、居住可能となったとされる。イブラーヒームは、息子の**イスマーイール**とともにカアバ聖殿を建立したという。その後、イブラーヒームはマッカを去ったが、息子とその母ハージャルはこの地に残った。彼はこの水源に惹かれて定住したアラブ部族の娘と結婚し、その子孫たちがその後のアラブ人になったとされる。

この系譜伝説は、ムハンマドが生まれた頃のアラブ人にも受け継がれていた。イスマーイールがアラブ人の祖となったという物語は、『旧約聖書』にも触れられている

***イブラーヒーム**　『旧約聖書』の大族長アブラハムのアラビア語名。紀元前十八世紀頃の人ともされるが、考古学的な証拠からは特定できない。アラビア半島の伝承では、年代はまったく述べられていない。

から、アラビア半島とその周辺に広く流布していたのであろう。ちなみに、アラブ人は父系主義と言われるが、イスマーイールを祖とするならばアラブの血は彼の妻に由来することになる。そのため、この系譜は「アラブ化したアラブ人」と呼ばれてきた。それ以前に滅びてしまった古代アラブ人などもいるが、今日、純粋な血統と自負するアラブ人の多くが、このイスマーイールの系譜に属している。

四千年ほども系譜がつながっている状態は、普通の日本人の時間感覚からいえば、やや理解しにくい。イスラーム発祥の頃のマッカ住人であるクライシュ族は、イスマーイールの直系と見なされていた。当然、ムハンマドもそうである。逆に、今日のイスラーム世界を見れば、ムハンマドの直系の子孫たちがたくさんいる。著名人でいえば、モロッコ国王ムハンマド五世、ヨルダン国王アブダッラー、あるいはイランの最高指導者であったホメイニー師、現最高指導者のハメネイ師などが、そのなかに含まれる。合わせて論じるならば、ムハンマド五世もハメネイ師もイスマーイール以来の血統に属することになるであろう。

気が遠くなるような系譜意識が、そこに見られる。しかし、それを見ると、マッカがなぜ中心的な位置を占めているか、理解する手がかりとなる。イスマーイールの代から人の居住する地となったマッカは、アラブの諸部族にとって重要な系譜の出発点であった。そして、イスラームが始まるずっと以前から、アラビア半島の人々はマッカの**カアバ聖殿**に巡礼を行なっていたのである。

いうまでもなく、その巡礼は偶像崇拝の巡礼であり、**唯一神アッラー**のためのものではなかった。ムハンマドが預言者と名乗ったとき、そのモチーフは、イブラーヒームとイスマーイールの時代の純粋な一神教に戻るというものであった。偶像崇拝をやめて、カアバ聖殿を正統な持主であるアッラーに取り戻す、と主張したのである。

しかし、この聖地をイスラームの聖地にすることは容易ではなかった。ムハンマドの一族も、ごく少数の者を除いて、新しい宗教に帰依しなかったからである。そして、とうとう迫害のために、ムハンマドはマッカにいられなくなり、ヤスリブの町へと移住した。後にこの町は、**「預言者の町」**、略して「町」**(マディーナ)**と呼ばれ、イスラーム第二の聖地となった。

つまり、イスラームはまず、第二の聖地を自らの支配下に置いたのである。マディーナにおいて、イスラームは迫害されるマイノリティ宗教から、自立した共同体と国家を持つ宗教となった。宗教と政治を常に包摂しようとするイスラームの性質は、この町で成立したのである。そのため、**ヒジュラ**(聖遷)と通称されるこの移住は、イスラーム史でももっとも重要な出来事となり、イスラーム暦の紀元ともなった。移住の年を元年とする**ヒジュラ暦**は、純粋な太陰暦であるため、一年が太陽暦よりも約一一日短く、一世紀は三年ほど短い。元年にあたる西暦六二二年から一四〇〇年目は、太陽暦では二〇三二年であるが、この年はヒジュラ暦では一四五四年にあたっている。

ムハンマドは、故郷を深く愛していたであろう。そこに古《いにしえ》の父祖が建てたカアバ聖殿にも愛着があったと思われる。そのため、移住に際して神に祈り、「私がもっとも愛する土地を去るにあたって、どうか、あなた（神）がもっとも愛する土地に連れて行ってください」と願ったとも言われる。マディーナがそれに当たるとすれば、第二の聖地となるのは当然だったかもしれない。

新しいイスラーム共同体は次第にアラビア半島に支持者を増やし、移住から八年の後には**マッカに無血入城**することになった。この時にイスラームが第一の聖地とする町が、その版図に入ったのである。

マディーナの住民たちは、ムハンマドたちが移住してきた時に助けたため「援助者」と呼ばれたが、このマッカ征服で、ムハンマドとその弟子たちがマッカに戻るのではないかと恐れた。しかし、ムハンマドはマディーナに戻り、この地で没した。こうして、マッカが**「神の館の町」**（カアバ聖殿の町）であり、マディーナが「預言者の町」という図式が、今日まで続いている。

では、第三の聖都とされる**エルサレム**は、どのように位置づけられるのであろうか。イスラームにとってのエルサレムは、**「夜の旅」**の出来事まで戻る。これは、激しい迫害にムハンマドたちが耐えていたマッカ期の最後の時期に属する。

　ある夜、ムハンマドは天馬に乗って、エルサレムへと旅し、その夜のうちにマッカに戻ったという（夜の旅）。さらに、エルサレムでは天へと旅をして、七層の天で諸預言者たちに会い、ついに天上の果てで神と対話したとされている（「昇天の旅」）。イスラーム世界では、これが魂の旅なのか肉体をともなった旅なのか、見解が分かれている。いずれにしても、イスラームが先行するすべての一神教の系譜を引くという、壮大なビジョンが内包されている。

　この事件はムスリムたちの想像力をかきたてる物語であった。後に、ムハンマドの伝記を描く細密画（ミニアチュール）でも、天使に囲まれて天を昇る姿が美しく描かれているし、また、神秘家たちはこの旅を、神へと近づく彼らの修行の原型とみなした。

　現在のエルサレムの旧市街にあるイスラームの聖域には、黄金のドームが輝いている。これは「岩のドーム」と呼ばれるが、それは巨岩の上に建てられているからである。その岩の上から、ムハンマドは天へ昇ったとされている。その場所は、どうやら、古代イスラエルの神殿の至聖所の跡らしく、そうであるならば、いよいよ物語はセム的一神教の系譜にかかわってくる。

　この意味では、エルサレムは「諸預言者たちの町」と位置づけられるかもしれない。

エルサレムの「岩のドーム」

啓典クルアーンには、聖書に登場する諸預言者たちがたくさん言及されている。「出エジプト記」のモーセも、「詩篇」のダビデも、神殿を建てたソロモンも、イエス・キリストも、ムハンマドに先行する神の使徒とされる。そして、ムハンマドは最後の預言者として、彼ら全員の系譜の終わりに位置する。

マディーナに移住した直後は、実際にエルサレムに向かって礼拝を捧げていた。そのため、エルサレムを「最初の**キブラ***（礼拝の方向）」という。マディーナからみれば、ほぼ北方にあたる。しかし、やがてキブラはマッカに変更された。今度は南方である。このキブラの変更によって、マッカにある**四角い館（カアバ聖殿）**がイスラームの最終的な中心となった。

ムハンマドは、これら三つの聖都を訪問して、そこで祈りを捧げることを推奨した。それ以外の場所は、宗教的にすべて同等であるが、この三つの聖地だけは特別に価値が高いという。そして、そのなかでも、マッカが格段に高い。ムスリムたちは、この聖地が世界の中心であると信じている。少なくとも、イスラーム世界に関する限り、その思いは正統性を持っているであろう。

***キブラ** 一二三頁参照。

五行

人生のリズムをつくる信徒の義務

（小杉　泰）

人生には、リズムがある。現代日本人の生活でいえば、節目をつくっているのは、大人になるまでは各段階の学校であろう。次いで、就職、結婚、子育てなどが平均的かもしれない。年をとれば定年や第二の就職があり、やがて老後の生活がくる。

イスラームにおいて人生のリズムをつくる一つの要素は、信徒の義務とされる**「五行」**である。これは、ムハンマドが語った「イスラームは五つ（の柱）の上に建てられている」という言葉に由来し、イスラームを支える**「五柱」**とも呼ばれる。すなわち、信仰告白、礼拝、喜捨、断食、巡礼である。人生のリズムと結びつけながら、それらを見てみよう。

第一の柱は、**信仰告白**である。これについては、すでに「二つの信仰告白」の項で述べた。しかし、その時は「入信」の儀式と合わせて論じた。では、両親がムスリムの場合はどうなるのであろうか。そのような場合は、天性において入信していると考える。

天性（フィトラ）とは、人間の自然な状態、生まれてきた時の無垢の状態を指す。生まれたばかりの赤子は、誰かが抱いていても、何の不安も持たずに抱かれている。客観的に考えれば、抱いている人がその子を落とさないという保証はないが、そんなことを心配する赤子はいない。この無心に「まかせっきり」にしている状態は、大人にはできない。聖人がこれを実現しようとすると、イスラームの倫理でも**「タワックル」**（神への無条件の依存）という、非常にむずかしい美徳となる。

天性のままの赤子は、草木や動物が自然の法則に完全に従っているのと同様に、天の摂理に従っている。これは、神の定めたままの状態にあるという意味で、広義の「ムスリム」（帰依者）とされる。つまり、イスラームでは、赤子は「天性のムスリム」なのである。その理屈からいえば、親がムスリムだからムスリムになるのではなく、親はムスリムの状態を保つように子どもを育てる責任があるということになる。

実際問題として、子どもは大きくなるに従って、自我が育ち、自己主張を持つ。善悪の判別もつく。そうなると、赤子が天性という意味ではなく、ものごとを識別した上でのムスリム（帰依者）になることが要求される。第二の柱である**礼拝**が、務めとなる。イスラーム社会では、おおむね七歳くらいから十二歳くらいまでの間に、親は礼拝の義務を教える。礼拝に慣れさせようと、モスクに三、四歳の子どもを連れてくる父親も散見する。

日に五回の礼拝は、ムスリム生活のリズムの基本となる。「五回も礼拝をしていたら、仕事にならないのでは？」という疑問を持つ日本人もいるが、日中の礼拝は二回である。正午過ぎと遅い午後の礼拝がそれにあたる。他の三回は、日没後、夜、暁の礼拝なので、普通はプライベートな時間になされる。

モスクがある場所では、五回の礼拝の刻限になると、**アザーン**（礼拝の呼びかけ）が聞こえる。かつては、モスクに付属するミナレット（尖塔）の上から、声量豊かな係が「礼拝に来たれ！　成功に来たれ！」という句を含むアザーンを、朗々と呼ばわっていた。現代では、モスク内でマイクを使い、ミナレットにはスピーカーを取り付けている場合が多い。

イスラーム圏の町や村では、明け方に、黎明の静寂を破って、暁の礼拝を告げるアザーンが流れ、旅人の安眠を破ることがしばしば起こる。そのような町では、「アッラーフ・アクバル」（アッラーは偉大なり）で始まるアザーンが、一日の始まりを告げる。

礼拝の刻限は、その礼拝のアザーンが告げられてから、次の礼拝のアザーンまでである。アザーンがあれば、すぐに礼拝をするとの誤解があるが、そうではない。個々人は刻限内ならば、いつ礼拝してもよい。礼拝をする時刻は、たいていは一時間半から数時間の時間の幅がある（暁の礼拝だけは、アザーンから日の出までの一時間半におこなう。次のアザーンは正午までない）。

礼拝をするのは、ムスリムにとってある意味では成長の証拠である。同様に、年に一度やってくる**ラマダーン月の断食***も、大人だけの義務である。断食ができるほどに成長した子どもたちは、断食ができることを自慢げに、ラマダーンを過ごす。

イスラーム暦は太陰暦のため、月の出を見ると、暦上の新しい月が始まる。ラマダーンが近づくと、新月が目視される日から断食の月が始まるのである。その後、月が次第に満ちて、半月から満月になり、また欠けて姿を消すまで、二九日または三〇日の間、断食が行なわれる。イスラーム方式の断食は、暁の礼拝の刻限（日の出の一時間半前）から日中を通して、一切の飲食を断つ。一口も食べてはいけないし、水の一滴も飲んではいけない。

その代わり、日没になると、みなで食卓を囲み、家族や友人で**イフタール**（断食明け）の食事を取る。どこの家庭でも家族団欒の時であり、一日の断食の後の格別の美味を楽しむ。ビジネスマンも、ラマダーン月には出張を避け、家庭で過ごす。夜が深まれば、都会では、友人宅を訪問したり、カフェを訪れたり、暁まで深夜のティータイムが続く。

純粋な太陰暦は、私たちの使っている太陽暦よりも一一日ほど短い。そのため、ラマダーンは次第に季節を移っていくことになる。そして、およそ三三年で四季を一巡

***ラマダーン月の断食**　八二頁参照。

する。これによって、ムスリムは人生の暦を刻む。もし、十三歳で断食を始めたのが十月だとすると、二十歳になる頃には七月の暑い季節にラマダーンを迎えるであろうし、四十代半ばには再び十月となって、「自分も年を取ったなあ」という感想を持つかもしれない。さらに、一回りするならば七十代後半に達し、こういう年配の人たちは「自分はもう、ラマダーンが二回りした」と表現する。この言い方は、日本の「還暦」と似てなくもない。

身体的に大人になっただけではなく、一人前に稼ぎがあることの証拠は、**ザカート（喜捨）**の支払いであろう。貧しい人たちのための喜捨は、自分が保有している財産（たとえば貯金）のなかから、四〇分の一（二・五％）を差し出すものである。これを支払うことで、ムスリムは喜捨を支払えるほども恵みを得ていることを神に感謝し、社会的責任を果たしたことの満足感を得る。

五行の最後は、生涯に一度の義務とされる**巡礼***である。近代以前には、マッカへの巡礼は、身体的にも経済的にも負担の大きい旅であった。旅の途中で命を失うことも少なくなかった。相当な路銀を用意するだけではなく、留守家族の生活費もなければ、巡礼に出かけることはできなかったのである。そのため、クルアーンも五行のなかで巡礼だけには「出かけることが可能な者は」と、義務に条件を付けている。

逆にいえば、巡礼に出かけることは、人生の一つの頂点をきわめることであった。

***巡礼**　一四四頁以降の「巡礼経済」の項も参照。

信仰的にも、一人前の暮らしの到達点という意味でも、一つのクライマックスをなすものであった。特に、聖地から遠い地域では、今日にいたるまで巡礼を非常に重視している。インドネシアなどでも、巡礼に出かける者は、出かける前に親族や友人を招いて大きな宴を催し、無事戻ると再び、それを祝って親類縁者や近隣の人々を招いて大きな宴を催す。

巡礼を無事に終えると、それまでの生涯の罪が許される、とされている。そのため、人は生まれた時と同じように、フィトラ（天性）の状態に戻るのだという。ラマダーンが、一年間の罪を赦されるための修行だとすれば、巡礼は生涯の間の罪を赦されるための修行となっている。いわば、人生を「リセット」するようなものであろう。

巡礼を終えた者は**「ハーッジュ」**（女性は**「ハッージャ」**）と呼ばれ、たとえばハサンという名ならば「ハーッジュ・ハサン」と敬意を表される。* それは、同時に、敬われるに値する（天性に戻った）生活をするべきということを含意しているようでもある。

リズムという点では、イスラームの二大祭が、それぞれラマダーンの後の**「断食明けの祭」**、巡礼の期間中の**「犠牲祭」**であることも、大きな意味を持っている。イスラームの歳時記は、モスクのアザーンや礼拝、ラマダーンの断食、巡礼と二つの祭などによってつくられ、それを通してムスリムは人生のリズムを刻んでいく。

＊一般にペルシア語では男女双方が「ハーッジー」、トルコ語では「ハジュ」（男性）、「ハジャ」（女性）の尊称で呼ばれる。

六信と七天

神と人間をつなぐコスモロジー

（小杉　泰）

イスラームの教義体系は、かなり単純である。信徒が信ずべきことがらは**「六信」**と呼ばれ、五つの義務行為である「五行」と対の形となっている。すなわち、(一)唯一神アッラー、(二)天使、(三)諸啓典、(四)諸預言者、(五)終末の日、(六)定命（運命）である。信徒が信ずべきことは、この六つに言い尽くされている。わずか六つであり、わかりやすいと言えばわかりやすい。

このうち、(一)唯一神、(四)預言者は、根本教義である「アッラーのほかに神なし」「ムハンマドはアッラーの使徒なり」にすでに含まれている。唯一神およびそのメッセージを届ける預言者を認めることに、イスラームのみならず、ユダヤ教、キリスト教を含む**セム的一神教***は立脚している。

そのため、六信でも預言者は単数形ではなく、「諸預言者」と明言して、ムハンマドのほかに、彼に先行するすべての預言者たちを認めるものとなっている。**預言者たちの**最初は、人類の祖アーダム（アダム）である。神の言葉を「預かる」のが預言で

***セム的一神教**　中東で古くから、セム諸語（ヘブライ語、イエス・キリストのアラム語、アラビア語など）によって語られてきた一神教。神による世界の創造、終末と来世、啓示と預言者など、さまざまな面で世界観を共有している。

あるから、楽園において神の言葉を聞き、地上に墜ちるにあたって「地には汝らのための住まいと糧もあろう」（クルアーン雌牛章三六節）と言われたアーダムは、確かに神の言葉を得た＊。

啓典クルアーンには二五人の預言者たちの名があげられている。しかし、**ハディース**（預言者言行録）によれば、人類に遣わされた預言者の総数は千人以上と言われる。クルアーンは「汝（ムハンマド）以前にも使徒たちを遣わした。そのなかには汝に語った者たちもあり、全く言及しなかった者たちもいる」（赦す者章七八節）という＊。

二五人のうち、もっとも偉大な使徒とされる五人が、ヌーフ（ノア）、イブラーヒーム（アブラハム）、ムーサー（モーセ）、イーサー（イエス・キリスト）、ムハンマドである。イスラーム世界には、彼らにちなんで名づけられた男性も多い。各地を旅すると、エジプト人のヌーフさん、トルコ人のイブラヒームさん、インドネシア人のムーサーさん、ナイジェリア人のイーサーさんなどに出会う。

ヌーフ（ノア）は聖書に語られた洪水と方舟で有名であるが、クルアーンのなかでも、その物語は人間の神への反逆、恐るべき洪水とヌーフたちの救済、人類の復興の物語として何度も語られている。**イブラーヒーム**（アブラハム）はセム的一神教の父祖である。ユダヤ教、キリスト教、イスラームはセム的一神教として「姉妹宗教」であるが、当人たちの認識では「アブラハム的宗教」ということになる。イスラームで

＊預言者と使徒の違い　預言者は「神の言葉を預かった人」、使徒はそれを人びとに伝え、天啓の法を確立する人とされる。ハディースによれば、使徒の総数は三百余とされている。

＊語られていない使徒たち　中東ではほとんど話題にならないが、アジアのイスラーム社会では、仏陀やゾロアスター、さらに孔子が預言者であったかどうか、論じられることがある。使徒の総数が三百余で、クルアーンに明示された二五人以外に二百数十人がいるとすれば、そのなかに彼らが含まれていてもおかしくはない。

も、彼を「諸預言者たちの父」と呼び、クルアーンも、彼の「純粋な一神教」を復活すべし、と主張した。さらに、**ムーサー**（モーセ）は律法を授かってユダヤ教を確立し、**イーサー**（イエス・キリスト）は福音を授かってキリスト教を確立した。

彼らが広めた律法、福音、あるいはダビデの「詩篇」、ムハンマドのクルアーンなどは、神の啓示を彼らが預かって、人々に伝えたものである。このような啓示に基づく聖典を「啓典」という。六信の（三）**諸啓典**が、神、預言者とならんで、重要な信仰箇条であることは、ある意味では当然と言える。

（二）**天使**の存在も、同じように、一神教の体系のなかでは必要不可欠な存在であろう。というのも、世界を創造した絶対神はこの世の中に姿を現わさないからで、その言葉が地上に現出するとすれば、神と預言者をつなぐ媒体が存在しなければならない。特に、イスラームでは神の絶対性、超越性を強調するから、天使の役割は大きい。イスラームも、モーセがシナイ山で神と直接言葉を交わしたことを認めているが、あくまで例外的な「奇蹟」とみなしている。神の言葉は天使が運ぶのが、原則とされる。

預言者に啓示を運ぶ**大天使**がジブリール（ガブリエル）である。ムハンマドがクルアーンを受け取ったのは、すべてジブリールを通してとされる。ちなみに、女性の預言者がありうるかという議論が存在するが、「女性預言者あり」とする神学者たちは、クルアーンのなかで聖母マリアが大天使ジブリールの訪問を受けていることを、その証拠としている。

そのほかに有名な天使には、死の天使イズラーイール、終末のラッパを吹く天使イスラーフィールなどがいるが、実は、イスラームに登場する天使の名前はごく少ない。キリスト教で大部の『天使辞典』が編まれているのと比較して、イスラームでは天使はほとんど無名である。

さて、六信の（五）は**「終末の日」**である。これは、やがて世界の終末が来ること、死んだすべての人間が復活し、審判を受け、来世（楽園と火獄）で永遠に暮らすことを含んでいる。唯一神が天使と預言者を通して人類に伝えた「啓典」のメッセージとは、要は、この終末の到来である。そのメッセージは、やがて世界は終わり、人間は裁きを経て、来世に生きるのだということであり、だから、神を信じて、それに供えなさい、という内容を持っている。

この結果として、イスラームでは人間の自由な意志を非常に重視する。「宗教に強制があってはならない」（雌牛章二五六節）と言われているのは、自分で決断してこそ信仰であり、それを神は試している、というのがイスラーム（＝帰依）のモチーフだからである。

ところが、この文脈から考えると、六信の最後に来る（六）はわかりにくい。それは、人生のすべて、世界のすべてが神の定めた**「定命」（運命）**である、万能の神はすべてを知り、あらかじめ被造物のすべてを定めている、という。もしそうならば、この信仰箇条は、人間には理性や判断力、意志があり、神のメッセージを受け取るのも拒否するのも自由である、という教義と対立する。

実際、信仰箇条のこの問題をめぐって、歴史上の大論争がおこった。イスラームの最初の三世紀ほどはイスラームの体系化の時期であり、クルアーンの解釈をめぐってさまざまな論争がおきたが、この論争もその時期を彩っている。

定命を、六信の（一）唯一・絶対の神の延長として考えれば、神は万能と言っているだけなので、それほど問題ではない。しかし、人生に即してみれば、大きな問題が生じる。つまり、人間は自由な意志を持っているから、その生き方に対して神が裁く、というのであれば、人間には自由がなくてはならない。しかし、人間の決断も行為も、すべて神の定めた運命だとすれば、本人には何の責任もないことになるのではないか。人間は自由なのか、運命の虜なのか。もし、両方ともに真実だとすれば、この矛盾はいったい何なのであろうか。このような論争はキリスト教世界にもあった。一神教では、避けて通れない問題なのかもしれない。

イスラームの神学においてこの論争に決着をつけたのは、**アシュアリー学派***の**「運命の獲得」**という理論であった。つまり、人間の側から見れば、すべての行為は当人の意志と決断によって生じている。しかし、それを通して、人間は神が定めた運

＊アシュアリー学派　十世紀初めに、バクダードでアブー・ハサン・アシュアリーがうち立てた神学の学派。啓典の教えと合理的な思考法を統合する点に特徴がある。

命を獲得しているのだ、という理論である。コインを表から見れば自由、裏から見れば運命、と言っているようにも見える。この「獲得」理論は非常にパラドクシカルなので、後代には、神学者たちが難しい議論を「アシュアリー学派の獲得理論のように難解ですなあ」と表現することにもなった。

さて、宗教としてのイスラームをめぐるI部では、数字を順に追ってきた。唯一の神、一つの聖典、二つの信仰告白、三つの聖都、四角の館（カアバ聖殿）、五行、六信、ときて、残る数字は「七」である。それに相応するのは**「七層の天、七層の地」**であろう。天は七層に創造され、最下層の天が「現世の天」だという。大地も、七つの層をなし、その最上層に人間は住んでいるという。

上層の諸天はどうなっているのであろうか。クルアーンに具体的な記述は少ないが、ムハンマドがエルサレムから**「昇天の旅」***をした時には、天を一つずつ昇り、それぞれの層で先行する預言者たちに出会ったという。そして、天の向こうには、絶対神へと近づく位相があったという。その神秘体験は、のちに、**スーフィズム***（イスラーム神秘主義）のなかで理念化され、神との合一をめざす修行者たちの思想的な根幹となった。

そこまで追究しないまでも、ムスリムたちは、天を仰ぎ、大地を見るとき、そこに「神の徴」、すなわち神の創造の証拠を見る。創造主の実在を当然と考える彼らは、「現世の天」を眺めるとき、果てない宇宙に神の神秘を感じるのであろうか。

***昇天の旅**　三五－三六頁の「夜の旅」および「昇天の旅」参照。

***スーフィズム**　二四〇頁以降の「スーフィー」の項参照。

コラム　『アラビアン・ナイト』とイスラーム

（小杉　泰）

日本人なら誰でも、子どもの時になにがしか『**アラビアン・ナイト**』に親しんだことがあるに違いない。アンデルセンやイソップ物語とならんで、「アリババと四十人の盗賊」「アラジンと魔法のランプ」「シンドバッドの大冒険」などを読んだことであろう。あるいは、児童書ではなくて、映画やアニメ、コミックという形かもしれない。魔法のランプや空飛ぶ絨毯に想像力をいたく刺激された読者も多いのではないかと思う。

かくいう筆者も、『アラビアン・ナイト』が大好きだった。イスラーム研究や現代アラブ世界の研究の道に進んだのも、子どもの頃からの、あの「エキゾチックな世界」への憧憬の念があったかもしれない気がする。そして、筆者は大人になってエジプト留学をしてから、『アラビアン・ナイト』と思わぬ再会を果たした。

エジプトに渡ったのはもう三〇年以上も前であるが、その情景は昨日のように思い出される。**カイロ**は『アラビアン・ナイト』の重要な舞台の一つであり、今日でも旧市街を歩いていると、お伽話の世界に迷い込んだような気がする。そんな街に住んで、朝から晩までアラビア語に浸かって暮らした日々は、本当に楽しかった。ところが、ある時、連合いが肝炎で寝込んでしまった。医者に行くと、安静が必要という。仕事はおろか、体力を費やす遊びも駄目、読書さえも駄目、というので退屈しのぎに困った。

そこで、ベッドで寝ている連合いに「日本語の本を読んであげよう」と知人から借りてきたのが、『アラビアン・ナイト』であった。それを声に出して、毎日読んだ。これが、実に面白い。毎日、朗読している私も、寝て聴いている妻も退屈することがなかった。

『アラビアン・ナイト』は正式には『**千夜一夜物語**』というが、美女**シェヘラザード**が王に千一夜にわたって語った物語という体裁をとっている。このように、語り手がいて、物語全体の「枠組み」を提供する体裁の話を、物語学*の分類では、「枠物語*」と呼ぶ。

その王は、妻の不倫から女性不信に陥り、毎日処女を召し出させて、床入りをしては朝には殺してしまうという悪行に走っていた。ついには、国中の若い女性が尽きかけ、大臣は困ってしまう。そこに、大臣の娘、賢いシェヘラザードが自ら志願して、次は私が参りましょう、と王の許に出かける。で、彼女が床入りのあと語り始めた物語が、次々と楽しいお話が繰り出される連続物語となり、あまりの面白さに、王は毎夜、彼女と過ごすことになる。毎日朝になっても、続きが聞きたい王は、彼女を殺せとは言わないのである。とうとう三年近く（合計千一夜）が過ぎて、二人の間に子どもも生まれ、王の女性不信も解消して、最後にはハッピーエンドになる。

さて、この物語の枠組みにおいて、もう一人、大事な登場人物がいる。誰でも、シェヘラザードと王のことは覚えているが、たいがいの読者が忘れている人物、それはシェヘラザードの妹**ドゥンヤザード**である。シェヘラザードは、王の許に行くとき、物語の仕掛けをつくるために妹を連れて行くのである。彼女は何をするか。

毎夜、夜が白々と明け始めると、彼女は「まあ、お姉さま、なんて趣き深いお話なんでしょう！」と叫ぶのである。そして、「是非、続きが聞きたいわ」とねだる。すると、王は「よろしい。明日も続きをせよ」と、本当は自分がいちばん聞きたいくせに、鷹揚な態度で許すのである。かくして、次の夜に進む。

語り手のシェヘラザードと聴き手の王がいなければ、物語は成立しないのであるが、ドゥンヤザードが欠けても物語は進まない。まさかシェヘラザードが「いかがですか。面白いと思し召しなら続きをしてもいいですか」と訊くわけにもいかず、王さまもまさか「儂《わし》は続きが聞きたいぞ。今朝はそちを殺さないことにしよう」などと言うわけにもいかない。ドゥンヤザードがねだるので、姉のシェヘラザードが「慈悲深い王さまがお許しくださるなら、続きをするわ」と言って、王も「よかろう、よかろう」と（内心喜びながら）言うのである。ちなみに、物語の始まりそのものが、ドゥンヤザードが姉に頼んで話をしてもらうことになっている。ドゥンヤザードにそのような頼みをするよう言い含めて王宮に連れて行ったのは、もちろんシェヘラザードの奇計である。

カイロで『アラビアン・ナイト』を読んでいる私たちは、いたくドゥンヤザードが好きになった。ほとんどファンになってしまった。なぜなら、物語の区切りにきて、彼女が「まあ、お姉さま、なんて趣き深いお話なんでしょう！」と叫ぶと、私たちも心から同感するからである。そして、「是非、続きが聞きたいわ」という気持になる。

キャラクターとしてのドゥンヤザードは非常に魅力的であるが、イスラーム研究を三〇年も続けてきて最近思うことは、研究とは、ドゥンヤザードのように「なんて趣き深いお話なんでしょう！」と言い続けて一生を過ごすことではないか、ということである。シェヘラザードとその相手の王は、現地に生きている人々に相当する。研究者はドゥンヤザードである。筆者の場合、現地とはイスラームであり中東であるが、どの地域が専門であるにしても、異文化の研究は、現地の人や文化、社会に触れ、その面白さを見つけ、「なんて趣き深いお話なんでしょう！」と感心して、続きを聞きたがるものである。一万一千夜（三〇年）ほども、そう言い続けて過ごすことができれば、研究者冥利に尽きるというものであろう。

偶然の契機であったが、私は『アラビアン・ナイト』を朗読して読む機会を得た。これは実は、もっとも正統な『アラビアン・ナイト』の読み方であった。『アラビアン・ナイト』は、もともと、書物で読む物語ではない。本来は、物語師がカフェなどを回って、客に**物語っていたもの**である。

もう一つ、朗読している間に、意外な発見をした。『アラビアン・ナイト』は、**イスラームに満ちている**、ということである。これは、一体どうしたことか。

『アラビアン・ナイト』の登場人物たちは、酒を飲んだり、やたらにセックスしたり、ちっとも倫理的な人々ではない。欲に取り憑かれて冒険する人もたくさんいるし、あまり信仰深い人は出てこない。ファンタジーなのだから、当たり前である。想像の世界に遊ぶために、人々は、『アラビアン・ナイト』のような物語を楽しむのである。これは、宗教を勧めるための説話などではない。そうであれば、あれほど人気が出て、広まることもなかったであろう。

しかし、だからこそ、この発見である。そのようなファンタジーに、なぜ、こんなにイスラームが満ちているのか。私は素直に驚き、いぶかしんだ。

一つの答えは、イスラームが基調低音として流れているのだ、ということであろう。ファンタジーの物語的な部分と言うよりも、その前提となっている語り手・聞き手の社会がイ

夜更けのオープン・カフェ（カイロ旧市街）1960年代までは、このようなカフェには、職業的な『アラビアン・ナイト』語りが来て客を楽しませたという。

スラーム社会であるために、イスラーム的要素が知らず知らずのうちに滲み出てくる。たとえば、登場人物がイスラームの挨拶をする。しかし、それは、その社会（語り手・聞き手の社会）では、ただの挨拶なのである。私たちがみると、そこにイスラームが現われて見える。

実際、私たちが異文化を調べて、その特徴とするものを見つける場合、それは当人にとって、毎日吸っている空気のように、自明なものであることが多い。日常性に埋め込まれている価値観が、その社会の特徴をもたらすのである。

しかし、『アラビアン・ナイト』のイスラーム性は、それだけでは説明がつかない。何せ、登場人物たちは、敬虔な人もいるにはいるが、おうおうにして、飲酒したり卑猥なことを叫んだりして生きているのである。ところが、『アラビアン・ナイト』の登場人物たちが犯す罪は、たいていが、イスラームが罪と定めた罪なのである。彼らはしばしば羽目を外すのであるが、よく見ると、羽目の外し方がいかにも**イスラームの倫理観**を反映している。

というわけで、『アラビアン・ナイト』には、空気のような価値観または社会の基調低音としてのイスラーム、罪の犯し方や羽目の外し方に問わず語りに現われるイスラームが、随所に見られる。かくして、このファンタジーはイスラーム研究者が読んでも、次々と楽しい発見をさせてくれる。

***物語学**　物語のメカニズムを研究する学問。物語論、ナラトロジーともいう。

***枠物語**　語り手が自ら物語を語るのではなく、別な語り手の物語を伝える形式をとる。『アラビアン・ナイト』では、別な語り手がさらに別な語り手の話を伝える重層的な形もしばしば登場する。枠物語としては、他に『デカメロン』が有名。

コラム　アラビア語　　（竹田敏之）

日本ではメディアを通じてアラビア語を目にする機会が多くなった。欧米でも近年、急激にアラビア語学習への関心が高まっているという。大学を中心にアラビア語講座などが多数開設され、そのニーズに応えるべく、教える側も教材開発に余念がない。インターネットでオンライン書店サイトなどで Arabic と検索すれば、何百という書籍・教材がヒットする。さらに、最近日本でも注目されているのは、アラビア語のできる図書館司書である。アラブ諸国から購入した資料の整理ができる人材を各機関が必要としており、求人も増えてきているという。

アラビア語は、東はインド洋に面したオマーンから、エジプトを経て、大西洋にいたる広大な地域で用いられ、24 もの国・地域の公用語となっている。国際的にも重要な言語であり、国連の公用語にも指定されている。

アラビア語は聖典クルアーンの言語として、7 世紀に「イスラームの聖なる言語」となった。その後、文法家たちによって規範文法が体系化され、「音」としての芸術性をもつクルアーンとともに、非アラブ世界へと伝播し、広がっていった。歴史上のイスラーム世界の拡大は、アラビア語世界の拡大でもあった。

かつてからムスリムは、イスラーム世界に散在する名高い学者を求めて旅をしてきた。これは、求める側と求められる側がアラビア語を母語としているか否かにかかわらず、互いに**共通語としてのアラビア語**を用いることができたからこそ可能となった。はるか東方からやって来た留学生が、アラビア語で「平安」を意味する「サラーム」の挨拶を先生と交わし、さらにアラビア語を媒体として意思疎通している光景は、『アラビアン・ナイト』の昔から現代へと続いているのではないだろうか。

現代アラブ世界に目をやると、そこでは、共通語としての**正則アラビア語**と日常会話に用いられる**口語アラビア語**とが併用されている。正則アラビア語は文語として用いられるのみならず、口語が地域ごとに異なるのに対して、地域を超えるアラブ世界全体の共通語となっている。いまや、教育や出版、メディアやインターネットの普及に伴い、正則アラビア語は以前にも増して日常のさまざまな場面で、生きた言語として使われている。

カイロ・アラビア語アカデミーのロゴ　中央にはアルファベットの一つ「ダード」が書かれている。これがアラビア語特有の音であることから、アラビア語は、「ダードの言語」とも呼ばれる。この音を正確に出せる人こそ生粋のアラブ人であるとされる。

Ⅱ　生活様式としてのイスラーム

生と死——誕生から葬礼まで

アザーンからナマーゼ・ジャナーザまで

（小牧幸代）

ムスリムの一生は「**礼拝への呼び掛け**」（**アザーン**）で始まる。生まれたばかりの赤ちゃんの右耳、次いで左耳には「アッラーは偉大なり……」のフレーズが静かに優しく囁《ささや》かれる。この慣行は、**預言者ムハンマド**の故事に由来するとされる。預言者は孫息子の誕生に際して、その耳にアザーンを聞かせ、その口にナツメヤシの実を含ませたと伝えられているのである。

ムスリムの人生儀礼は、これ以外にも、預言者の言行を「祖型」とするものが少なくない。預言者は、ムスリムにとって、理想的で模範的な人間だと考えられているからである。ここでは、北インドでの長期滞在中（一九九五―九七年）に見聞できたことを中心に、ムスリムが生まれてから死ぬまでの儀礼を紹介していこう。

ある日の午後、ホームステイ先のムスリム家庭に甥の次男誕生の報せが入った。皆で病院に駆けつける。新生児にアザーンを聴かせたのは、その子にとっての母方オジであった。小さいながらもしっかりと結ばれた弟の手に、まだ幼い姉と兄が小銭を置

▶前頁写真　結婚式の披露宴（北インド）

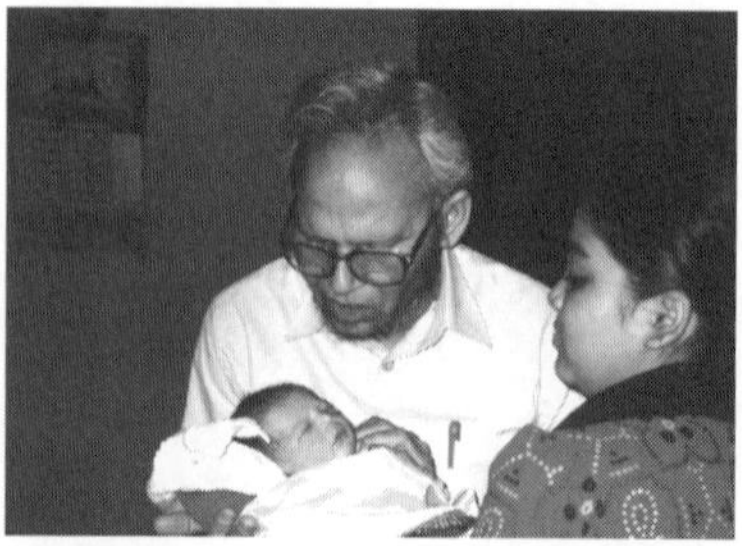

新生児にアザーンを聴かせる男性

く。駆けつけた人の一人一人にお祝いの菓子を手渡しているのは、三人の子どもたちの父親である。大仕事を終えた彼の妻は、赤い布の護符「**イマーム・ザーミン**」*を腕に巻いていた。なかにはお金が入っていて、産後四〇日目にほどいて貧しい人に喜捨するのだという。

新生児と産婦は翌日に退院し、数日後「六日目の儀礼」が行なわれた。命名式も兼ねており、親族・隣人・友人にごちそうがふるまわれた。その四日後の午後、新生児の**割礼***が行なわれ、お祝いとして親族・隣人・友人に菓子が配られた。母子の部屋の窓と扉には、忌虫効果のあるインド・センダンの枝が吊るされていた。

産後四〇日間は、産婦と新生児は他人との接触や外出をできるだけ避ける。この時期の母子は**邪視**の影響を受けやすいと考えられており、病気や衰弱は邪視のせいにされがちである。子どもの顔に黒い斑点を描いたり首にお守りを巻いたりするのは、邪視よけのためである。養生して過ごしたのちの「四〇日目の儀礼」には、親族・隣人・友人を招いてごちそうをふるまったり、菓子を配ったりする。これ以降、母子は外出できるようになるが、たいていはまず里帰りをする。

里帰りから戻ったのちには、新生児の**アキーカ**が行なわれ、産毛状の髪が剃り落とされた。犠牲の山羊は前日の午後に屠《ほふ》られており、当日は豪勢な肉料理が親族・隣人・友人だけでなく貧者にもふるまわれた。このあと、一年後には控えめながらも誕

***イマーム・ザーミン**　「守護イマーム」の意。八代イマーム、アリー・リダーは「守護聖者」と信じられており、彼に因んだ護符の一種とされる。出産や結婚式などの人生儀礼に際して、産婦や新郎新婦などの当事者が、親族の女性たちに二の腕に巻いてもらう。

***割礼**　外性器の一部に施される手術。クルアーンには記述がないが、ハディース（預言者の言行録）などに依拠してイスラーム世界では広く実施されている。男子の場合、生後七日目くらいから十二歳くらいまでになされる。なお、女子割礼は北東アフリカや西アフリカなどで見られるにすぎない。

生日が祝われることになる。

四歳四ヶ月四日目の「**ビスミッラー**」（アッラーの御名において）というクルアーン始学式には、親族・隣人・友人にお祝いの菓子を配り、先生に贈り物を渡す。「**ハディヤ***」や「**アーミン**」と呼ばれる修了式には、親族・隣人・友人にごちそうをしたり菓子を配ったりする。このときの先生への贈り物は、かなり高額なこともある。**断食***の開始時期は特に定まっていないが、初めての断食には近所の子どもたちを招いて「**イフタール***」のパーティを開く。このようにして、ムスリムとしての人生を一歩、また一歩と進んだ子どもは、実質的には結婚式を通じて、大人として認められるようになる。

ムスリムにとっての**結婚**は個人間の契約であり、イスラーム法的には「婚姻契約書」（ニカーナーマ）に花婿と花嫁および証人が署名（または拇印）することで成立する。とはいえ、多くのムスリム社会では配偶者の選定、結婚式の儀礼、各種の贈与慣行に関わるローカルな慣習が、結婚の成否を決定づけることも珍しくない。たとえば、イスラームの教えでは男性は相手が「啓典の民」（ユダヤ教徒、キリスト教徒、ムスリマ）、女性の場合は相手がムスリムであれば結婚が可能だが、インドをはじめとした南アジアでは地位・職業・民族などの違いに基づく社会区分が、事実上の配偶者選択の範囲となっている。結婚式についても、「契約書」作成の前後にいくつもの儀礼が存在する。

***ハディヤ**　アラビア語で贈り物、南アジアではクルアーンの代価を意味する。

***断食**　八二頁参照。

***イフタール**　断食明けの軽食。日没確認後にナツメヤシの実や水などを口にし、礼拝に向かう。そのあとでゆっくりと食事をとることになる。

さらに、婚姻時の贈与慣行に関しては、花婿による花嫁への「婚資」（マフル）の支払いが義務のはずである。しかし、婚姻契約書には金額を明記するだけで、実際には婚姻解消という事態を迎えるまで完済されないこともある。これと関連して注目すべきは**「花嫁持参財」***の贈呈である。女性の人権擁護の立場から、イギリス植民地時代に禁止令が出され、分離独立後もインドでは一九六一年、パキスタンでも一九七六年に法令が出されたが、効果はあがっていない。興味深いのは、バラモンなど高カースト・ヒンドゥーの慣行と言われる「花嫁持参財」を、ムスリムは**「ジャヘーズ」**（アラビア語で荷物の意）と呼んで、その起源を預言者の故事に求める点である。預言者は娘婿アリーがまだ若くて十分な生活力が備わっていなかったため、娘に生活に必要な最低限の家財道具を持たせたというのである。

最後に、**葬送儀礼**を見ておこう。ムスリムの死後の処置は極めて早い。まず遺体の四肢をまっすぐに伸ばしてから両足の親指を併せて縛り、顔を右側に向ける。遺体は水で浄められ、白い屍衣が着せられる。そうして顔だけを露わにした遺体が棺架に乗せられ、故人宅に安置されると、そこで女性たちと死者のお別れの儀礼がある。やがて棺架には緑色の布が掛けられ、数人の男性が肩に担いで家の裏口から近所のモスクへと運んで行く。女性たちは故人宅にとどまって**「スィーパーラ」**（三〇分割されたクルアーン）を詠む。

＊**花嫁持参財**　ヒンドゥー教徒の間で、婚姻時に花嫁側から花婿側に譲渡される財貨、いわゆる「ダウリー」。花嫁側の経済的負担が非常に大きいうえ、持参財の多寡をめぐって婚家で花嫁が虐待を受けるなど、深刻な社会問題となっている。

モスクで**「ナマーゼ・ジャナーザ」**（弔いの礼拝）が行なわれたあとで、棺架は墓地へと運ばれる。墓穴に下ろされた遺体は、頭が北、足が南になるように仰向けに横たえられ、その顔は西（マッカの方角）に向けられる。埋葬が終わると、会葬者は死者の名においてクルアーン開扉章*を詠み、死者の魂の平安を祈る。帰宅すると、まず水を飲み、それから通常の生活に戻る。

遺族のもとには、弔問客が次々に訪れる。弔問時の女性の衣服は寒色系か白っぽい色であり、男性も派手な服装は避ける。埋葬後三日目、一〇日目、四〇日目に儀礼が行なわれるが、そのとき、男性は墓地に行き、墓に花や線香を供え、死者のためにクルアーン開扉章を詠む。女性たちは家にいて、死者のためにスィーパーラを詠む。ごちそうが、身内だけでなく貧しい人たちにも、死者の名においてふるまわれる。遺族は「四〇日目の儀礼」まで喪に服す。

ところで、北インドではガラス製の腕輪と鼻ピアスは「夫が存命中の女性の徴」である。それをはずしたり両手を交差して叩き割ったりするのは、夫と死別したときである。夫を亡くした女性、すなわち「寡婦」は、夫の死の直後から四ヶ月と一〇日目まで「待婚期間」（イッダ*）を過ごす。その間、彼女は非親族の男性に姿を見せないよう、外出はおろか戸口に立つことも控える。化粧品、香水、髪油だけでなく、一切の装身具を身につけることもない。白やクリーム色をはじめとした淡い色の衣服に身

＊クルアーン開扉章　一三九、一四〇頁参照。

＊イッダ　結婚を控える／待つ期間。

を包み、白か白っぽい色のドゥパッター（ヴェールの役割を果たす布）をまとうのが寡婦のスタイルなのである。

「礼拝への呼び掛け」（アザーン）で始まったムスリムの一生は、「弔いの礼拝」（ナマーゼ・ジャナーザ）でいったん幕を閉じるが、ヒジュラ暦で死者の命日にあたる日には、毎年、「**年忌**」（バルスィー）が行なわれる。ただし年忌の対象は両親に限られており、祖父母以上に対しては行なわれない。また、異母兄弟や他家に嫁いだ娘・姉妹の年忌への参加は義務とは考えられていない。年忌にあたっては、ごちそうをつくり、死者の名で貧しい人たちにも配る。男性は墓参りをし、墓でクルアーン開扉章を詠むが、こうした**墓参慣行**は預言者自身が行なっていたことだとされる。さらに、マドラサ*の少年たちを自宅に呼んで、「追善供養」としての「クルアーン・ハーニー」（クルアーン読誦）の会を開く人も多い。

人生儀礼は、ローカルな世界観や人間観を映し出す鏡だと言われる。確かに、北インド・ムスリム社会の人生儀礼のいくつかは、ローカルな特性が濃厚であった。ところが、それらはローカルなまま放置されるのでなく、預言者の故事と関連づけられ、イスラームの文脈に置き直されていた。ここに、私たちは、理想的で模範的な人間としての預言者の位置づけと、イスラームの普遍的な宗教としての側面とを、同時に確認することができるのである。

***マドラサ**　イスラーム伝統諸学を教授する寄宿制の教育施設。

子ども

イスラーム法の子ども観と理想の大人像

（小野仁美）

イスラームの思想において、子どもはどのようなものとしてとらえられているのであろうか。子どもをどのような環境で、どのように養育するべきであるのか、という問題は、社会の基礎的な部分とかかわっている。ここでは古典イスラーム法のなかで、子どもがどう扱われているのかを述べてみたい。

イスラーム法*には子どもに関する規定が豊富にある。イスラーム法は、通常私たちが想定するような「法律」に相当する部分もあるが、「ムスリムとしていかに生きるべきか」といった広い意味での行為規範であるため、育児など周囲の大人による子どもの扱い方という観点からの規定や、大人になるということは何をもって判断されるのかについての具体的な規定なども見られる。

イスラーム法の最も革新的な側面の一つに、婚姻制度の整備による家族単位の小規模化がある。イスラーム期以前の擬制的な血縁関係を含む部族に代えて、夫婦と親子による家族が社会の基本単位とされた。親子とは「父子」のことであり、クルアーン

***イスラーム法**　一五三頁など参照。

によって**養子が禁止されている**ため、子は実子のみである。子にとって**父の有無**は、扶養、相続、後見などにかかわる非常に重要な要素となる。子の扶養および後見の義務は、原則として父にある。通常「**孤児**」（**ヤティーム**）というと、母の有無にかかわらず、父が死亡した子のことを指すのはこのためである。また**姦通**が厳しい処罰の対象となり、姦通によって生まれた子は、社会的に不利な立場におかれるため、しばしば棄児となった。そうした孤児、あるいは棄児を養育することはムスリムの良き行ないとして奨励されるが、あくまでも法的な親子関係は生じないし、互いに相続もしない。ただし子が実子に限られる一方で、なるべく父のない子をつくらないようにとの配慮のもとに、父子関係の認定基準は非常に緩やかにもなっている。

子は出生と同時に**相続権**を有するのであるが、その条件として、「産声をあげ、生きて出生したこと」が規定されている。生まれた子は父の宗教に準じて必ずムスリムとなる。子が誕生すると、父は、「**アキーカ**」*と呼ばれる儀式および命名式を行なわなければならない。アキーカの際に供される羊については、男児なら二頭、女児なら一頭とする法学書と、男女ともに一頭ずつとする法学書とがあり、女児を一段低く扱う考えが残存してはいるものの、女児の誕生を男児と同様に祝うべきであるとしている。イスラーム期以前には、女児を生埋めにするなどの悪習があったが、クルアーンはこれを禁じ、女児の誕生を尊重するよう促したのである。また**割礼***については、男

***アキーカ**　子の出生後七日目に行なう儀式。新生児の剃髪と羊の供犠が行なわれる。

***割礼**　五七頁脚注参照。

児については義務あるいは推奨される行為とする法学書が多い一方で、女児については記述が見られないか、あるいは規定があいまいである場合が多い。

父はまた、子、特に男児に対する**教育の義務**をもつ。「七歳になったら礼拝をさせよ。十歳になって（礼拝を）怠るようであれば打て」という**ハディース***に基づいて、父は、子が七歳ぐらいになるまでに礼拝教育やクルアーン教育を始めなければならない。教育は父自らが行なったり、**クッターブ***に通わせたりするのであるが、男児だけでなく、女児であってもクッターブで学ぶことがあった。

未成年者はイスラーム法を遵守することを義務づけられてはいない。**成人***するまでに、ムスリムとしてイスラームの教えに従って生きることができるようにすることは、父をはじめとして周囲の大人に課せられた義務なのである。ところが未成年者であっても、社会生活を送っている以上、さまざまな場面において対人関係は生じてくる。では、未成年者による行為は法的にどのように評価され、判断されるのであろうか。

刑法の分野においては、未成年者は刑罰の対象とはならない。また証言や誓言も効力をもたない。一方、**婚姻**に関しては、出生と同時に契約締結が可能である。ただし、男児は成人するまで、女児は原則として一生涯、自分自身で単独で婚姻契約を締結することはできず、後見人が必要とされる。婚姻後見は、（法学派によって細則に違いはあるものの）ほぼ父の権限に限定される。またイスラーム法は、出生と同時に**財産**を

***ハディース**　預言者ムハンマドの言行に関する伝承。三一頁も参照。

***クッターブ**　クルアーン教育を中心に、読み書きなどを教える学校。年齢に決まりはなく、四、五歳ぐらいから十四、五歳ぐらいまでの子どもたちが学んだ。

***成人**　原則として、身体的成熟をもって判断される。法学派によって若干の相違はあるが、身体的徴候が遅れている場合には、十五歳をもって成人とみなす場合が多く、普通は十三〜十四歳ぐらいまでに成人していたと考えられる。

有する権利を認めているが、未成年者は財産後見に服する。財産後見人は、父あるいは父の指定した遺言指定管財人である。後見に服するといっても契約締結自体が完全に無効なわけではない。未成年者であっても七～十歳になると、善悪や損得を判断する能力（**タムイーズ**）が備わるとされ、後見人の追認があれば契約締結は有効となる。子、特に男児は、主に父のもとで商売などについての職業教育を受けることになるが、実際に少額の資金を元に取引を行ない、その知識や能力が試される。そして成人時までに、十分な判断能力や財産管理能力（**ルシュド**）が備わっていることが確認されると、自分自身の財産の引渡しを受けることができる。女児の場合は、主に婚姻して婚家入りが済んだ後に、父が財産管理能力を確認して財産を引き渡す。

このように、イスラーム法においては、成人するまで父の権限が非常に大きい。しかしながら、実際の**育児**に関する規定においては、**母の役割**が重視されている。これは一見当たり前のようでもあるが、生まれた子をすぐに里子に出したり乳母を雇ったりして、実の母親が必ずしも育児を行なわなかった時代や地域は意外に多く、そうしたなかで母親の役割が法的に規定された意義は大きいものであったと考えられる。

まず**授乳**についてであるが、授乳は扶養の一部であり、基本的には父の義務である。母に授乳の義務はない。ただし特別な場合を除いては、母が授乳を行なうべきであるとされており、それはまた母にとっての権利でもある。母が望むのであれば、父は乳母などを雇ってはならないし、たとえ離婚して妻に対する扶養義務がなくなっている場合でも授乳期間については賃金を支払う必要がある。また母が**ハッド刑***の対象となった場合においても、授乳期間が満了するまでは刑の執行が猶予される。授乳期間はクルアーンにも示されているように、通常二年間である。

さらにある法学派では、母は子に必ず**初乳**を飲ませるべきであると規定している。初乳を飲ませなければ子が丈夫に育たないという理由からである。現代では、日本や欧米においても初乳に含まれる成分の重要性は科学的に証明され、母乳育児は大いに奨励されている。しかしこのことが常識となったのはごく最近のことであり、長らくヨーロッパ医学を牽引していたイスラーム圏の医学（ひいてはその源となったギリシア医学）においても、初乳は「悪い乳」であるとして避けられる傾向にあった。そのようななかで、初乳の重要性を説いた法学派があったというのは興味深い。

また先に述べたように、対外的な契約事項にかかわる**後見**（**ウィラーヤ**）を行なうのは、父を最優先者として男性男系血族である。これに対して、子の日常の世話をする**監護**（**ハダーナ**）を行なうのは、母を最優先者とする女性血族である。たとえば両親が離婚した場合、子の扶養や後見は父が行なうが、子は実際の生活を母とともにし、身の回りの世話やしつけなどを受けるのである。監護期間は七、八歳までとする法学派と、男児は成人まで、女児は婚姻し婚家入りするまでとする法学派がある。

***ハッド刑**　クルアーンまたはハディースに示された特定の犯罪に対する刑罰。ハッド刑の対象となるのは、姦通、姦通についての中傷、窃盗、追剝、飲酒の五種で、その執行対象者は、正常な成人ムスリムであるとされている。

イスラーム法における**成人**は、男児であれば精通（初めて射精すること）、女児であれば初潮をもって判断される。つまり生殖能力の有無が大人と子どもを区別する重要なポイントである。したがって、イスラーム法における大人像とは、子を設けて育むことができ、財産を適切に管理運用する能力を備え、良きムスリムとして日々の生活を営むことのできる者、ということになろうか。

現代では、各国ごとに、主に家族法において成人年齢が定義されている。たとえばシリアでは十八歳、チュニジア、モロッコでは二十歳というふうにである。また、監護年齢の上限や、婚姻後見、財産後見の解除についても、それぞれ具体的年齢が定められている。家族法は他の分野と比較してみればイスラーム法がかなりの割合で存続しているが、成人の定義については、本来の意義はあまり重視されなくなったといえるのかもしれない。しかしながら実際の社会生活においては、子どもから大人への移行を身体的成長を節目とする考え方は、現代にも引き継がれている。

映画『ハルファウィン――テラスの少年』*は、一人の少年を通じてアラブ・イスラーム社会の伝統的な日常生活を描き、子どもの成長と社会との関わりを表現した作品として興味深い。舞台は現代チュニジアであるが、古い慣習を残した下町では、日常の生活空間が男女ではっきりと分かれている様子がみてとれる。主人公ヌーラは十三歳。ちょうど思春期にさしかかろうとしているがまだ「子ども」であって、母親を

＊**『ハルファウィン――テラスの少年』** フェリード・ブーゲディール監督、一九九〇年、チュニジア。

含む女性たちの空間で多くの時間を過ごしている。と同時に、通りに出れば、父親や近所の大人たち、友人などを通じて少しずつ男性の世界を知っていく段階である。そんなある日のこと、ヌーラは母親に連れられていったハマム（公衆浴場）で、周囲の女性たちから追放を宣言されてしまう。女性の裸体に興味を示す様子を、見咎められてのことである。映画のラストシーンでは、少年ヌーラが間もなく大人の世界へと飛び立っていくことが暗示される。

ムスリムの人々と接する機会をもつと、**家族の絆**が非常に強いという印象を受ける。また大人の男性であっても、父親の前では喫煙をしないなどの敬意を示すし、母親に対する愛情表現も豊かである。そうした社会習慣は、イスラーム法に示されているような家族のあり方と無関係ではないだろう。そしてイスラーム法の諸規定からは、子どもは実の両親（それが無理なら親族）のもとですごし、成長と性別に応じたしつけや教育を受けながら一人前の大人になるのが理想とされていることが読み取れるのである。

ヴェール

ブルカは「女性蔑視」か

（小牧幸代）

「女性の人権や自由って、肌の露出度で測られるの？」

この春、ラホールで知り合ったムスリム女性、ナスリーン（三十四歳・専業主婦）は、怪訝な顔で言った。高級住宅地のラホール・キャントンメントでは、最近、ジーンズにタンクトップという「派手な」装いのムスリム女性が目立つようになっている。降り注がれる男性の熱い視線を、十分意識しながら歩く彼女らに、ナスリーンの評価は厳しい。「あの娘たちは自分が美しい（から注目されている）と勘違いしている、好奇のまなざしを向けられているだけなのに……」。

ラホールは、デリー、ラクナウー、ハイデラバード（デカン）などと並ぶ南アジア・ムスリム文化の一大中心地である。それゆえに、市内や郊外に拠点をもつ宗教組織は数多い。なかでもジャマーアテ・イスラーミー（イスラーム団体）とタブリーギー・ジャマーアト（布教団体）は、それぞれ独自のイスラーム主義を貫くことで世界的にも有名である。両団体の本部では、キャントンメントとは対照的に、肌の露出度

インドとパキスタン東部

を極端に抑えた女性たちを見ることになるだろう。彼女らは、ほぼ例外なく「ブルカ」と呼ばれる外套で全身を覆い隠しているのである。

「女性が見えない」「女性が消し去られた」「女性が行方不明」などと表現することで、西側諸国のメディアは、パキスタンやアフガニスタンなどのムスリム女性によるブルカ着用を、イスラームにおける「女性蔑視」や「原理主義」のシンボルと捉えて非難してきた。ブルカを脱ぎ捨て「小さな小さな布をまとった女性」が、とりわけ西洋志向の富裕層に増えていることは事実だが、その一方でブルカ着用者もまた確実に増加している。以下、北インドの事例を中心に、南アジアにおけるブルカと女性とイスラームの関係について考えてみたい。

ブルカとは、手首・足首を除く身体を、頭からすっぽりと覆い隠す外套であり、大きくワンピース・タイプとツーピース・タイプに分けられる。前者は普通、木綿でできており、羽織ればちょうどシーツを被った「西洋のお化け」さながらの格好になる。目の部分がメッシュになっていて、そこから外を見る。後者はたいてい、化学繊維でできていて、スカーフ兼ヴェールの部分とコートの部分からなっている。そして、ニカーブと呼ばれる二枚一組のヴェールで顔全体を覆い隠すのだが、そのヴェールを昼は二枚重ねて、夜は一枚だけといった具合に外部の明るさに応じて使い分ける。

昨今の北インドの若いムスリム女性のあいだでは、ツーピース・タイプのブルカの

ブルカ（ツーピース・タイプ）で買い物をする女性

ほうが断然人気が高い。しかもこのタイプは、コートの形や色、スカーフを縁取る刺繍の種類やスカーフ自体の形とその被り方などにわたって、はやりやすたりがかなりある。はたからはどれも同じように見えるのだが、実は個性的なオシャレを楽しむことができるほど、ツーピース・タイプのブルカはバラエティに富んでいるのである。

さて、どちらのタイプのブルカであっても、目を含む顔全体を覆い隠すことに変わりはない。だが、世界中のムスリム女性がこれと同じスタイルなのかというと、そうではない。イランやインドネシアなどでは、髪は隠すが顔は隠さない。サウディアラビアでさえ、目を覆うことはない。イスラームは、女性に対して顔を隠すように説いてはいないからである。それにもかかわらず、南アジアのムスリム女性が顔全体を隠すのはどうしてだろう。その背景には、「パルダ」と「グーンガト」という二つの慣習があるように思われる。

まず、**パルダ**について。女性が、身内以外の男性の視線にさらされないようにすることを、南アジアでは「パルダ」と呼んでいる。そもそもパルダとは、ペルシア語で「幕」とか「カーテン」を意味する言葉である。それが転じて、女性部屋の確保や女性の外出規制、あるいは外出時には必ずブルカを着用し、同行者を伴うといったように、一族の名誉にかけて女性を他所の男性から隔離・保護する慣習を指すようになった。あるムスリム男性によれば、パルダとは「顔を除く身体のいずれの部分をも他人の視線にさらすことなく、慎み深く生活すること」であり、その理由は「女性は夫となる男性以外の誰をも魅了する機会をつくってはならないから」だという。

次に、**グーンガト**について。グーンガトというヒンディー語の言葉には、「頭や顔を覆うこと」とか「ヴェール」といった意味がある。そこから、女性が婚家で、夫よりも年上か、場合によっては夫より年下であっても親族関係上、オジやアニなど目上にあたる男性の前に出るときに、大きめの布やサリーなどで顔を含む頭部を覆い隠す慣習を指すようになった。グーンガトは、婚姻儀礼の段階で既に始まっている。初めて婚家を訪れた花嫁は、花婿の女性親族からその家族や親戚を紹介してもらう。その際に彼女は、誰には顔を見せ、誰からは隠すべきかを知るのである。そうして花嫁は新しい人間関係を把握していくと同時に、本来、他人同士である男女のあいだに適切な距離をとり、**敬意**を表明するとともに**恥じらい**の心を保つのだという。

パルダとして規定される行為は、南アジアのムスリムによれば、イスラームに由来するものである。これに対してグーンガトは、もともと高カースト・ヒンドゥー（王族カースト）の慣習だったらしい。南アジアのムスリム女性が頭も顔も身体も覆い隠すのは、このように、イスラームの教えと南アジアの土着文化に根差した二種類の慣習を採り入れたためだと考えられるのである。

ブルカの着用が、「女性蔑視」「原理主義」に関わる悪習として単純に片づけられないのは、次の事例からも明らかである。北インドの田舎町で一九九五〜九七年の約二年間を過ごした私は、ホームステイ先のムスリム家庭の奥さんが、ブルカを着用せずに外出したのをただの一度も見たことがなかった。蒸し暑い日の夜に隣の家に行くといった類の外出であっても、彼女は必ずブルカを羽織っていたのである。その理由は、しかし、「地主一族の女性だから」という誇りに満ちたものであった。

もちろん、インドでも大都市では**ブルカ離れ**が進行している。保守的な良家の女性のあいだでも、ブルカの代わりに大きめの布で頭部や身体を覆って外出する姿が頻繁に見受けられる。匿名性の高い都会では自分が誰であるかを気にする人はいない、だから顔を隠す必要はないのだという。そのようなわけで、彼女たちは実家や親戚のある田舎町に赴くときには必ずブルカを被る。停車場が近づくと、長距離バスは、ブルカを羽織り始める都会の女性たちで慌ただしくなるのである。

ところで、そうしたブルカ離れ現象とは全く逆の動きがあることも見逃してはならない。過去にパルダをしていなかった中下層階級の女性たちが、いわゆる「イスラーム化」の波に乗って、積極的にブルカを被るようになってきたのである。しかし、そこにはブルカを身につけることで自分たちの地位を高めようとする「戦略」も存在するようである。つまり、彼女たちにとってブルカは「イスラーム化」というだけでなく、上層階級の女性を模倣し地位を上昇させるための道具でもあるのである。このように、ブルカは必ずしも「受け身」で着られているのではない。臨機応変に、積極的に、時には戦略的に活用されている場合すらあるのである。

最後に、冒頭で紹介したナスリーンの言葉に戻ろう。「肌の露出度で測定される女性の人権や自由」とは、ナスリーンの解釈によれば西洋的なものであり、恥じらいと引き替えに手にするものである。それを拒み、「イスラーム的な女性の人権や自由」で十分だとする女性は、実は彼女ひとりではない。インドでも、似たような意見をもつ女性に複数出会った。興味深いことに、彼女たちのなかにはブルカ着用を好まない人もいたのだが、「創出されたブルカ・イメージ」に対する抵抗感では一致していた。それは、ブルカを「女性蔑視」「人権侵害」のシンボルとすることで世論を操り、イスラームとムスリムを貶《おとし》めて、何らかの利益をあげようとする非ムスリム側の悪意に対する抗議、さらには憤怒の気持である。

「ブルカを被った哀れなムスリム女性」というモチーフは、時と場所によっては正しいこともあるだろう。だがそれは、ブルカを脱ぎ捨て、夜更けにひとりで外出したり、あるいは棄教したりすることで解決できる問題ではない。逆をいえば、非ムスリム社会の薄着の女性が「女性蔑視」「人権侵害」を受けていないとも限らない。ブルカと女性とイスラームは、報道番組が伝えるほど単純明快な関係で結ばれてはいないのである。

ハラール肉——料理と断食

食事をめぐる楽しみとタブー

（尾崎〔鈴木〕貴久子）

中東には古くから豊かな食文化があった。パレスチナからイラクあたり（いわゆる肥沃な三日月地帯）は、野生ムギ類の原生地であり、ここでは早くも紀元前七五〇〇年から六五〇〇年ごろには、ムギの栽培、収穫、貯蔵、加工、製パンにいたる過程が一応完成し、ムギ作農業とムギ食文化が成立していた。古代以来この地を支配したさまざまな民族によって、各地の食べ物がこの地に入ってきた。そして七世紀に興《おこ》った宗教イスラームは、ムスリムに**断食**を義務と定め、飲食物を**ハラール**（食べてよいもの）と**ハラーム**（禁忌品）に分けた。中東地域の食べ物の特徴を、食材・料理・食習慣から見ていこう。

古代メソポタミア文明の地であるイラクでは、世界で最初にムギの栽培と牧畜（羊、ヤギ）が始まった。そして紀元前三〇〇〇年ごろには、この頃に現われた最初の表意文字にパンの図柄が入っていることからもわかるように、パンが、この地の人々の基本食になっていた。当時最も好まれた飲料は、大ムギからつくられたビール*であり、

***ビール**　ビールの表意文字が紀元前四千年紀末の楔形文字資料に記されているように、ビールはメソポタミアで古くから飲用された。イスラーム期では、ミントやショウガ、胡椒などで風味づけられ、蜂蜜や砂糖で甘味をつけられたビールが造られた。

ぶどう酒もまた地中海沿岸で製造されメソポタミアにもたらされていた。つまり現在の中東における食事の原型「パンと乳製品、ビール、ぶどう酒、カブやリーク*などの野菜、羊・ヤギの肉類」は、古代期にはすでに出来上がっていたといえる。

七世紀になるとイスラームが興り、またたく間に中東地域はイスラーム王朝の支配領域になった。そして十世紀になると、イスラーム諸王朝下での政治的・経済的安定を背景に、農業技術の開発が進み、米、さとうきび、レモン、オレンジなどの商品作物が各地で栽培されはじめた。またこの時期はムスリムによる活発なインド洋交易活動によって、インドや東南アジアから、胡椒、シナモン、ナツメグなど**香辛料類***が中東地域に大量に持ち込まれた。こうして中東地域では、**砂糖***を主材料とした菓子が各種つくられ、また香辛料類が肉料理や前菜類に利用されることとなった。米はピラフ料理の材料として、レモン、オレンジも果物として、飲み物や菓子の材料として、各地でその利用が普及した。中東の代表的な野菜であるナスやホウレンソウは、もともとペルシャ地域のものであったが、やはり十世紀以降にイスラーム世界の各地にその栽培と利用が広まった。つまり、十世紀頃には現在の中東地域の定番の食材がほぼ出揃ったといえる。ちなみに、十世紀以降に入った食材（砂糖、米、香辛料類、レモンなどの柑橘類）がヨーロッパで広く利用され始めるのは、十六世紀以降のことである。

＊リーク　ポワロ、西洋ネギともいう。原産地は地中海沿岸で、古代エジプト、ローマ・ギリシャ時代にも栽培されている。煮込むと甘味がでてとろりとなり、煮込み料理に適した野菜。

＊香辛料類　胡椒、肉桂、丁子などのインド・東南アジア産の香辛料は、薬として、高級料理の風味づけとして、十世紀以降イスラーム世界で利用が広まった。アラブ医学では、香辛料の大部分は〝温・乾〟の性質をもつとされ、滋養強壮の効能をもつと珍重された。

＊砂糖　サトウキビ（インド原産のイネ科の多年生作物）の栽培は十世紀に大規模に中東地域で開始された。ヨーロッパ向けの輸出商品であった砂糖とともに、イスラーム世界の砂糖菓子類もまたその製法がヨーロッパに伝播した。

現在の中東料理に欠かせない**トマト**は、最も遅く中東地域にもたらされた食材の一つである。トマトはもともと新大陸原産の作物であるが、十八世紀中頃からイタリア料理に利用された。中東地域には、西欧列強による植民地支配が進む過程で持ち込まれ、利用と栽培が始まったと考えられる。

中東地域の料理は、古代から「前菜」と「メイン料理」に分けられる。前菜には、ニン豆ペースト、野菜のピクルス、マフシーあるいはドルマと呼ばれる詰め物料理、ニンニクで風味づけしたヨーグルト、野菜のマリネやサラダなどがある。前菜類は皿に少量ずつ多種類盛られ、パンが添えられて食卓に出される。前菜の次には、メインの肉料理（その多くはトマト味の煮込み料理かシシカバブなどの串焼き肉）が出される。メイン料理には、バターライスが添えられる場合もある。メイン料理の後、コーヒーや紅茶、時には果物や砂糖菓子が出される。

中東地域の前菜の種類は一〇〇種類以上あるといわれる。その一つの前菜をつくるに要する複雑な調理過程とその味つけに中東地域の**調理技術の高さ**が示されている。前菜類の味つけは、塩、レモンや酢という酸味料（時には乳製品）、にんにく、ネギ類と香辛料・ハーブ類、トマトを用いるが、それらの微妙な配合による風味に料理人の腕前が表われる。前菜の美味しさゆえに食がすすみ、満腹に近い状態になり、メインの肉料理を料理人の目を気にしつつ苦しみながら食べたという経験は、中東を訪れ

宴会料理の数々　それぞれ大皿に盛られて出される。

たことのある人であれば誰もが体験していることであろう。

ところでメイン料理に使われる肉（主に羊肉）と肉の脂の量は、その食事の豪華さを示し、肉が多ければ多いほどその料理は豪勢で美味な料理と見なされる。

では時代を通してどんな肉料理が好まれたのであろうか。私たちは、中東地域のご馳走といえば、串刺し肉を直火で焼いた**カバーブ料理**や**鳥の丸焼き**であろうと想定しがちであるが、古代からこの地の人々の認識では、洗練された料理とは**肉の煮込み料理**のことであった。古代メソポタミアの紀元前一六〇〇年ごろの料理書に記載された五〇あまりの料理は、神々に捧げるための料理であり、そのすべては肉の煮込み料理であった。またイスラーム時代に入ると、料理書や年代記、文学作品に出てくる肉料理のほとんどが肉の煮込み料理である。むろん直火で焼いた肉料理も散見する。たとえば十世紀の料理書では鳥の丸焼き料理は「古代ペルシャ王の（好んだ）料理」と紹介され、十三世紀の料理書では羊の丸焼きが「フランク（十字軍）風焼肉」と名づけられている。すなわち直火で焼いた肉料理は、時代遅れの、あるいは野暮で野蛮な（十字軍の兵士が食べるような）料理と位置づけられており、決して豪華なものでも洗練された料理でもなかった。

中東地域は、**外食産業**が早くから展開された地である。十三世紀の都市の**スーク**＊では、出来合い料理（肉の煮込み料理、粥料理、揚げた魚など）やシャーベットが売られ、

＊スーク　アラビア語で市場の意味。多くは通りの両側にそって並ぶ常設店舗群を意味する。中世期のスークの各種店舗の商売の状況（不正やごまかしを含む）は、ヒスバの書（市場監督官の書）から知ることができる。

その場で食べたり、テイクアウトをすることもできた。現在の都市のスークでも、そうした出来合い料理を出す店はいつも賑わいを見せている。

イスラームは、断食を義務とし、飲食物をハラールであるもの（イスラーム法的に合法な食品）とハラームであるもの（禁忌品）に分類している。

ハラームである食品については、クルアーンに「死肉、血、豚肉、およびアッラー以外の名で供えられたもの」（第二章一七三節）とある。**豚肉がなぜ禁忌なのか**、その理由はクルアーンには書かれていないが、その理由の一つに、もともとアラビア半島には豚が不浄な動物として忌避されていた慣習が存在していたということが挙げられる。

ハラールである肉とは、「ビスミッラー」（神の御名において）と言いながらムスリムによって頸動脈を切断された動物の肉である。現在日本のスーパーにおいては、日本在住のムスリムのために、オーストラリア産の冷凍ハラール肉が売られている。

酒もまた、クルアーンにおいて段階的に禁止された。酒を意味するアラビア語「**ハムル**」はもともと「覆うもの」の意味である。すなわちハムルは、理性を失わせるもののすべてを指し、ハシーシュやカート*も酒の範疇にはいるものとして禁じられている。しかしこれらは豚肉ほど厳格に守られているとは言いがたいのが実情である。

イスラームの義務の一つである**断食**とは、イスラーム暦第九月である**ラマダーン月**

スークの薬物商（シリア）

***ハシーシュ、カート**　ハシーシュは、インド大麻の雌株の花序と葉から分泌される琥珀色の樹脂を粉末にしたもの。喫煙により幻覚や麻酔作用が得られる。カートは、アカネ科の多年生草木で、若葉を噛むと出るエキスには軽い神経興奮作用があり、イエメンでは社交の場に不可欠である。

の一ヶ月間、毎日、日の出から日没まで一切の飲食物を口にしない行ないである。日没後から日の出までは飲食を摂ることが許されており、夜には家庭ではご馳走が出される。断食は苦しいが、日没後のご馳走は人々にとって楽しみであり、主婦は朝からごちそうの準備にとりかかる。日没後はまずナツメヤシや甘い飲み物を口にし、空腹の胃を慣らす。ラマダーン月に出される定番食品には、アラビア半島の地域でサモサ(具いり揚げパン)、モロッコでスフーフと呼ばれるムギ焦がしといったものがある。

中東地域の人々は、見知らぬ旅行者であっても打ち解けると家に招き、家族ぐるみで食卓を囲む。イスラーム以前から、この地域の人々は、食事をふるまい、他者をもてなすことを大切にしていた。古代メソポタミアの人々は、人間だけでなく死者にも食事を供していた。『新約聖書』には、復活したイエスが、弟子たちのために、パンを自らの手で分け、炭火を起こし、魚を焼き与えたことが記されている。疲れた弟子に食事をふるまったこのイエスもまた中東の人間である。中東地域の人々は、飲食物の社会的機能、すなわち**飲食物を他者のみならず死者とも共食すること**が共生しているという一体感を生み出すこと、そしてその一体感を共有することが共同体における秩序の安定と維持をもたらすことを、古代から最もよく知りえていた人々である。

祭礼

相互扶助の祭り

（守川知子）

イスラーム世界にはさまざまな祭りがある。スンナ派やシーア派*といった宗派に関係なく祝われる祭りもあれば、宗派や地域によって異なる祭り、あるいはイスラーム以前の伝統を引き継ぐ祭りなど、多種多様な祭りが日常に彩を添えている。そのなかでも、宗教的に最も重要な祭りは、「犠牲祭」（イード・アル＝アドハー）と「断食明け祭」（イード・アル＝フィトル）の二大祭であり、両祭はイスラーム社会全域で宗派に関係なく盛大にとり行なわれる。

「**犠牲祭**」は、二大祭のなかの「大祭」に位置づけられ、**マッカ巡礼***の一連の儀礼が終了するヒジュラ暦*ズー・アル＝ヒッジャ月十日に始まる。巡礼を成し遂げた巡礼者たちは、最後にマッカ近郊の**ミナー**と呼ばれる場所で、犠牲の動物（羊、ヤギ、牛、ラクダなど）を捧げる儀礼を行なう。この儀礼は、イブラーヒームが信仰の証しとして息子を神への犠牲として捧げようとしたまさにそのとき、神が身代わりとして犠牲獣を授けた、という伝承に基づいている。*ミナーでは、一時間あまりのあいだに何

＊スンナ派、シーア派　イスラームの二大宗派。現在、スンナ派が九割を占め、残りの一割弱がシーア派である。スンナ派はムハンマドの**スンナ**（慣行）を重視する。シーア派は、第四代カリフのアリー（六六一年没）を支持する人々で、イラン、イラク、レバノンに多い。

＊マッカ巡礼　一四五頁参照。

＊ヒジュラ暦　ムハンマドがマッカからマディーナへ移住（ヒジュラ）した六二二年を紀元元年とする暦。太陰暦で、一年は十二ヶ月、三五四日（または三五五日）からなる。**イスラーム暦**とも呼ばれ、イスラームの宗

千頭もの動物が屠《ほふ》られるが、その肉を貧しい人々に分け与えることは、大きな功徳のある行為とされる。巡礼者たちは犠牲獣を捧げた後、剃髪して**イフラーム***を解き、マッカに戻って十一日から十三日までの期間を歓喜のうちに祝う。

ミナーで巡礼者たちが犠牲獣を捧げる日から三〜四日間、イスラーム世界全域でも、マッカでの巡礼者たちの儀礼と同じく、犠牲祭が祝われる。経済的に余裕のあるムスリムは、犠牲となる動物を捧げることが定められている。このため、この時期、イスラーム世界の諸都市では、近郊からトラックで運ばれた多くの羊やヤギが売られている光景に出くわす。場所によっては牛や馬が屠られることもあり、近年では路上での屠殺が禁じられている国もあるが、各家庭や道端で犠牲獣が屠られる様子は圧巻である。屠られた羊やラクダの肉やスープは、自分たちのみで消費するのではなく、貧しい人々や隣人に分け与えられる。人々は真新しい服を着て、贈り物の交換をし、年長者を訪ねた際には手に接吻をすることで、神の恩寵と幸多き生活を願う。また、祖先の墓に詣でる人も多く、この時期の墓地は活況を呈する。

「断食明け祭」は「小祭」に当たり、ラマダーン月一ヶ月間の断食・斎戒が終わったことを祝して、翌シャッワール月一日に行なわれる。ラマダーン明けの祭りは三日間続き、砂糖菓子が配られることから、トルコでは**「シェケル・バイラム」**(砂糖祭)とも呼ばれている。ラマダーン月の終了は新月の出現に拠っており、一ヶ月が二九日

教儀礼や祭りはこの暦に基づいて行なわれる。

ヒジュラ暦の月名

1月	ムハッラム	7月	ラジャブ
2月	サファル	8月	シャアバーン
3月	ラビーウ・アウワル	9月	ラマダーン
4月	ラビーウ・サーニー	10月	シャウワール
5月	ジュマーダー・ウーラー	11月	ズー・アル=カアダ
6月	ジュマーダー・アーヒラ	12月	ズー・アル=ヒッジャ

***イブラーヒームの生贄の故事**　創世記二二章アブラハムとイサクの故事を踏まえたもの。クルアーン整列者章一〇二―一〇七節。イスラームでは、息子の名はイスマーイールとされる。

のこともあれば三〇日のこともある。そして後者の場合、ムスリムたちは一日多く断食の務めを果たさねばならず、毎年ラマダーン月の終わりが近づくと、人々は新月の出現を待ちわびる。一ヶ月間の行の達成感も手伝って、「小祭」は「大祭」よりも熱烈に、また喜びに溢れた華やかな雰囲気のなかで祝われる。

　イスラームの二大祭であるこれらの祭りの朝には、ムスリムは「**イード礼拝**」と呼ばれる特別な礼拝を行なわなければならない。男性は早朝モスクに出かけ、集団で礼拝し、**イマーム（導師）**の説教を聴く。一方、女性は家で礼拝してもよく、家庭での祝祭料理の準備に忙しい。これらの祭りは、イスラームの宗教儀礼に関わる祭りであるために、ヒジュラ暦で祝われ、毎年季節の変動がある。

　二大祭以外に重要なものは、預言者ムハンマドの**聖誕祭**（マウリド・アンナビー）であり、イスラーム世界全域でこの日（ラビーウ・アウワル月十二日）は祝日となるが、特にエジプトなどアラブ世界で広く盛大に祝われる。

　一方、地域や宗派によって異なる祭りとして、ムスリム聖者を記念する祭りが各地にあり、モロッコの**ムーセム**や南アジアの**ウルス**などが代表的なものとして挙げられる。ムーセムやウルスといった聖者の生誕や命日などの記念日には、信徒たちは所縁の聖者廟に詣で、周辺の村落からも大勢の参詣者が詰めかけ、廟の周辺では市が立ち、屋台や見世物が出て賑わいを見せる。これらの祭

＊イフラーム　マッカ巡礼時の禁忌の状態。および巡礼時に着用する二枚の白布からできた男性用の衣服。イフラームの状態にある間は、性交、殺生、爪や髪を切ることなどが禁じられる。

マッカ、マディーナとイラン・イラク

りは地域の商業と密接に結びついているため、農繁期を避け、ヒジュラ暦ではなく太陽暦で行なわれる場合が多く、数日間にわたって催されるものもある。シーア派では歴代イマーム（指導者）の誕生日や命日が記念日となり、人々は**イマーム廟**に参詣する。特に、十二代イマームの**マフディー**の誕生祭（シャアバーン月十五日）は盛大で、この日の前後には町中が色とりどりの電飾で飾られ、その色調も年々きらびやかになっている。

ところで、イランやイラクをはじめとするシーア派地域では、「祝う」祭りとは趣きを異にする**哀悼儀礼祭**（ターズィーエ）があり、歴代イマームの殉教日に行なわれる。なかでも**「アーシューラー」***と呼ばれる哀悼祭は最大のものである。この祭りは、ヒジュラ暦六一年ムハッラム月十日（西暦六八〇年十月十日）に、ムハンマドの孫であった**フサイン***がウマイヤ朝*の圧制に抗して戦い、**カルバラーで殉教**したという史実に基づく。フサインの殉教はシーア派の人々に大きな悲しみをもたらし、現在に至るまで彼の死は追悼される。他の聖者の記念祭が縮小傾向にあるなかで、アーシューラーのみは世界中のシーア派教徒が各地で参加する極めて大規模な行事となっている。

アーシューラーの儀礼はムハッラム月に入ると始まる。期間中、街中ではフサインの殉教を悼む黒の垂れ幕が掲げられ、人々は一様に黒い服を着る。毎日羊が屠られ炊出しも行なわれる。各街区では山車にあたる櫓を組み、その時期にのみ開放される小

***アーシューラー**　アラビア語で十番目を意味する語。ヒジュラ暦ムハッラム月十日を指す。イスラーム初期には断食の日だったが、後述のフサイン殉教を受け、シーア派では哀悼祭を行なう日となる。

***フサイン**　アリーとファーティマの次男。彼のカルバラーでの殉教は「カルバラーの悲劇」と呼ばれ、その壮絶な死から「殉教者たちの長」に位置づけられる。シーア派第三代イマーム。

***ウマイヤ朝**（六六一―七五〇）　ウマイヤ家出身のムアーウィヤが建国。首都はダマスクス。イスラーム世界で最初の世襲王朝であり、中央アジアからイベリア半島まで広がる最大版図を現出した。

屋で、夜になるとフサインの殉教を物語る哀悼詩の朗誦（ロウゼ・ハーニー）が行なわれ、数十人から数百人が参加する。参加者は哀悼詩を聴きながら涙を流し、手で胸を叩いて悲しみを表現する。また十九世紀以降、フサインの殉教を題材とした殉教劇が行なわれるようになり、現在でも地方の町村では有志によって演じられている。十日の間、男たちはあるいはモスクに集まり、あるいは路上で、鎖や手で自らを痛めつけながら隊列を組んで行進する。なかには、重さ百キロはあろうかというフサインの軍旗を交代で担ぎ行く猛者たちもいる。そしてフサインが殉死したアーシューラーの日に、祭りは最高潮に達し、男たちはいっそう激しく鎖を体に打ちつけて慟哭し、フサインの苦難と殉教の悲劇を追体験するのである。フサインが殺害された正午に祭りは終了し、人々は炊出しやシャーベットといった供物の分配に与《あずか》る。アーシューラーは基本的に男性による祭りであり、女性は沿道で男たちの行進の様子を眺めるに過ぎない。しかし、篤志家の家では女性のみを集めた「ロウゼ・ハーニー」が催され、参加者たちは女説教師の講話を聴き、フサイン殉教の悲劇を、夫や息子を失った女性の視点から追体験する。涙を流した後には茶菓がふるまわれ、そして会は終了する。

一方、これらのイスラーム特有の祭りの他にも、イスラーム以前の伝統を引き継ぐ祭りがある。イラン起源の「ノウルーズ」（新しい日）や、エジプトでのコプト教徒の復活祭翌日の「シャンム・アン＝ナスィーム」（薫風をかぐ日）などがそれである。

なかでも**ノウルーズ**は、イランのみならず、東はアフガニスタンや中央アジアから、西はシリアやトルコのクルド地域まで、非常に広範囲にわたって祝われる。ノウルーズは春分の日を元旦とする新年祭であり、神話時代のペルシアの王にその起源を求めるゾロアスター教徒の暦祭であるが、今日においても他のイスラーム諸国とは異なり、イランではこの日を年始とする**ヒジュラ太陽暦***が公式に利用されている。ノウルーズが近づくと、家々では大掃除をしたり、衣服を新調し、「ハフト・スィーン」（七つのS）と呼ばれる祝いの品を並べ、新たな年を迎える準備をする。太陽が春分点に入る時報とともに祝いの言葉が発せられ、集まった親戚たちから子どもたちにお年玉が配られる。現在のイランでは、ノウルーズ休暇は約二週間続き、日本の正月と同じように年始の挨拶回りといった光景が繰り広げられる。

イスラーム世界には、宗教行事として重要な二大祭のみならず、イスラーム以前の伝統や、それぞれの宗派、あるいは地域の聖者に由来し、独自の発展を遂げた多種多様な祭りが存在する。このような多様性をもつ一方で、イスラーム世界の祭りはどれも、富める者が貧しき者に施しを与え、それを分配する、すなわちアッラーからの恩寵を感謝し分かち合うことで、みなが共に祝うという共通性があり、イスラームの根本的教えである**相互扶助**や**平等意識**を具現化する場となっている。イスラーム世界の祭りは、彼らの助け合いの精神が最もよく現われる瞬間なのである。

***ヒジュラ太陽暦**　イランやアフガニスタンで使用されている暦で、「イラン暦」とも呼ばれる。六二二年を紀元元年とするが、春分の日が元日となり、一年は十二ヶ月、三六五日の太陽暦。月名はサーサーン朝時代のゾロアスター暦に基づく。

聖者廟参詣

現世利益を求めて

（守川知子）

ムスリムの信仰の対象は**アッラー**である。しかしアッラーは絶対的かつ超越した存在であるために、一般の信徒にとっては必ずしも近しさを感じる対象ではない。そのような場合に、信徒とアッラーを繋ぐ存在が必要となる。イスラーム世界では、「聖者」と呼ばれる人々がこの役割を担う。

イスラームにおける**聖者**は、アッラーからもたらされた**恩寵（バラカ）**によって聖者性を与えられ、アッラーに近い存在、「神の友」として認識される。アッラーから聖性を与えられた聖者は一般の人々に奇蹟を見せ、他方人々は、聖者と接することによってアッラーの恩寵にあやかろうとし、聖者を通じて神への祈願を行なう。すなわち、聖者の存在がアッラーと人々との媒体となるのであり、聖者は人々の願いを神にとりなす役目をもつ。

イスラーム社会において「聖者」と呼ばれる人々は数多《あまた》存在するが、キリスト教のように公的な審査機関や基準があるわけではなく、定義も曖昧である。しかし一般には非日常の超人的現象である「奇蹟」を行なう者が聖者であると考えられている。**奇蹟**には、最後の審判の日の神へのとりなし、雨乞いなど自然現象の改変、空間移動、ジン*や動物など異人・異類との交流、病気平癒、予言・予知や夢のなかでのお告げなどが含まれる。人類のなかで最も聖性を備えた人物は、言うまでもなく**預言者ムハンマド**であり、文盲のムハンマドにクルアーンが授けられたことは最大の奇蹟とされる。しかし、ムハンマド以外にも、偉大な学者や偉人、**スーフィー***、預言者の子孫たちが聖者として崇められてきた。特に、**スーフィズム***が隆盛した時代には、神に近づく術をもつその教祖や長老は聖者として多大な尊崇を集めた。トルコのメヴレヴィー教団*や、インドのチシュティー教団*、あるいは中央アジアのナクシュバンディー教団*など、その支持者は現在でも師を敬い、師の指導を受けながら信仰に励んでいる。

シーア派の歴代**イマーム**（指導者）もまた、シーア派教徒から絶大な支持を得ている聖者である。**シーア派**は預言者ムハンマドの従弟かつ娘婿であった**アリー**を初代のイマームと見なすが、これはムハンマドの聖性は血を通じて伝えられるとする考え方に基づいている。そのため同派では、アリーと**ファーティマ***から生じた血筋を重視し、預言者一族の血統にのみ聖性を認める。もっとも預言者一族に対する尊崇はシーア派に限ったことではなく、ムハンマドの子孫は**「サイイド」**（聖裔）と呼ばれ、イスラーム世界の全域で遍く敬愛されている。

＊ジン　精霊。アラブ世界で広く信じられてきた目に見えない超自然的な存在。良いものと悪いものがおり、後者はシャイターン（悪魔、悪鬼）として人間に危害を及ぼすこともある。

＊スーフィー　二四〇頁以降参照。

＊スーフィズム　内面を重視するイスラームの思想や運動の一種。アッラーとの合一を説く神秘主義を核とする。十二世紀以降、民衆への広まりとともに教団を形成し、その指導者はシャイフ（長老）として尊崇された。

＊メヴレヴィー教団　ジャラールッディーン・ルーミー（一二七三年没）を開祖とするスーフィー教団。トルコのコンヤにルーミーの墓廟がある。音楽に合わせて集団で旋舞する修行法が有名。

＊チシュティー教団　南アジア

人々は聖者に宿る神の恩寵や奇蹟を求めて聖者を訪ねる。生きている間に聖者を訪ねることが効果的ではあるものの、その力や恩寵は、聖者の生前にのみ発揮されるのではなく、死後もまた、その持ち物や子孫、墓にとどまると考えられてきた。そこで、聖者の恩寵にあやかろうと聖者の墓を訪ね、その棺や遺物に触れるという行為がなされるのである。例えば神に最も近いムハンマドにしても、その墓のあるマディーナの預言者モスクは、巡礼の際にほとんどのムスリムが訪れる場所となっている。しかしながら墓参詣は、聖者個人への崇拝（聖者崇拝）に陥る危険性があるために、法学者によって「宗教的逸脱行為」（ビドア）として攻撃され、現代でもワッハーブ派*などは、この行為を強く批判している。それにもかかわらず、墓に詣でて祈願することはイスラームの最初期から見られ、中世のエジプトでは、誰の墓を、いつ、どのようにして参詣するのか、という参詣の手引書が書かれるほどに隆盛を極めていた。*墓を訪れることは、「ハッジ」と呼ばれる**マッカ巡礼***とは厳密に区別され、**「参詣」（ズィヤーラ）**と称されている。

ムハンマドに次いで大規模に参詣が行なわれるのは、シーア派イマームの墓廟である。今日でも、カルバラー、ナジャフ、カーズィマイン、サーマッラー（以上イラク）、マシュハド、ゴム（以上イラン）など、主要なシーア派イマームの墓は、年間数百万人の参詣者が国内外から訪れる聖地となっている。これらのシーア派聖地のなかでは、

で最も有力なスーフィー教団。ムイーヌッディーン・チシュティー（一二三六年没）によって南アジアに導入された。「カッワーリー」と呼ばれる宗教歌謡を特徴とする。

＊ナクシュバンディー教団　バハーウッディーン・ナクシュバンド（一三八九年没）を名祖とするスーフィー教団。ウズベキスタンのブハラを本拠とするが、イスラーム世界のほぼ全域に広がり、政治的な影響力も有した。スンナとシャリーアを重視。

＊ファーティマ　預言者ムハンマドの末娘であり、ムハンマドの従弟アリーと結婚、ハサン、フサインの二児をもうけた。預言者の血筋を伝えた女性であり、シーア派にとっては理想の女性とみなされている。

＊ワッハーブ派　十八世紀のアラビア半島で生じた急進的改革

第三代イマームのフサインの墓が最も重視され、シーア派法学書では「カルバラー参詣は信徒の義務」と位置づけられている。実際、人々のフサインに対する思慕の念は強く、**カルバラー***参詣を成し遂げた者は、マッカ巡礼をはたした者に冠する「ハーッジー」という称号に倣って、「カルバラーイー」と称される。このように大規模なイマーム廟の他にも、イランには「イマームザーデ」と呼ばれる小さな祠堂が各地にある。**イマームザーデ**はシーア派イマームの子孫の墓と認識され、近隣の人々が訪れる聖者廟であるが、これらのなかにはイスラーム以前の伝統に遡り、ゾロアスター教*時代の泉や聖木のあった場所もある。例えば水を司るアナーヒーター神は豊穣や安産の女神であり、この女神に由来するもののイスラーム化したイマームザーデには、特に女性が多く訪れ、子宝や安産を願っている。

　聖者廟に詣でる人々の参詣作法はおおよそ以下のとおりである。参詣者は身を清めた後に墓廟の中に入り、まず墓の主（被葬者）に挨拶し、墓石や棺を取り囲む柵に口づけ（あるいは体を擦りつけ）、その周りを左回りに廻り（タワーフ）、祈念（ドゥアー）を行なう。この行為は、マッカ巡礼時にカアバで行なう儀式とほぼ同様であり、その縮小版ともいえる形をとっている。そして墓の主に対し、クルアーンの読誦を行なう。このとき誦まれる章句は、開扉章やヤー・スィーン章などである。*そして、礼拝のなかの一作法である跪拝（ラクア）を二度あるいは四度といった偶数回行なう

運動。ハンバル派法学に属し、クルアーンとスンナを重視する。復古主義や純化主義を唱え、聖者崇拝やスーフィズムを排撃。現在のサウディアラビアの国教。

***…極めていた**　大稔哲也「エジプト死者の街における聖墓参詣――十二～十五世紀の参詣慣行と参詣者の意識」『史学雑誌』一〇二巻一〇号、一九九三年。

***マッカ巡礼**　四二―四三頁参照。

***カルバラー**　シーア派第三代イマームのフサインの墓がある。フサインの殉教については八四頁参照。

***ゾロアスター教**　古代イランの宗教。光と闇に象徴される善悪二元論を特徴とする。開祖はザラスシュトラ（英語名ゾロアスター）。世界の終末や最後の審判といった概念は、ユダヤ教

ことで、墓の主に敬意を表す。また、ハディース*にあるように、墓所での礼拝は禁じられているにもかかわらず、墓廟の中で礼拝を行なう場合も多い。最後に、参詣者は**願かけ（ナズル）**を行ない、聖者を通じてものごとが成就するよう祈願する。

　願いの内容は、学業、良縁、子宝、健康といった**現世利益**が大半であり、日本の社寺仏閣での祈りとなんら変わらない。一方、**病気平癒**は聖者の起こす奇蹟のなかでも最も重要なものであり、病人を癒す効能をもつ聖者廟は各地に見受けられ、人気を博す。病人は参籠の際、預言者一族のシンボル・カラーである緑や白色の紐を柵にくくり、身体の悪い部分と繋げ、それによって墓の主のとりなしで神の恩寵が施され、病いが平癒することを願う。紐をくくりつける行為は、願かけの象徴でもある。

　祈願が成就した暁には、参詣者たちは願解きのために再度聖者廟を訪れ、供儀や寄進を行ない、墓の主に感謝の念を捧げる。この供儀や寄進は願かけのときの聖者との約束事である。ちなみに、**聖者廟の運営**は、「ムタワッリー」と呼ばれる管財人が代々その職務にあたっており、参詣者たちからの賽銭や動産・不動産の寄進を主な財源としている。そのため、フサイン廟やマシュハドのレザー廟などのように、人気があり莫大な富を蓄える聖者廟がある一方、地方の村落では墓の修理もままならないまま細々と営まれ、衰退の危機にある聖者廟も存在する。

　歴史的にみて、聖者の墓は、政治的あるいは社会的要請によるなんらかの理由で

などの諸宗教に影響を与えた。

***クルアーン**　内容、構成に関しては一〇五頁以降参照。

***ハディース**　ムハンマドの言行を記録し、集めたもの。三一頁も参照。墓での礼拝の禁止は、例えばブハーリー『ハディース』「礼拝の書」五二にある。

「発見」されるものが多く、神に近い存在に救いを求める人々の深層心理や、聖者廟から派生する経済性を当てにした行動様式が垣間見られる。そのため後世になってから、その聖者の奇蹟譚や聖者伝が編まれ、「聖者」がつくり上げられていくという事例は決して少なくない。

ところで、聖者は祈願成就のとりなしをするという慈愛の側面のみならず、仮に人が聖者を嘲笑したり、聖者との約束を履行しなかった場合には、その相手に対して「**災い**」を生じさせる面もある。ただしこのような災いは、聖者によってのみ起こされるのではなく、中東では古くから災いを生じさせる超自然的な力「邪視」の存在が信じられてきた。**邪視**は、突発的に生じる病気や不幸といった災厄を説明するために用いられ、人の眼差しが意図的にあるいは無意識に、人やものに注がれると、それらに災難が降りかかるという考え方である。このため邪視よけの護符や呪いも普及しており、聖者廟でもそのようなお守りが売られている。*

イスラーム世界では、マッカやマディーナといった聖地のみならず、各地に人々の尊崇や敬慕を受ける聖者や聖者廟が存在し、病気平癒や子宝といった人々のささやかな願いを聞き届ける役目を果たしてきた。現代でも、聖者のとりなしを求めて大勢の信徒が日々聖者の墓を訪れ、よりアッラーに近づこうとその恩寵を求めている。一方、聖者もまた、聖性の証しとして悩みごとや不安から信徒たちを護っているのである。

*次のコラム「クルアーン・グッズ」参照。

コラム　クルアーン・グッズ

（小杉麻李亜）

聖典クルアーンというと、誰もが聖なる書物を思い浮かべるが、実はクルアーンにまつわるさまざまなグッズが存在する。かつては立派な写本とモスクの壁に刻まれた章句などの芸術品が中心であったが、ムスリム社会の多くが消費社会に侵されて以降は、商品として取引されるグッズが大きな比重を占めるようになった。具体的には、壁飾りやカレンダー、ポスター、ステッカー、ポスト・カード、キーホルダー、ランプや電灯、装身具、カセットやCD、携帯電話の待ち受け画面など、実に多種多様である。

ただし、「**クルアーン・グッズ**」は私の造語で、イスラーム圏には宗教的なモノのなかからクルアーンに関するものだけを特に区別して総称する習慣はない。クルアーンの言葉と、他の宗教的な言葉とを多くの人間が明確に区別しているにもかかわらず、である。

クルアーン・グッズは、クルアーンの言葉そのものが表出されているか否かによって二種類に大別できる。クルアーンの言葉そのものが直接的に表出されているモノと、それらのモノを保管・保存・保持・運搬・利用するために生み出された補助的なモノである。

前者にはまず、クルアーンの全文が筆記あるいは印刷されている**ムスハフ**（書物形のクルアーン）がある。原典であるはずのムスハフが「グッズ」というのは、少し違和感があるかもしれないが、以下の二点を考慮するとあながち間違いともいえない。第一に、クルアーンを保持・記録・伝達するメディアがそもそも文字テクストではなく、人間の音声であり、それゆえ文字テクストとなった時点でモノ化のプロセスが始まっており、原典に対して二次的な産物である、ということである。第二に、ムスハフが文字テクストとしてではなく、お守りなどのモノとして使用される場面が非常に多く見られるということである。

ムスハフの形態としては、一冊に全文入っているもの、分冊、大型、小型、携帯用、点字本など、さまざまあり、装幀も表紙が革製、紙製、木製、なかには宝石が埋め込まれたものもある。歴史的に貴重な写本や、人間の身体ほどもある超大型ムスハフなどの珍しいものは、バーレーンやインドネシアのバイト・アル＝クルアーン（クルアーンの館）、そのほか多くのイスラーム美術館で見ることができる。

クルアーンの全文ではなく、章句の一部が描かれたグッズには、皿やムスハフの見開き型の置物、書道作品、掛け軸、電灯などの室内装飾品や、指輪、金銀や天然石でつくられたペンダント・トップなどの装身具、キーホルダーや護符、グリーティング・カードなどの小物がある。その種類と形状は非常にさまざまであり、テント地でつくる壁掛けや金や銀のペンダント・トップのような伝統的なものに加え、毎年のように新しいグッズが生み出されている。木材や紙、プラスチック、金属だけでなく、パピルスや羊の毛皮、ガラスも使用されるし、伝統的な書道の書体をもとにしたポップなフォントもつくられている。

クルアーンの章句が表出されたモノを**補助するグッズ**としては、ムスハフを誦む際に使用する書見台（クルスィー）、ムスハフを納める箱、礼拝中にムスハフを置くためのスタンド、布や革製のブックカバーなどがある。少し珍しいところでは、「スルスィラ」（鎖）と呼ばれるネックレスがあり、開閉可能な書物形のペンダント・トップがついている。指の先ほどの大きさのミニ・ムスハフを入れるものと、ムスハフのページを切って入れるものとの二種類があり、それを身につけると「ハーフィズ」になれる、というのがこの商品の売り文句である。**ハーフィズ**とは、「保持する者」を意味し、クルアーンの全文を記憶に保持している人間、すなわちクルアーン全文を暗記した人間を指す。クルアーンを納めたペンダントを身につけることで、物質的にクルアーンの章句を身につけ、保持している状態をつくりだし、擬似的に

土産用の飾り皿（カイロ）

クルアーンの章句や神名が描かれた装飾品（カイロ）

「クルアーンを保持する者」となれる、という洒落である。
ところで、ムスリムたちはなぜこれらのクルアーン・グッズを愛好するのであろうか。ムスリムならばクルアーン・グッズを愛好して当然、と考えるかもしれないが、実際には聖典の取扱いに慎重さを求める立場から、クルアーン・グッズに批判的な人も存在し、また、クルアーンが表出された芸術品は愛好するけれども、チープなクルアーン・グッズには見向きもしない人も少なくない。とはいえ、一般信徒の非常に多くは、クルアーン・グッズを激しく愛好している。しかし教義的には、クルアーン・グッズをつくったり、使用することがより信仰深いとは限らない。美的な水準や製品の完成度も高くない場合が多い。クルアーン・グッズは多くのムスリムにとって、クルアーン・グッズというだけで恐ろしくアピール力を持っているのである。

神的な美や力の表現は**クルアーン書道**を通じて追求されるものである。繊細なあるいは力強い書体で書かれたクルアーンの章句は、神的な美や力を体現するためにつくりだされ、その美しさによって見る者を神的な世界へと導く。芸術の域に達した**クルアーン美術品**は美と一体であり、その存在に矛盾はない。しかし、クルアーン・グッズの多くは、美とは無関係に存在し、使用者からもしばしば美への鈍感さが感じられる。そこに働いているのは、美と一体となり燦然と輝くクルアーンの求心力ではない。チープな小物であっても、クルアーンが表出されているという一点によって、人々を動かす異様な力を持つ。そのようなとるに足らない小物でも、クルアーンが表出されているかぎり、神を感じることができるメンタリティがイスラーム世界中には満ちているのである。

次に、クルアーン・グッズが実際に使用者に対して持っている効用について考えてみたい。クルアーン・グッズは聖典であるクルアーンが表出されていることから、信仰のためのもののように思われるが、実際はいろいろな要素が絡み合い、使用者たちが意識するか否かにかかわらず複合的な意味を持っている。それらの意味合いは以下の四点に集約できるであろうか。すなわち、「念」、「護」、「飾」、「誇」である。

「**念**」とは、神を思い起こすこと（ズィクルッラー）と、特定の人を思い出す記念品としての機能を表わす。クルアーンは全文が神の言葉で構成されているため、すべての章句が直接的に神の存在を想起させ、神へのチャンネルとなる。「私を思い出してね」という言葉とともに、思い出の品としてムスハフや装身具、章句がプリントされたポスターなどが贈られる機会は多い。

「**護**」とは、身体や家屋などを守る護符としての機能を指す。クルアーンの章句が表出されたモノを置いたり、身にまとったり、壁に掛けたり、ステッカーを貼ることもあれば、直接車や店舗などにペイントする場合もある。

「**飾**」とは、装飾としての機能を指す。応接間の飾り付け全体がクルアーン・グッズを軸に行なわれている家庭は多い。また、クルアーンの章句があしらわれた装身具は護符としての機能を持っていることもあるが、銀細工屋などでペンダント・トップや指輪を選び、吟味する女性たちの様子からは、装飾としての比重もかなり高いことがわかる。

「**誇**」とは、信仰心、財力、センス、交友、自らの出身地などを誇示する機能を指す。エジプトのパピルスに章句がペイントされたものや、ヨルダンのオリーブの木でつくられたムスハフなどは、見事に地域の特産品を誇示している。

このように、クルアーンは「聖典」という言葉が想起させるよりもはるかに多様に、豊かに、ムスリムたちの生活を彩っているのである。

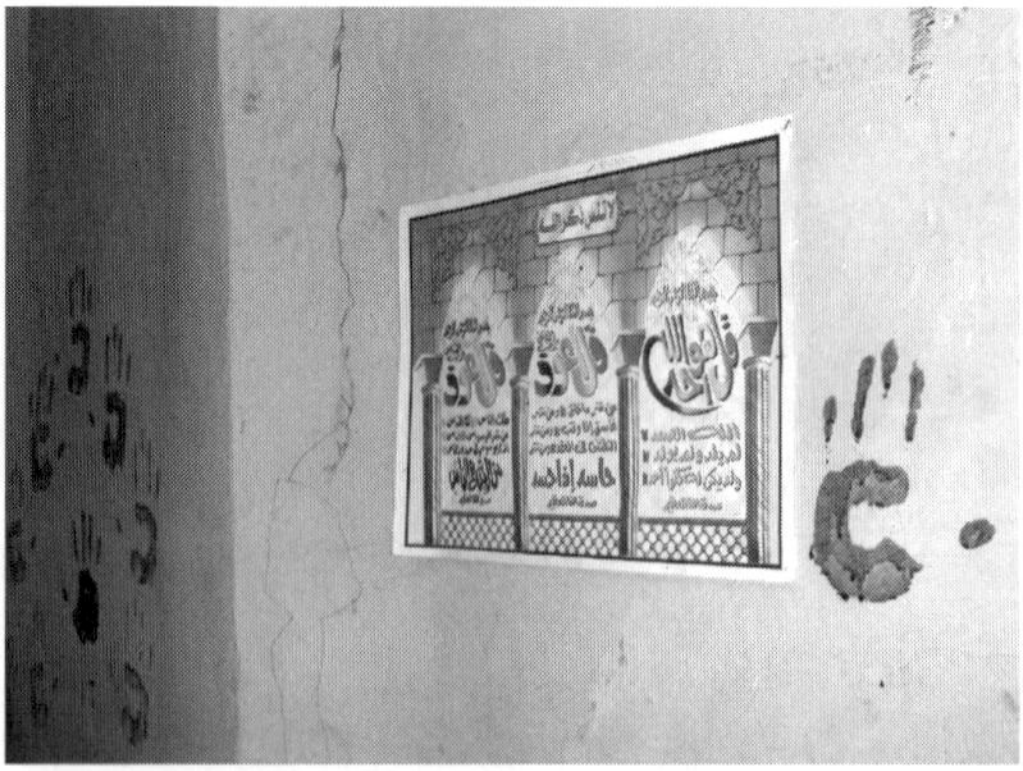

綿屋の倉庫の壁に貼られたポスター（純正章） 屠った羊の肉でつけた手形もお守りの役割を果たす。

Ⅲ　知の体系としてのイスラーム

聖典とアラビア語

クルアーンの知は社会全体に支えられている

（小杉麻李亜）

冬の終わり、見渡すかぎりオリーブの木々が広がるヨルダンの村。

その日はクルアーン読誦の試験が行なわれる日で、試験を受ける女性たちは朝からそわそわしていた。朝食が終わろうとする遅い午前。台所で読誦の練習をしているハフサの膝に、「マーマー、チョコちょうだい」と小さな末息子が半べそですがりつく。彼女の隣には成人した長女が「**ムスハフ**＊」を手に坐っている。母親の読誦を聞きながら、ムスハフの文字を目で追い、時折り間違いを訂正してあげている。

抑えた、ささやくような声で、淡く、歌うようにクルアーンの言葉は紡がれ続ける。「シャムス（太陽章）の次がライル（夜章）で、ドハー（朝章）よね」と、ハフサは読誦の合間に章の順番を娘にささやき声で確認する。幼児はいつまでたっても要求を聞いてくれない母親から離れて行ってしまった。その読誦の声に、ヨルダン政府認定の読誦の教本を音読するハフサの母親の声が重なる。彼女も試験を受けるため、筆記試験の課題である読誦規則を暗記しているのである。

▶前頁細密画　十六世紀中葉のイスタンブルの天文観測所で観測に励む天文学者（『シャーヒンシャー・ナーメ』より、トプカプ宮殿博物館所蔵）

＊ムスハフ　書物の形になったクルアーン。近代以前には、高価な写本が中心であった。一九二〇年代以降、印刷された刊本が普及している。「聖なる書物」として特別扱いを受け、浄め（ウドゥー）なしで触れない、床に直接置かない、本棚の低い位置に置かない、他の物の下に置かないなど、取扱いに注意が必要とされている。書物として読んだり、誦んだりするだけはでなく、身につけたり、住居や乗用車に安置し護符として使用している例も広く見られる。

近年、イスラーム復興の潮流のなか、女性たちによるクルアーンの読誦学習がイスラーム世界の各地で活発化している。かつても女性の口からクルアーンが紡がれることは当然イスラーム世界の日常であったが、それとは少し異なる現象である。

そもそも、**クルアーンを知る、学ぶとは**、どのようなことであろうか。クルアーンがアラビア語で書かれている以上、アラビア語を学習する必要がある。クルアーンが特殊な読誦規則を持っている以上、読誦学を学ぶ必要がある。クルアーンの章句には意味がある以上、意味に関する解釈を学ぶ必要がある。果たしてそうだろうか。

ある時、エジプトで、知能障害を持つティッシュ売りの幼い少女に出会った。彼女の家は非常に貧しく、弟や妹たちを支えるため、わずか四歳の彼女が深夜を過ぎるまでポケット・ティッシュを売り歩いていた。「アル＝ファーティハ*、唱えられる?」と尋ねると、彼女は拙い発音でクルアーンの章句をともかくも暗唱してみせた。

幼い彼女は、土地の言葉であるエジプト方言を話し、正則**アラビア語***を使えるわけではない。クルアーンのアラビア語は口語アラビア語とも、現代において通常使われている書き言葉とも異なる、特殊なアラビア語である。特殊な文法や修辞法、発音規則などをもっており、意味の理解も容易ではない。難解なアラビア語を学んだこともなく、読誦学や啓典解釈学の存在などおそらく知らないであろう彼女が、しかし、クルアーンを知っており、その章句の一部を諳《そら》んじることができる。

***アル＝ファーティハ**　クルアーンの第一章である開扉章、全七節。

***アラビア語**　アラビア語には、各地の方言を反映するアーンミーヤ（口語アラビア語）と、文語やメディアのなかで使用される語としてのフスハー（正則アラビア語）が存在し、ダイグローシア（二重言語）状態にある。五四頁のコラム「アラビア語」も参照。

そもそも、ムスリムたちはなぜクルアーンを学ぶのか。**聖典**を持つあらゆる宗教の共同体にとって、その聖典を学習する人間が存在しないということはありえない。聖典を保持・伝達する人間がいなければ、その宗教は聖典を失い、聖典を持たない宗教となる。聖典を持つ宗教であるということは、聖典を保持し続ける仕組みを信徒の共同体が持っているということである。

ムスリム社会の知を担うエリートたちは、**ウラマー***である。啓典解釈学、読誦学、ハディース学、法学、法源学、アラビア語学などのイスラーム諸学を修めた学者たちで、研究者、教師、裁判官などの役職を通じて、社会に対しクルアーンに立脚したイスラームの知を提供する。彼らの人生における専門化は、まず幼児期にクルアーンの暗唱において突出した才能を発見するところから始まる。

近代以前のムスリム社会では、寺子屋である**クッターブ***が初等教育の場であった。そこではクルアーンの読誦を基礎にアラビア語の読み書きが教えられた。近代的な教育制度が導入されてからは、クルアーンの読誦学習は教育の基礎の座を退き、宗教や宗教・倫理という科目の一部として算数、歴史、理科などとともに小学校低学年のカリキュラムに含まれるようになった。そのため、課外で宗教的な専門教育を受けている子どもか、クッターブが依然として、あるいは復興されて、重要な役割を担っている田舎の子どもたちのなかから、ウラマーの芽は出てくる。

***ウラマー**　単数は「アーリム」で、知る者、知識のある者の意。イスラーム社会の宗教的指導者の役割を果たす。一七九頁以降も参照。

***クッターブ**　時に「イスラームの寺子屋」と呼ばれる。クルアーン教育を中心に初等教育を供給する。前近代では広範に見られたが、現代では課外教育の位置づけにある。

五歳から七歳くらいまでの極めて早い時期にクルアーンの全文（時間にして約三〇〜四〇時間）を暗唱できるようになった子どもや、美しい声で正確にクルアーンの章句を暗唱できる子どもたちは、今度は**マドラサ***において高等教育を受けるようになる。そこで学問を修めた者たちがウラマーとなる。現代では、マドラサが残っている地域もあるが、エジプトのアズハル大学*や各地の大学のシャリーア学部*などがその役割を果たしている。それらの大学では女子学生も存在するが、ウラマーの多くは男性であったし、クルアーンの読誦や解釈の専門家もほとんどが男性である（東南アジアは、例外的に女性読誦家が存在する）。

ところで、イスラーム社会では、クルアーンを正しく美しく読誦できたり、クルアーンの意味について語ったり、それらを教えたりするのは、ウラマーたち専門家に限定された行為ではない。近代以降に識字率が上昇したことで、自分で専門書を読み学習する人々が増えたことは確かであるが、近代以前もクルアーンに関する知が専門家集団に占有されていたわけではないので、クルアーンの知が社会全体に開かれていることは、識字能力とはあまり関係がない。

クルアーンの知が社会全体に開かれることを可能にしているのは、主として三つの理由による。第一に、クルアーンを学び、教えることが、すべての信徒にとって強く奨励され、場合によっては義務とされていることである。第二に、クルアーンが原理

***マドラサ**　学院。古くは、セルジューク朝の宰相ニザームルムルク（在任一〇六三―九二）によってつくられたミザーミーヤ学院が有名。

***アズハル大学**　世界最古の大学とされる。前近代から現代を通じて、スンナ派ウラマーが最も多く集結している。現在では、医学部、理学部を含む総合大学となっている。

***シャリーア学部**　イスラーム法学部。

的に音声であり、身体動作を伴いながら、身体を介して体得される点であり、第三に、クルアーンが社会のなかにさまざまな形で、しかし章句は原型そのままに提示される仕組みを持っていることである。

クルアーンは音声として、文字としてムスリムたちの生活空間を満たしている。祈りや日常会話、説教、社会行事などのなかで頻繁に、苦もなく唱えられる。装飾、装身具、護符などさまざまなモノとして、大量に受容される。クルアーンが、専門家によってのみ、最も正しい形でのみ、表出されるものであれば、社会のすみずみまで満ちてはいないだろう。一般信徒は、少しだけかじり、儀礼に使う必要最低限だけ覚えていればいいのであれば、クルアーンは局部的に表層的に表出するだけで、極限まで究められたクルアーンの意味や美しさは社会のなかに保持されていかないだろう。

ムスリム社会において、一般信徒は専門家が保持している極限のクルアーンを**説教や読誦の鑑賞**などを通じて受容すると同時に、潜在的に自らも極限のクルアーンを志向するなかでそれを保持し、供給する。それゆえ、専門家集団が存在してはいても、それは一般信徒から厳密に区別された存在ではなく、クルアーンを教え・学ぶという行為は、専門家と一般信徒の間だけではなくすべてのレベルの人間関係において生じうる。クルアーンの知は、専門家を頂点とし入信者や生まれたての赤ん坊を裾野とした、無数の段階を持つゆるやかなグラデーションのなかで保持されているのである。

インドネシアの女性読誦家（ジャカルタ）

さて、冒頭で紹介した、近年盛んになってきた女性たちの意欲的な読誦学習の動きのなかには、これまで説明した性質に加え、あるいは反して、いくつか新しい性質が見られる。第一に、教え手と学習者の双方が成人女性である点である。近代的な教育制度の導入や非イスラーム化の影響で子どものころクルアーンを学ばなかった世代が、イスラーム復興のなかで、自覚的に意識的にクルアーンを学び始めているのであるが、その数は圧倒的に女性が多い。専門家が提供する教室に通ったり、自宅に専門家を招いて学習会を開く人々もいるが、学習の進んだ非専門家の女性から教わる女性も非常に多い。例えば、世界各地から人が集まるエルサレムの**アクサー・モスク***では、女性たちがそこらじゅうで輪になり、クルアーンの読誦を教わったり、練習したりしているが、男性の学習グループはほとんど見かけない。

第二に、学習の初期段階から文字を読めることが条件となっている点である。その結果、読誦規則とその用語は本来、規則正しく美しく読誦するための補助器具であるはずなのに、それ自体が自己目的化する。章句を繰り返し発音する場合ですら、音として聴いたものを音として再生する伝統的な方法ではなく、教科書や教え手の板書によって説明された読誦の規則に沿って、書かれたテクストを再生する方法が採られる。そのことは、クルアーンの章句を分解し、細切れにし、記号の集合としてしまうといういびつさを持つ。さらに、**文字への依存**は、非識字者や非アラビア語話者が文字に

***アクサー・モスク**　「遠方のモスク」の意。「遠方」とは、マッカから見てのこと。マッカ、マディーナに次ぐイスラームの第三の聖地。

依存せずにクルアーンを誦むことを劣等とみなす言説や態度を生むこともある。

第三に、信仰を測定する新たな基準が形成されつつある点である。イスラーム学の最高学府である**アズハル機構***の読誦教室を観察していると、教師によって表明・体現される評価基準は、美しく、正確に、クルアーンを読誦できているかどうかの一点である。しかし、女性たちの学習グループでは、どこの誰がどれだけ熱心に学習しているか、主婦業との両立はどうか、あるいはバラの栽培を犠牲にしてまで取り組んでいる人がいる、何巻分《ジュズ》まで覚えたかといった、さまざまな言説が飛び交い、それぞれの集団のなかで独自の評価基準が形成されているのである。

第四に、人前で唱えるという新たな快楽が生まれてきていることである。クルアーンの読誦学習が女性によって大衆化される以前は、クルアーンの読誦は芸術であり、おそらく女性たちは鑑賞者であり、聴くことの快楽しか受容していなかった。しかし、現在では、聴くことよりも誦むことに大きな関心を寄せ、上手い下手にかかわらず、自分の読誦を人に聴かせ、快感に酔いしれる女性たちの姿を見ることもある。

このような動きを通じてアラビア語のクルアーンは新しく変化しながら、人々の暮らしのなかで力強い脈を打ち続けていくのである。

***アズハル機構**　カイロにあるモスク、ウラマー組織、大学、中・高校、法学委員会、教導組織、出版局などを包含する学術・教育機構。

クルアーン——構成と内容

信徒の人生のあらゆる側面にかかわる教え

（小杉麻李亜）

クルアーンは朗唱*を基本とする聖典であるが、書物*としても流布している。構成と内容を考えるために、ここでは書物としてのクルアーンを思い浮かべてみよう。そのようなものとして見るならば、クルアーンは「神の言葉」（カラーム・アッラー）と見なされたテクストのみから成り立っており、テクストの外部に存在した文脈や状況に関する説明や註釈、解釈は含まれていない。クルアーンに対する註釈や解釈は「啓典解釈」（タフスィール）と総称され、啓典とは別のジャンルとして成立、発展している。

また、西暦七世紀前半の約二三年間という短い間に、預言者**ムハンマド**一人を介して成立した言葉のみから成り立っているため、語り手の視点や意図、複数の聞き手の存在が錯綜することがほとんどない。一貫して、神から預言者ムハンマドに対して発せられたテクストであり、『旧約聖書』のように、複数のジャンルに属するさまざまな聖なるテクストの集合体という性質は持っていない。異本や外典が存在していない

＊朗唱　一三八頁以降のコラム「読誦の技」を参照。

＊書物　書物の形をしたクルアーン（ムスハフ）については、九八頁注参照。

点でも、外延が精密に定まっている。

この単層的な一まとまりの書物は、**内部の構成**を見てみると、まず章が存在することがわかる。全文が**「スーラ」**（囲いの意）と呼ばれる一一四の章に分けられている。章の長さはまちまちで、おおむね長い章が前方に配され、徐々に短くなっていく。

これらの章は、それぞれが個別の章名と章番号を持っている。例えば、ちょうど真ん中に位置する章は、「鉄章」（スーラ・アル＝ハディード）で、五七番である。また、章によっては複数の名前や別名を持っており、「クルアーンの母」「クルアーンの心臓」といった称号を持つものもある。

現在流通している書物形のクルアーン（**ムスハフ**）には、それぞれの章の冒頭に、章名、章番号、マッカ啓示／マディーナ啓示*の別、章に含まれている節の数などが記されている。章の全文が同じ時に成立したと考えられている章は少なく、マッカ期（六一〇頃─六二二年）とマディーナ期（六二二─六三二年）の両方の時期にまたがっている章もある。

ところで、クルアーンが章（スーラ）に配され個別の名前を付与されていることの意味は何であろうか。このことはイスラームの内部でも、外部のオリエンタリスト（東洋学者）の間でも、意外に論じられていない。クルアーンの最終的な配列を指示したのが、預言者ムハンマドであったのか、それとも彼の直弟子たちであったのかは

***マッカ啓示／マディーナ啓示**　預言者ムハンマドがイスラームを創始してからヒジュラを行なうまでを**マッカ期**（六一〇─六二二）、それ以後を**マディーナ期**（六二二─六三二）とし、マッカ期に下された啓示を「マッカ啓示」、マディーナ期に下された啓示を「マディーナ啓示」と呼ぶ。

議論が分かれている。いずれにしても、クルアーンの配列が最初期から現在流通しているものと同じであったことには、さほど異論がない。特に、ムスリムの一般信徒の間では、預言者自身が配列を指示したという伝承が優勢であるため、配列に対して疑問が出されないのは当然であろう。

一方、オリエンタリストによるクルアーン研究においては、クルアーンの配列をめぐって、実際に存在しているところの章分けとその配列を解体し、章よりも小さな単位に分解して、オリエンタリストが求める配列（時系列順）に組み立て直すことが主要な問題とされていた。そのため、配列がつくられた時点において、なぜそのような配列がなされたのか、あるいは、現在そのような配列を持っていることがどのような効果を生み出しているのかについては、ほとんど研究がなされなかった。

章名に関しては、「**教友***たちが便宜上使用していた名称が章名となった」などの簡素な説明や、「章名と章の内容とは必ずしも一致していない」といった消極的な説明が中心を占めている。実際にクルアーンの一一四の章の名前を眺めてみると、「黎明章」「無花果章」「夜空の星章」などのように、美しい自然物や瞬間を切り取ったものから、「ユーヌス章」「フード章」「イブラーヒーム章」など、過去の預言者の物語を喚起させるようなもの、「衣をかぶる者章」「衣にくるまる者章」「胸を広げた章」のように、啓示の受け取り手である預言者ムハンマドの状況や状態に結びつくものなど、

***教友**　預言者ムハンマドの弟子たち。

さまざまな起源や文脈を負った言葉が並列しており、章名に採用されている言葉は互いに均質的ではない。さらに、章名は一一四個の標準的なものだけが存在しているわけではない。その豊富さや流動性は、クルアーンの本文が固定的であるのとは対照的であり、注意を払われてもよいように思われる。

章の内部に目を転じてみると、それぞれの章はさらに「アーヤ」（徴の意）と呼ばれる節に区分されている。**アーヤ**とは、「神の徴」を意味し、イスラームでは自然物が「神の徴」と見なされるのと同様に、クルアーンの節一つ一つも、「神の徴」とされる。それぞれの節が、章と同様に番号を持っており、「「創造主章」四〇節」、もしくは「35:40」というように、番号によって指示できるようになっている。また、「台座の節（2:255）」や「光の節（24:35）」のように、個別の節自体が特定の名称を持っていることもある。

節は、句点で区切られるような一文に相当する場合もあれば、一文未満、あるいは数文にわたる場合もある。最も短い節は、例えば「夕刻章」の一節、「夕刻にかけて〔誓う〕」や、「朝章」の一節、「朝にかけて〔誓う〕」などで、接続詞＋定冠詞＋名詞から成る一語程度のものである。それに対し、長い節は二〇文前後あるものもあり、時には、短めの章の全文よりも長くなっている。

章と節は意味で分かれており、それぞれの章・節の長さや語数はまちまちである。

それに対し、読誦用には構成と異なる次元で分量上の均等さを示す目盛りがつけられている。クルアーンの全文を章分けとは関係なく三〇等分したものを、**「ジュズウ」**（巻）と呼ぶ。ジュズウには、ジュズウが開始する箇所の冒頭の語を冠して「タバーラカ巻」（第二九巻）や「アンマ巻」（第三〇巻）などの固有の名前が流布しているものと、単に何番目かによって「第一一巻」などと番号を冠して呼ばれるものとがある。

印刷された書物形のクルアーン（ムスハフ）には、通常欄外の余白にこのジュズウを示す印が書き込まれている。ジュズウごとに三〇分冊にしたものや、五ジュズウごとに六分冊にしたものも存在する。これらの分冊ムスハフは主として読誦の学習に使用される。ジュズウという区分けは、一ヶ月（三〇日）や半月（一五日）でクルアーンを通読する際や、断食がおこなわれるラマダーン月の夜のタラーウィーフ礼拝のなかで使用される。ジュズウは、さらにその半分である**「ヒズブ」**に分けられ、ヒズブはさらに四分の一ずつに分けられる。

以上、クルアーンの構成を章（スーラ）、節（アーヤ）、巻（ジュズウ）に沿って整理した。次に、**クルアーンの内容**について見てみたい。クルアーンは一冊の一まとまりの書物であり、聖典というある種の方向性を持ったテクストであるから、その内容を吟味することは当然に思われる。しかし、章ごとの主題が厳密には存在しないことや、全体のプロットが明白ではないことから、「クルアーンの内容」を説明することは若干困難である。ここでは、ごく基本的な内容整理を紹介したい。

通常、クルアーンの内容を説明する際、暗黙のうちに一定の視点を前提としていることが多い。例えば、**「宗教性」**に着眼すると、以下のように整理することができる。*すなわち、(1)「世界の創造とその存続に関するもの」、(2)「ムハンマド以前に同一の神アッラーが遣わした預言者たちの物語」、(3)「コーランが啓示されつつある現在に関するもの(ムハンマドの啓示体験、人々のムハンマドに対する態度や、バドルやウフドの戦い*など歴史的な出来事への言及、いわゆる法的規範などが含まれる)」、(4)「終末の日とその裁き」、(5)「来世(天国と地獄)の描写」、である。この整理からは、神と人間の間の主―しもべ関係に基づいて世界や歴史、人間存在といったものがどのように位置づけられているかが、クルアーンに記されているということがわかる。

あるいは、**「社会性」**に着目するならば、信仰行為、内面の信仰箇条、社会生活、国家に関わる事項の四つの側面から、次のように整理することができる。*

・**信仰行為**　信仰告白、預言者の称揚、礼拝前の清め、アザーン、礼拝の義務、礼拝の価値、金曜の礼拝、礼拝の方向、定めの喜捨、任意の喜捨、ラマダーンの断食、大巡礼と小巡礼、カーバ聖殿の価値、聖地の不可侵性、同胞愛、相互扶助

・**内面の信仰箇条**　神は唯一である、神を信仰する義務、神は創造主、神は全能、神

*以下の分類は小田淑子「コーランの思想」(中村廣治郎編『講座イスラム1　イスラム・思想の営み』筑摩書房、一九八五年)二五―三九頁によっている。

***バドルやウフドの戦い**　六二四―二五年頃に行なわれたムハンマドとマッカ軍の間の戦い。

*以下の分類は小杉泰『イスラームとは何か――その宗教・社会・文化』(講談社現代新書、一九九四年)六〇頁によっている。

は公正、ムハンマドは預言者、諸預言者、クルアーンの啓示、諸啓典、天使、終末の日、天国、火獄、善行・悪行の賞罰、人は自分の行ないに責任、定命

・**社会生活**　結婚、結婚生活、離婚、遺産相続、養育、孤児の保護、親の権利・子の権利、所有権、契約、商行為、公正な取引、請負、債権・債務、利子の禁止、賭博の禁止、富の分配、誓約、食生活

・**国家に関わる事項**　イスラーム共同体の唯一性、クルアーンの教えが統治の原則、預言者の裁定に従う義務、責任者に従う義務、イスラーム法の権威、協議、公正の義務、公共善、裁判・訴訟、刑法・刑罰、ジハード（聖戦）、内乱の禁止*

この内容整理は、七世紀以降のイスラーム法学や神学、思想史などの発展を広く射程に入れている。クルアーンが非常に多岐にわたることがらの指針となっており、信徒の人生のあらゆる側面にかかわる内容を明示的・暗示的に含んでいることが読み取れる。

ムスハフ（印刷されたクルアーン）の見開きページ

Ⓐ 巻（ジュズウ）の何等分目に当たるかを示す印。ここでは第27巻の8分の3。
Ⓑ サジダ句を示す印。神に対する平伏礼に言及した句をサジダ句といい，この句のところでは平伏礼を行なわなければならない。
Ⓒ 章の始まりを示す見出し。「〈54〉月章，マッカ啓示，全55節」と書かれている。

学びの道具——声・紙・本

知の伝達と花開いた書物の文化

（後藤裕加子）

イスラームが誕生する以前のアラビア半島では、**文字**はすでに一部で使われていたが、読み書きのできる人間はごく少数であった。ムハンマドも読み書きを知らなかったといわれているが、これは当時のアラブ社会では特別なことではなかった。人々はごく一部が都市に住み、多くは農民や遊牧の民であった。国土の大半を乾燥した砂漠に覆われ、文字を記録するための書写材料に乏しい自然環境のなかでは、**声**こそが最も重要な情報伝達手段であった。詩人*は英雄を讃える詩をつくり、朗誦してその出来を競った。人々はこれを聴いて、部族や一族の過去の栄光や苦難の歴史を記憶し、後世に伝達していったのである。「誦《よ》まれるもの」を意味するクルアーンもこのような口承伝統を背景に啓示されたもので、その伝統は今日まで受け継がれている。イスラーム諸国では各地でクルアーン朗誦大会が開催されている。しかし、入賞するためには暗誦できるだけでは十分でない。**クルアーン朗誦法***が確立されていて、修練の末に体得される音質・抑揚・強弱・間などだけでなく、聴き手をどれだけ感動させられ

＊詩人　ムハンマド布教時代のアラブ世界における詩の重要性と啓示との関わりについては、小杉泰『ムハンマド——イスラームの源流をたずねて』（ヒストリア〇〇二）山川出版社、二〇〇二年、第二章「啓示の器」。

＊クルアーン朗誦法　杉田英明「イスラームと芸術」（板垣雄三監修・竹下政孝編『講座イスラーム世界4　イスラームの思考回路』栄光教育文化研究所、一九九五年）二八八—九一頁、参照。

たかが総合的な評価の対象となる。最近では日本でもクルアーンのCDが手に入るが、これらは専門教育を受けた著名な**ハーフィズ**（クルアーン暗誦者）や**ムアッジン***によって録音されたものである。

だが子どもの頃に伝言ゲームをしたことがある人ならわかるように、人の記憶というのは曖昧で、人から人に口頭で伝えられているうちに、いつの間にか細部が違ってしまうものである。クルアーンにも同じ問題が発生したため、第三代正統カリフ、**ウスマーン***の時代に正典が冊子本のかたちにまとめられることになった。

近年ではフロッピーディスクやDVDのような電子記録媒体にシェアを奪われつつあるとはいえ、中国で発明されて以来現在まで最も一般的な記録手段は**紙**である。紙が普及する以前は、世界の各地域では石や樹皮など身近に手に入る書写材料に文字を記録していた。古代のメソポタミアではそれは主に**粘土板**であり、エジプトにはナイル川に生える葦からつくった**パピルス***があった。しかし、重くかさばる粘土板は持ち運びに適さず、パピルスは繊維に柔軟性がないため折り畳むことができない。またパピルスはエジプトの特産品で供給が停止することもあった。七世紀頃の西アジアではパピルスと並ぶ書写材料として、羊や子牛などの獣の皮をなめしてつくられた**獣皮紙**が使用されていた。だが、製造に手間ひまのかかる獣皮紙は高価で、もっぱらクルアーン写本に用いられた。また獣皮紙は表面をこすると書かれた文字が消える。これは

***ムアッジン**　礼拝時にモスクの塔から告知を行なう者。通る声の持主であることが条件の一つ。

***ウスマーン**　第三代正統カリフ（在位六四四―六五六）。ムハンマドの教友で、クライシュ族ウマイヤ家の出身。治世の後半で一族の重用が顕著となり、不満分子に殺害された。

***パピルス**　大プリニウスの『博物誌』によれば、紀元前二世紀にプトレマイオス朝エジプトからアッタロス朝へのパピルス禁輸が原因で、代わりに羊皮紙が発明されたという。実際には獣皮紙はそれ以前から使われていた。

高価な獣皮紙の再利用という点からは長所といえるが、行政文書や契約証書などの大切な書類が容易に改竄されうるという致命的な欠点を抱えていた。

八世紀半ばに成立したアッバース朝*は、新都バグダードを中心に中央集権体制を整え、繁栄を謳歌した。学問の世界ではイスラームの諸学問が発展したのみでなく、医学・数学・天文学・哲学などのギリシアやインド伝来の外来の学問もアラビア語に翻訳され、イスラーム文化発展の一翼を担った。急速に増大する行政や学問の情報伝達や記録保存を可能にし、帝国の繁栄を支えたのが、アッバース朝成立とほぼ同時期に中国からもたらされた紙であった。**製紙法***は七五一年のタラス河畔における唐軍とイスラーム軍との戦いで、捕虜となった中国人からイスラーム世界に伝えられたとされる。現存するアッバース朝時代の文書の素材を分類した研究によると、西暦八世紀から十世紀の間にパピルスと紙の使用率は逆転する。より安価・軽量で柔らかく、製本しての保存がしやすく、書き直しできない紙は、獣皮紙やパピルスを駆逐し、新しいメディアとしてアッバース朝時代の**情報革命**に貢献したのである。

製紙業は中央アジアから徐々に西に広まり、八世紀の後半にはバグダードにも製紙工場が建設された。バグダードの紙は後世まで良質の紙として、また標準の判型として知られていた。アッバース朝時代に学問体系が確立し、**ウラマー***が知的エリートとして専業化するまで、学問に勤しむ者は商業など他に生計の手段を持ち、そこで蓄え

＊アッバース朝　二二一頁の注参照。

＊製紙法　植物繊維を絡ませてつくる紙は、後漢時代に中国の蔡倫が発明したとされる。パピルスは葦の茎の薄片を張り合わせたもので、植物繊維からできていても紙とはみなされない。製紙法は後ウマイヤ朝支配下のイベリア半島などを経由してさらにヨーロッパに伝えられた。

＊ウラマー　一七九頁以降の「ウラマー」の項参照。

＊図書館　中世のイスラーム世界では図書館は公共図書館のみでなく、宰相などの有力者も私設図書館を有していた。コルドバにあった後ウマイヤ朝ハカム

た富と余暇を使って研究を行なった。十一世紀に**マドラサ**と呼ばれる高等教育機関が設置される以前は、師と仰ぐ人物や仲間の私邸やモスク、**図書館***などが情報交換や議論の場となった。有職のウラマーのなかには製紙業や出版業にたずさわる者もいた。もっともこの頃は**出版**に関わる職業は完全には分業されていなかった。九世紀の終わりにはバグダードの円城の南にあったカルフ地区には、**ワッラーク***と呼ばれる総合書籍業者の店が百軒以上集まって市場を形成していた。東京の神保町のような様子であったろうか。ワッラークの店では本が筆写され、同時に売られた。九世紀のアラブの大作家**ジャーヒズ***はワッラークの店を借り、そこを仕事場にしていたという。ワッラークの店は当然、ウラマーの研究会の会場にもなった。ここで面白い議論や原稿に出会えればそれを本にして売ればいいから、ワッラークには一石二鳥であったろう。ワッラークの市場はまさに学問研究と情報伝達の中心地だった。当時の文献目録をみると、扱われた本はお堅い学術書だけでなく、『アラビアン・ナイト』のような娯楽小説や料理本も人気があったことがわかる。

本の流通についても見てみよう。本屋が商売として成り立つのは、盛時で人口が百万あったといわれる、バグダードのような大都市に限られたであろう。ウラマーの基本的な学習法では、学生たちは教授の指導のもとで彼の著作などのテクストを輪読する。十分習熟したと認められれば、その内容について講義する資格があるとして、免

二世（在位九六一—七六）の図書館には四十万冊の蔵書があったという。アッバース朝第七代カリフ・マームーンが設立した翻訳・研究機関である知恵の館も付属図書館を有していた。図書館は写本製作の工房でもあり、写字生、写本装飾職人、絵師、製本職人らが働いていた。同じ頃に西ヨーロッパでは修道院の蔵書がせいぜい数百冊であった。

図書館での学者たちの様子を表わしたミニアチュール（パリ国立図書館蔵 Ms. Arabe 5847）

許が与えられた。学生たちは講義を聴講しながらテクストを筆写し、できた写本は自分の所有とするのが一般的だった。為政者や富裕層が支援者となり、学者や文学者に執筆させることもあった。十三世紀のイル・ハーン朝*の宰相**ラシード・アッディーン***は、ハーンの命を受けて、世界史『集史』を編集した。その一方で彼は自ら建設したマドラサにおいて、奨学生に自作の筆写と、できた写本の各地のモスクへの寄贈を義務づけていた。

イスラーム世界でも**印刷技術***は早くから知られていた形跡があるが、十八世紀に本格導入されるまで普及することはなかった。不思議なことであるが、これはアラビア語とアラビア文字の神聖さにも一因があると思われる。クルアーンはアラビア語で啓示され、そのなかでも繰り返しアラビア語や書くことの重要性が説かれている。やがてクルアーンの筆写はそれ自体が神聖で価値のある行為であり、アラビア文字には神の祝福が宿っていると考えられるようになった。印刷されたクルアーンより、手書きのクルアーンの方が断然美しく、有り難みがあると考えられるのは自然なことであろう。また、クルアーンはイスラームの学問の源であり、クルアーンが書かれたアラビア語は、ムスリムにとって最も大切な言語である。非アラブのウラマーもアラビア語の読み書きを修得し、アラビア語で著作活動を行なった。印刷技術が普及していなかったからといって、それが知識の普及や近代化の障害になったと短絡的に考えてはい

＊ワッラーク　製紙業・製本業・出版業を総括した業者で、しばしばウラマーの本職でもあった

＊ジャーヒズ　バスラ出身のアラブの文豪（八六八／九年没）。ジャーヒズとは出目を意味するあだ名。祖先はアビシニア出身の奴隷といわれる。生涯で約二百点の作品を執筆し、アラブ散文学の確立に大きく貢献した。

＊イル・ハーン朝（一二五六―一三三五）　フビライの弟フラグがイラン北西部を中心地として建国したモンゴル系王朝。アッバース朝を滅亡させた（「王権者」の項参照）。

＊ラシード・アッディーン　一三一八年没。第七代ハーンのガーザーンのもとで政治家として活躍した宮廷医師。その命でモンゴル史、イスラーム通史、フランク史などからなる世界史『集史』を編纂した。

けない。むしろ、イスラーム世界では書物に関わる分野は高度な発展を遂げた。
イスラームが**偶像崇拝を禁止**したせいもあり、イスラーム世界では絵画や彫刻などの造形美術は、日用品などの一部の例外を除きあまり発展しなかったが、**書道芸術**は目覚ましい発展を遂げた。さまざまな書体が生み出され、能筆家は高い尊敬を得た。アラビア書道では筆は毛筆ではなく、葦の細い棒の先端を斜めに鋭く削ったものが使われる。書道家は通常筆を自前でつくる。切っ先はほぼ平らで、書くときの筆の角度によって文字線の太さに変化を出す。前近代までのイスラーム世界では、支配の両輪であった軍人を「剣の人」、官僚を「筆の人」と呼んだ。筆は知識人の象徴だった。
製本技術*は紙が普及する以前から存在し、初期イスラーム時代の獣皮紙のクルアーンにも表紙をつけて本として装丁されたものが現存する。聖なるクルアーンは金泥や色インクを使い、美しく彩飾された。より扱いやすい紙が獣皮紙に代わって普及したことは、製本業をただの記録媒体の製造・保存技術に留めず、芸術にまで昇華させた。豪華な写本は内容だけでなく、書道、アラビア文字や植物を抽象的にデザイン化したアラベスク文様、彩飾、挿絵、装丁などの美を競う総合芸術品となった。特に十三世紀のモンゴルの侵入によって中国絵画の技法が伝わったことにより、その影響のもとで**写本絵画***（ミニアチュール）が発展したことは特筆すべきであろう。

***印刷技術**　エジプトのファイユームで十世紀から十四世紀半までの木版印刷物が発見されている。

***製本技術**　現在の本の原型はパピルスや、主に獣皮紙を重ねて綴じた冊子（コデックス）で、二世紀頃からキリスト教の普及とともに広がった。

***写本絵画**　科学書や技術書などの写本には補助資料として挿絵が施されていたが、徐々に文学作品や歴史書などにも用いられるようになり、特にイル・ハーン朝時代以後に盛んになった。

イルム（知）

世界を探究するイスラーム学者たち

（末近浩太）

イスラームでは、世界を探求し、知識を豊かにすることによりその人間の信仰がより深まると考えられている。そのため、知識を追い求め、また豊富な知識を持ったムスリムは、単なる知者や学者としてだけではなく、それ以上に敬虔な信徒の代表と認められる。イスラームは、**知識を重視する宗教**なのである。

では、ここでいうイスラームにおける知識とは一体何であろうか。アッラーが万物の創造主であるというイスラームの根本原理からすれば、森羅万象が探求の対象となるだろう。歴史的にみても、ムスリムたちは神学、法学、哲学、自然科学、神秘主義などさまざまな知の体系を生み、発展させてきた。これらの知を総称して、アラビア語では「**イルム**」という。

しかし、ムスリムにとって、これらのさまざまな知の体系の根本にあるものは、神の人間へのメッセージであり、世界の真理が示された書――**クルアーン***である。そのため、イスラームにおいて特に重要視されてきたイルムは、イスラームそのものに

***クルアーン**　一〇五頁以降の「クルアーン」の項参照。

ついての知の体系、いわゆる**「宗教諸学」**（ウルームッディーン）である。イルムと対比されるのはアラビア語で無知を意味する**「ジャフル」**であるが、そこから派生した言葉である**「ジャーヒリーヤ」**（無明時代）は、ムハンマドによってイスラームが創始される以前の時代を表わす際に用いられる。このことからみても、イスラーム的文脈でのイルム、いいかえれば「イスラームをどれほど知っているか」が、ムスリムにとっていかに重要かがわかるだろう。

豊富なイルムを有する人をアラビア語で**「アーリム」**（知者、学者）と呼び、その複数形は「ウラマー」となる。**ウラマー**が知識を有する人であるとすると、語義的にはいかなる学問分野の専門家もウラマーとなるが、一般的にはこの宗教諸学にたずさわる人々、具体的にはクルアーンとそれを補足する**ハディース***という二つの聖典を扱う学者を指す。

イスラームの宗教諸学は、大きく分けて四つの分野からなっている。①クルアーンをめぐる学問、②ハディースをめぐる学問、③イスラーム法をめぐる学問（法学）、④信仰箇条に関わる学問（神学）である。上に触れたようにクルアーンとハディースがイスラームにおける知の根本にあることを考えれば、①と②のクルアーン学とハディース学が宗教諸学の基礎であると言えよう。③法学と④神学は、これらを典拠として、それぞれがさまざまな論理展開や解釈を行なう。

＊ハディース　三一頁注参照。

ちなみに、ウラマーはこれらの学問のいずれかあるいは複数を扱うわけであるが、このなかで最もなるのが難しいのが**ハディース学者**である。一一四章からなるクルアーンが分量的に有限であるのに対して、ハディースは限定されていない。いうまでもなく、クルアーンの章句を学び暗記することは容易ではない。それをすべて正確に暗誦できる人は「**ハーフィズ**」と呼ばれ、今も昔もムスリムたちのなかでも尊敬を集める存在である。しかし、九世紀に活躍した著明なハディース学者である**ブハーリー***（八一〇―八七〇）が生涯をかけて諸国を遍歴して収拾したハディースが、信憑性の高いものも低いものも含めて百万にものぼったということをみれば、そのすべてでなくとも、ハディースを学ぶことがいかに大変なものかわかる。

一方、社会の要請という点では、ムスリムの日常生活に直接関わる**法学**が第一であろう。冒頭で述べたように、イスラームにおいては知識が宗教的権威を決定する。この意味では、クルアーン学やハディース学を修めた人は模範的な敬虔な信徒であることに疑いはない。しかし、聖典にもとづき社会生活に関わる具体的な規定を導きだし、自らがムスリムがとるべき行為の規範を示すことで、実際に信徒たちを導く役割を担うのは主に**法学者***の役割となる。法学者は人数的にも他の諸学の専門家に比べて多いため、今日において一般的にウラマーといえば法学者のイメージが強い。

ウラマーが一つの社会集団として立ち現われたのは九世紀頃だと言われている。預

***ブハーリー**（八一〇―七〇）　スンナ派ハディース集の最高峰とされる『真正集』を編纂したハディース学者。ブハラのペルシア系の家系に生まれ、ホラーサーンからエジプトにいたる各地を歴訪、類い稀な知性と記憶力でハディースの収集と研究に務めた。

***法学者**　二二七頁以降の「法学者」の項参照。

言者ムハンマドが知識の重要性を説いて以来、ムスリムたちは諸国を遍歴し、優れた知者や学者を訪ね、それぞれが切磋琢磨して知の体系を築き上げていった。ムハンマドは次のようにも述べたと伝えられている。「もっとも良き信徒は、クルアーンを学び、〔学んだ後は〕教えるものである」。こうしてイルムは師から弟子へ、またその弟子へと受け継がれていった。やがて師は弟子の学識が十分なものになったと判断すると、**「修学証書」（イジャーザ）**を発行するようになり、これを得た弟子は他の者に教える資格を持った。

法学においては、こうしたはっきりとしたかたちでの知識の伝達がいわゆる学派を生んだ。**スンナ派**は今日の全ムスリムの約九割を占めるが、そのなかで四つの法学派に分かれる。これを「スンナ派の四大法学派」と呼び、時代的に古い順に①ハナフィー学派、②マーリク学派、③シャーフィイー学派、④ハンバル学派である。これらの学派の名称は、八世紀から九世紀にかけて活躍し、それぞれの理論を打ち立てた傑出した大学者の名前に由来しており、後継者たちが師弟相伝で師の見解や法学的な方法論を伝承することで確立していったのである。

これらの法学派のあいだの理論の違いとは何であろうか。それは、一言でいえば、不変の知の源泉であるクルアーンとハディースを典拠とし、そこからどのように規定を導き出すかという方法上の違いである。**ハナフィー学派**は「判断重視の派」とも呼ばれ、ウラマーとしての自己の判断に重きをおく特徴がある。これに対して、次の**マーリク学派**はいわば「啓典重視の派」であり、典拠を重視する傾向が強い。この両者の中間の立場をとるのが**シャーフィイー学派**である。判断と啓典のバランスを突き詰めたという意味では、同学派はイスラーム法学の理論化に大きく貢献したと言えるかもしれない。続く**ハンバル学派**は、シャーフィイー学派よりもその方法論をやや啓典重視に回帰させた。

こうしてみてみると、スンナ派の四大法学派のそれぞれが導き出すイスラーム法の規定の違いは、結果的なものでしかないことがわかる。そのため、古参であるから、あるいは新参であるからといって、法学派の知のあいだに優劣があるわけではない。ただし、社会が何を必要としているかという点で、「流行」があるのも事実である。例えば、現在の中東にほぼ重なる広大な版図を有した**オスマン帝国**（一二九九―一九二二）は、ハナフィー学派を国家の公式学派として採用した。その大きな理由は、同派が法規定の刷新に比較的消極的であったことにある。長きにわたる天下太平の治世には、イスラーム法の変革よりも現状を維持しようとする考え方が求められたのである。しかし、十八世紀からの西洋諸列強の進出により帝国の屋台骨が揺らぎだすと、現状に対応することができる新たな法規定の必要性を訴える人々が現われた。その代表的なものが帝国領アラビア半島で生まれた**ワッハーブ運動**であるが、その名祖**イブ**

ン・アブドゥル・ワッハーブ（一七〇三―九一）が学び、採用したのはハンバル学派の理論であった。彼らは典拠を極めて重視し、硬直化していたイスラーム法の見直しをはかると同時に、積極的に時代に合った法規定を導き出し、現実の変化に対応しようとしたのである。

このエピソードからは、ウラマーの社会的役割も見てとることができる。すなわち、イスラームの知識を蓄えたウラマーは、模範的な信徒としてムスリム民衆を導くだけではなく、時の為政者のイスラーム的見地からの妥当性を問い、指導する役割を担ってきたということである。イスラームにおいては指導者たりうる条件が権力でも富でもなく知にあることを、改めて見てとることができるだろう。

これまでスンナ派を中心に述べてきたが、**シーア派**＊（**十二イマーム派**）＊は歴史的にこの「宗教・政治指導者としてのウラマー」についての位階をはっきりと制度化してきた。その位階の頂点に位置するのが、神が預言者の後継者として遣わした「**イマーム**」である。シーア派のイマームは預言者の知を継承する至高の指導者とされ、前代が次代を任命するというかたちで受け継がれてきたが、それも十世紀には第十二代を最後に途絶えることになった（イマームのお隠れ、幽隠）。今日のシーア派では、イマームにかわって信徒を導くことができるのはアラビア語で「神の徴」を意味する「アーヤトッラー」の称号を持つ者である。**アーヤトッラー**は、原則的に任命制であ

＊**シーア派**　シーア派の法学派は、**ザイド学派**と**ジャアファル学派**の二つが主流であるが、それぞれシーア派内のザイド派と十二イマーム派に対応する。この二つをスンナ派四大法学派に加えれば、今日の中東に伝わるイスラーム法の諸学派はほぼ網羅したことになる。

＊**十二イマーム派**　シーア派のなかの最大派。預言者ムハンマドの死後、その従弟であるアリーを初代の正統後継者（イマーム）と認め、この男系子孫を第十二代目までたどる。八七四年に第十一代目が死去した後、後継者は今日まで「長期の幽隠」にあるとされる。

ったイマームとは異なり、努力によって知識を身につけていくことでなることができる。つまり、アーヤトッラーは最高の学を修めたウラマーに与えられる尊称であり、シーア派においてはこれを頂点としたいわば「知のヒエラルキー」が成立しているのである。

十八世紀以降、イスラーム世界にも近代化の波が押し寄せるなかで、伝統的なイスラーム諸学よりも西洋の学問や科学に関心が集まるようになった。その結果、イスラーム的知の担い手としてのウラマーの地位は相対的に低下していった。しかし、近年のイスラーム復興は近代以降のこうした知のあり方に再び疑問を投げかけており、西洋近代の学問を修めたムスリムたちのイスラーム回帰とともに、ウラマーによるイスラーム的見地からの近代文明の評価も進んでいる。

イスラームと西洋近代の調和を自然に受け入れることができる新世代の知識人たちは、クルアーンとハディースを典拠にした膨大なイスラーム的知の伝統の上に、次の時代を担う新たな学問や科学を構想する。広く、深く、そして常に変化していく世界のなかで、ムスリムたちの知識への挑戦は続く。

道——シャリーア・タリーカ・ハキーカ

戒律の道と実存の道

（ダニシマズ・イディリス）

「道」は私たちがごくふつうに用いている言葉であるが、クルアーンとハディースにおいては重要な意味をもつ用語であり、イスラーム的生活の形成過程を説明する上で便利なキーワードでもある。クルアーンの第一章（開扉章）に、次のような記述がある。「わたしたちを直《なお》き道に導きたまえ、あなたが恵みを下された人々の道に、怒りを受けし者、また踏み迷える者の道ではなく」。ここにおける**「直き道」**は、イスラームを意味するとされている。また、この道に達するのは困難であることが示唆され、そのためであろうか、神に願うべきものになっている。この観点からイスラーム諸学とは、道の探求の蓄積であるととらえられる。事実、イスラーム諸学のなかで、「道」を意味する概念は少なからず存在する。本項では、これらの「道」を、アッラーに至ることを共通の目的とし、方向を異にする思想と実践の方法としてとらえ、イスラームの拡大過程において現われた思想・実践の潮流を「道」になぞらえて再現することを試みる。

アッラーへの道の始まりは、西暦七世紀に遡り、預言者ムハンマドによるイスラーム布教の開始を始点とする。この新たな「歩み」は、預言者ムハンマドの他界後、彼の教友（サハーバ）と次世代の後継者（タービウーン）に受け継がれたが、学問的には未分化の個人レベルの実践によっていた。

八世紀から九世紀においては、イスラーム諸学の形成とともにさまざまな「道」が生まれた。まず生まれたのは、「戒律の道」であった。戒律に基づくイスラーム法学派は**「マズハブ」**と呼ばれたが、この語は「道」を意味していた。そしてマズハブは、またこれも道を意味する**「シャリーア」**というイスラーム法の名の下にまとめあげられた。法学派の数は二〇を超えていたとされているが、**スンナ派***世界において現代まで残っているのはハナフィー学派、シャーフィイー学派、マーリク学派、ハンバル学派の四法学派である。

シャリーアは行為主義であって、個人は法が善行と定めた行為**（ハラール）**をすることによって神の前で善人になり、また社会におけるすべての問題もこのことによって解決するという考えを提示する。同時に、悪の源は、シャリーアによって悪行として禁じられたもの**（ハラーム）**と、それを行なうことであると説く。シャリーアの担い手は**ファキーフ**（法学者）であったが、九世紀にはこれとは本質的に異なるスーフィーという人たちが現われる。彼らこそは「実存の道」という新しい道を志向する

***スンナ派**　イスラーム教徒の約九割を占める多数派。ほかには、約一割のシーア派、少数のイバード派などの分派がある。

人々であった。

スーフィー*とは、イスラーム世界において清貧な生き方を象徴する羊毛のぼろを身にまとう人を指すアラビア語である。彼らは、現世的な欲望にひかれることを避け、ひたすらアッラーを想起しながら彼との合一を目指した。邦訳として「イスラーム神秘主義者」という語が用いられることもあるが、最近の研究者の間では「スーフィー」の語のほうが好まれている。

スーフィーたちは、戒律の必要性を否定しないが、行為より実存的な自らの存在の解明を重んじる。すなわち彼らによれば、悪の源は、禁止行為を犯すことあるいは義務行為を怠ること自体ではなく、人間の心のうちにある本能的な霊魂（**ナフス**）である。従って、人間は神との合一を果たすことによって、人間の心の問題ばかりか、社会におけるさまざまの問題をも解決しうると考える。これが修行論・霊魂論につながり、シャリーアにはない用語を用いて、神との合一にいたる神秘階梯やその進展に伴って個人の心情に起こる心的状態を説く著作が出現するにいたった。これらの論理の大衆レベルでの実践が、道を意味するもう一つの「**タリーカ**」という新概念の誕生につながった。この語は「修行道」、さらにはこの道を行く人々の集う「教団」をも指す。

スーフィーたちの思想と実践におけるタリーカの役割は、シャリーアにおけるマズ

***スーフィー** 二四〇頁以降の「スーフィー」の項も参照。

ハブ（法学派）に匹敵する。シャリーアを象徴するのが、法学者と法廷だとすれば、タリーカを象徴するのは**シャイフ**（師匠）と**ダルガー**（修道場）である。前者の例として、ハナフィー学派草創期の大学者、**アブー・ユースフ**（七九八年没）があげられるが、彼はバグダードの最初の裁判官であった。後者については、「アッラーに至る道は生き物の数ほど多い」というスーフィーたちに帰される言葉にも象徴されるように、数多くのタリーカが生まれた。最初のタリーカは、アブドゥルカーディル・ジーラーニー（一一六〇年没）に始まるカーディリー教団とアフマド・リファーイー（一一八三年没）に始まるリファーイー教団である。

外面的戒律を重んじるシャリーアに対して内面的実存を重んじるタリーカが成立したことは、イスラーム世界に二項対立をひき起こした。ガザーリー（一一一一年没）やイブン・ハルドゥーン（一四〇六年没）のようにこの両者を調和させようとする努力と、イブン・タイミーヤ（一三二六年没）のようにタリーカの運動を「正統的なイスラームに矛盾する」として排除しようとする動きが拮抗し、この拮抗関係は現代まで続いている。

もう一つ、スーフィーの歴史において指摘しなければならない統一の試みは、**ハック**（真理、神）、**ハキーカ**（真実在）という概念によって説明される。十七世紀のトルコの著名なスーフィーであるニヤーズィー・ミスリー（一六九四年没）はハキーカを説明して、「シャリーアの学者たちは、山に登る人たちのようであるのに対して、タリーカの学者たちは山から降りる人たちのようである。ハキーカの学者たちは、常に頂点にいて、彼らにとってはシャリーアもタリーカも必要ではない」と述べた。究極的な階位・状態に達したスーフィーにとって、もはやシャリーアとタリーカの間に違いはなくなる。タリーカ対シャリーアの二元論をなくして一に帰着させようとするスーフィーたちのこの努力の基盤にはそもそも、あらゆる存在の一性を主張する彼らの宇宙論があると考えてよかろう。

シャリーアによる宇宙論は、神とそれ以外の存在を、創造主と被造物として明白に分けていた。そのもとには「アッラー以外に神はない」と定式化される**一性論（タウヒード）**がある。ここにおける一性は、神学的認識論上のものであり、神性をアッラーのみに認め、それ以外の一切の神の存在を否定する。他方、スーフィーたちによる宇宙論もタウヒードの一種である。しかし、彼らはタウヒードを存在論的に理解するという点において異なる立場に立っている。

スーフィー宇宙論において「一」とされているものは、存在そのものである。すなわち、スーフィーたちは、シャリーア対タリーカという二元論を事実上解決することはできなくても、それを存在論的なレベルに持ち込み、あらゆる二元性・複数性を存在における何らかの「普遍的統一性」において、一つにしようとする。これを代表するのは、イブン・アラビー（一二四〇年没）によって創唱された**「存在一性論」***（ワフダ・アル＝ウジュード）である。

その後、彼の著作に散在している記述に基づいてさまざまな解釈がなされている。その代表的なものは、開示（カシュフ）という特別な体験を基礎に、ハック以外の何ものにも実在性（ウジュード・ハキーキー）を認めず、万物がアッラーの名・属性の顕現（タジャッリー）であり、本質的に無であることを主張する思想である。これを、モノとその影の間の存在関係になぞらえてみると、モノは真実在で、影が万物に匹敵する。神と万物の関係は、ちょうどこの比喩のようであり、万物の存在は神の存在に依拠する。この思想は、特にスーフィーたちの間で受け入れられ、イスラーム世界の各地域において学派として発展した。

トルコの場合でいえば、この思想は、スーフィーたちの他、オスマン帝国の支配者やウラマーたちにも影響を与え、トルコの学芸において重要な潮流となった。たとえば、オスマン帝国時代には、トルコのモスク建築にも存在一性論の影響があったとされている。同朝のモスク建築における建物全体の立体性を支える大きな一つのドームを中心とする建て方は、この思想の建築における適用の試みであったと考えられている。

***存在一性論**　この世のすべては、絶対一者の自己顕現によって成立しているとする考え。この絶対一者を「存在」（ウジュード）と呼ぶ。

イスラーム科学

近代科学の源流となったムスリムの活動

（山本啓二）

九世紀から十五世紀までの間、ムスリムの学者は科学のあらゆる分野において卓越した知識をもっていた。とりわけ天文学と数学への貢献が著しかった。

数学では、数の性質を論じる数論（イルム・アル＝アダド）、幾何学（ハンダサ）、計算学（イルム・アル＝ヒサーブ）、計算法の一種である代数学、そして後で述べる三角法の各分野で優れた成果が見られた。天文学も驚異的な発展を示した。

現在およそ一万点の天文学写本と一千点に近い天文器具が、中東、北アフリカ、ヨーロッパの図書館や博物館に保存されている。しかし、そのすべてが研究し尽くされても、八世紀から十世紀までのイスラーム天文学の全体像を完全に明らかにすることはできないだろう。現存する写本のほとんどは、十五世紀から十九世紀のものだからである。十三世紀のシリアの伝記作家イブン・アル＝キフティーによれば、十一世紀のエジプトの天文学者イブン・アッ＝サンバディーは、カイロの図書館にある写本が分類されたと聞いて関心のある著作を見に行き、天文学、数学、哲学に関する六千五百点もの写本を目にした。しかし、今日エジプト国立図書館には二千五百点の科学写本が保存されているが、そのうちのうち一つとして当時のものはないのである。現存する写本は実際に書き残されたものの一部にすぎないが、それでもイスラーム世界の科学的遺産はかなり保存されており、少なくともそれが高いレベルにあったと判断することはできる。

理論ではなく目に見えるものだけに基づいた民間天文学と、組織的な観測と数学的な計算や予知に関わる数理天文学の両方において、**天文学**はイスラーム社会で発展した。イスラーム以前のアラビア半島のアラブ人は、単純ではあるが実践的な天文学的伝統を持っていた。そのなかには、日の出時にある星のグループが沈み、同時に別のグループが昇るという、星の出没の知識が含まれていた。それらは「ナウ」(複数は「アンワー」)と呼ばれる期間の始まりを示すものであり、インド起源とされる月宿*と関係づけられていた。太陽の黄道十二宮の通過、それに関係した気象および農業に関わる現象、そして月の諸相などの知識は、昼は影、夜は月宿による単純な時間計測とともに、後の民間天文学の基礎を築くことになった。そしてそれは、数理天文学とは別に発展していったのである。

民間天文学は、特に天文学の基本的な知識が求められるさまざまな宗教的義務のために、法学者によって用いられていた。それに対して、**数理天文学**は選ばれた学者集

***月宿**　月は恒星を基準にすると二七・三二日(恒星月)で天空を一周する。したがって、白道(月の通り道)付近に二七ないし二八の場所を設定しておけば、月は毎日一つずつその位置を移動することになる。この場所を月宿という。

団によって育まれ、占星術の予言以外は一般に社会的関心は低かった。

しかし、伝承されてきた文献の量からもわかるように、天文学はイスラーム科学のなかでもっとも重要なものであった。

ムスリムはインド人、ペルシア人、ギリシア人らの数学的伝統を知り、必要に応じてそれらを取り入れていった。したがって、初期のイスラーム天文学は、イスラーム以前のアラビアの星の伝承やインド・ペルシア・ヘレニズムの天文学の寄せ集めであったが、十世紀までにはそれ独自のきわめて明確な特徴を持つにいたった。

アラビア語で書かれた初期の天文学テクストは、テクスト部分と表から成っており、「ジージュ」と呼ばれた。サーサーン朝*のヤズデギルド三世時代のジージュは、パフラヴィー語*からアラビア語に翻訳され、「シャー・ジージュ」と呼ばれた。アッバース朝カリフ、マンスールの天文学者たちは、バグダード建設のための吉日を、おそらくこのジージュのパフラヴィー語版を使って選んだのだろう。イスラームの伝統に対するインド天文学の影響という意味で重要なのは、七七二年ころにスィンド（インダス河下流域を指す地名）からマンスールの宮廷に派遣された使節団であった。この使節団には天文学に精通した一人のインド人がおり、彼は『マハーシッダーンタ*』というサンスクリットの天文学テクストを持ってきていたらしい。

カリフは、宮廷に仕えていた天文学者ファザーリーにそのテクストを翻訳するよう

＊**サーサーン朝**　三世紀から六五一年にムスリムに滅ぼされるまで続いたイラン人の王朝。

＊**パフラヴィー語**　サーサーン朝で使われていた中世ペルシャ語。

＊**『マハーシッダーンタ』**　七世紀のインド人天文学者ブラフマグプタによる著作から派生した文献。

に命じた。こうして出来上がった『**スィンドヒンド**』は、その後の天文学者による一連のジージュの基本となった。『スィンドヒンド』の伝統は、主に、カリフ、マームーンに仕えていた天文学者フワーリズミー（九世紀）のジージュの影響でアンダルス*で流布し、結果的に、インド天文学の影響はモロッコから英国に至るまで確認されている。

プトレマイオスが地球中心説を論じた『**アルマゲスト**』は、八世紀後半から九世紀にかけて少なくとも五回アラビア語に翻訳された。これらはすべて十二世紀にはまだ利用されていた。翻訳からは、さらにテクスト全体または一部に対する注釈がつくられた。その多くは批判的なものであり、イブン・アル＝ハイサム（十一世紀）は、実際に「プトレマイオスに対する疑問」というタイトルの著作を残している。後に最も広く用いられた『アルマゲスト』の版は、十三世紀半ばにイル・ハーン朝の学者ナスィール・アッ＝ディーン・アッ＝トゥースィーが校訂したものである。こうして、ギリシアの惑星モデル、星表、数学的手法などは、ムスリムの注目するところとなり、彼らは単に『アルマゲスト』の内容を言い換えるだけでなく、それを批判・修正し、理論と実用の両面において最新のものにしたのである。

ムスリムの天文学者が考えていた宇宙の幾何学的構造は、多かれ少なかれプトレマイオスの『アルマゲスト』と同じものであった。すなわち、基本的には数学的モデル

***アンダルス**　ムスリムが支配していたイベリア半島南部をさすアラビア語。現在のスペインでは、「アンダルシア」という州名で残っている。

として見なされる八つの天球の体系である。

　プトレマイオスの惑星モデルに対する修正は、二つの主要学派によってなされた。一つは、十三世紀にはマラーガ（アゼルバイジャン）に、また十四世紀にはダマスクスにまで勢力を拡大していた。もう一つは、十二世紀後半にアンダルスで隆盛を誇っていた。後者の伝統は、初めからアリストテレスの教義と非数学的な論拠に盲目的に固執する傾向にあった。それに対して前者は、プトレマイオスのモデルに複雑な修正をほどこし、新たな観測によっても知見を得ていた。この学派の一人**イブン・アッ＝シャーティル***（十四世紀）が提示した、太陽・月・惑星モデルが、プトレマイオスのものとは異なり、数学的には約一五〇年後の**コペルニクスのモデル**に一致することがわかっている。

　九世紀前半、アッバース朝カリフのマームーンは、最初はバグダードで、そしてその後ダマスクスで太陽と月を観測をするために、優秀な天文学者を集めた。その結果の一部は、『**ムムタハン**』（「試されたもの」という意）というタイトルのジージュに組み込まれた。この観測のねらいは、後代の場合と同じく、主に、地方の緯度を求め、黄道傾斜角の値を決定し、プトレマイオスの惑星モデルのパラメータを改良してさらに正確な星の位置を導き出すことであった。ムスリムは『アルマゲスト』から、アーミラリ天球儀、子午線象限儀、視差定規を知っていたが、新たな目盛りを加えるなど

***イブン・アッ＝シャーティル**
彼はダマスクスで、ウマイヤ・モスクの時計係をしていた。

改良し、小さくて済む場合でもしばしば大きな器具を建造していた。

九世紀前半のバグダードとダマスクスの他にも、イスラーム世界のさまざまな場所で数多くの観測がなされた。**バヌー・ムーサー**と呼ばれた二人兄弟は、『ムムタハン』の観測以後ほぼ三〇年にわたってバグダードの自宅とサーマッラー近くで観測を行なった。彼らはサーマッラーとニーシャープールの間の経度差を決定するために、二都市で月食の観測を同時に行なっている。また、有名な天文学者でサービア教徒であった**バッターニー**は、八八七年から九一八年にかけて北シリアのラッカで観測を行なったが、その観察活動は自前で行なわれたようである。

十世紀には、優れた数学者で天文学者の**アブー・アル＝ワファー***がバグダードで観測を行なった。この観測はもっぱら、太陽のパラメータ、黄道傾斜角、そしてバグダードの緯度の確定に向けられていたようである。

一般に、科学文献で用いられた**記数法**には三種類あった。アルファベットを使う、いわゆる**アブジャド数字**、十進法の位取り記数法を採用した**インド数字**、そして**アラビア語数詞による表記**である。実際に文献でもっとも多く見られるのは、最後の方式である。インド起源の**ゼロ***という概念は、アブジャドでは独特の記号で、そしてインド数字では「小円」または「点」で表わされた。また、アラビア語数詞では本来それを表わす必要はないのであるが、必要があれば**「スィフル」**（空っぽ）という言葉で

***アブー・アル＝ワファー**　天文学者としては、『アルマゲスト』のアラビア語版の校訂をしている。

***ゼロ**　紀元前二〇〇年頃にバビロニアでもゼロが考案された。しかし、西欧にゼロが伝えられたのは「インド・アラビア数字」とともにであった。

表現された。

ジージュの表部分は、すべてアブジャド数字で書かれ、六十進法で表わされている。六十進法の計算では、十進法の計算以上に、掛け算用の表が役に立ち、三六〇〇通りや二一万六〇〇〇通りの計算に利用できた。

ほとんどのジージュには、全弧、半弧、四分弧のための正弦（サイン）と正接（タンジェント）の**関数表**が含まれていた。見出し項目は一般に、三桁の六十進法で与えられているが、これはだいたい十進法の五桁に対応している。後には、ジージュで必要とされる以上の精度をもった表もつくられるようになり、こうした過程を経て数学的な性格をもつ**三角法**が発展したのである。

『ムムタハン』に見られる、バグダードの緯度における黄道宮の上昇時間を示す表　アブジャド数字が使われている。

コラム　読誦の技

（小杉麻李亜）

エジプト、カイロの旧市街の中心に位置する**アズハル・モスク**。

朝から晩まで、アズハル・モスクの周りは喧噪に包まれている。モスクの横を大通りが走り、周囲には本屋や雑貨店、果物や飲み物を売る露店が立ち並ぶ。まっすぐな日差しのなか、モスクで行なわれる講義にやってきた学生たちや、ぶらぶらしている人々、仕事中の掃除夫、モスクから出てきた学者に詰めかける相談者たちなど、たくさんの人々が行き交う。

そんなアズハル・モスクが静寂に包まれる瞬間がある。夜明け前である。月がまだ空にあり、しかし、夜空の暗闇が少しだけ和らいだ頃、モスクにクルアーンの読誦の声が響きわたる。空気は冷たく冴えわたり、だだっ広い長方形の中庭の石張りの床は冷え切っている。

無人のモスクのなか、読誦家の声が拡声器を通して、静かに響きわたる。時には高音で音楽的に、時には低く重々しく、人々の眠りを妨げるほど激しくはなく、ずっしりとした心地よさでモスクの周囲を包む。

イスラーム世界には、クルアーンの読誦の専門家である**ムクリウ**（読誦学者）や**カーリウ**（読誦家）が数多くいる。頂点を極めた国際レベルの読誦家たちは、イスラーム世界だけではなく、ヨーロッパや北米、オーストラリアなどへも招聘され、読誦を披露する。その読誦を収めたCDやカセット・テープも出回っている。

読誦の実践と知を担っているのは、このような専門家たちだけではない。市町村レベルでも読誦家が存在し、また、別の職業のかたわら読誦を教えるような人や、路地や地下道などの場所で読誦の声を張り上げている乞食たちがいる。高度な読誦訓練を特に受けていない人々は、読誦を鑑賞したり品評したり、特定の読誦家のファンとして行動したりする。

読誦家を多く輩出する地域としては、サウディアラビアやインドネシアがあるが、伝統的に読誦の中心地はエジプトとされている。実際、カイロにあるイスラーム学の最高学府であるアズハル機構の下部組織の読誦教室ティーブリスィーヤ学院を参与観察していると、インドネシアや北アフリカなどから、将来自国のイスラーム学を担うような年若いエリートたちがたくさん派遣されてきている。また、読誦訓練や読誦公演、あるいは断食月に行なわれる**タラーウィーフ礼拝**（クルアーン全巻を三〇日かけて読誦する）を指揮するために世界各地に招聘・派遣されるのは、アズハルの学者たちである。

では、**読誦の技**とは、一体どのようなものなのだろうか。

一言でいうと、クルアーンの章句を暗記して、最適な音で再生する技である。「最適な」とは、まず読誦の規則にのっとっていること、より美しい声であること、さらには、それぞれの章句の意味内容をその時の聴衆に伝達するのに適した速度や音調をしていること、である。

読誦学の議論のなかには、読誦規則や速度・音程の異なる諸詠法、諸流派の読誦方法に関する知識・実演のほかに、心身をよりよい状態に保つための養生術なども含まれてくるが、基本の核となっているのは、やはり**暗記と再生**である。

近年、一般信徒の学習においては、書かれたテクストに依存する傾向も出てきており、規則の名称とその内容などを受験勉強的に暗記したり、暗記に重点を置かず書き下された章句を読み上げることも増えてきているが、従来読誦は師匠から**身体を通じて口伝**されるものであり、クルアーンの章句を書き下したテクストも読誦規則も補助的なものに過ぎなかった。専門家による専門家の育成や専門的な指導には、いまだに身体を通じた口伝が支配的である。

例えば、アズハル・モスクで開かれるティーブリスィーヤ学院。部屋のいちばん奥まった壁に**シャイフ**（師）が座し、シャイフを中心にほぼ扇状に弟子たちが広がっている。シャイフは弟子を一人ずつ順番に、自分の隣に坐らせ個別指導を行なう。全員に向けて、何か言葉を発することはない。

弟子が初学者の場合、指導はクルアーンの第一章**「開扉章」**（全七節）から始まるが、まず、章のなかには含まれていない「拒絶されたるシャイターン（悪魔）からのご加護をアッラーにお願いいたします」という祈願文を、クルアーンの読誦に際して誦《よ》むことが指示される。

シャイフが一節を誦み、弟子はそれを耳で聴き、模倣する。弟子が誦むのを聴きながら、シャイフは訂正する。次の一節をシャイフが誦み、弟子が模倣、シャイフが訂正、というのを全節にわたって繰り返し、最後まで行くとまた第一節から同じことを繰り返す。弟子がその章に出てくる読誦規則を間違えずに模倣できた、とシャイフが判断したら、その章句の練習の第一歩が終わる。読誦を終える時には「偉大なるアッラーは真実を語りたまう」と唱えるよう指導される。

指導を通じて、シャイフが**ムスハフ**（書物形のクルアーン）を使用することはないが、弟子はムスハフを使用することが許される。子どもや全盲の人はムスハフを使わず、音だけを頼りに模倣する。文字を目で追うことに夢中になりすぎ、シャイフの口の形に注意を払っていないと正しい音を発音しそこなうことが多く、その場合には、ちゃんと口を見るようにとシャイフの叱責が飛ぶ。

シャイフの後について、正しく模倣できるようになると、その次の回にはムスハフに頼らずに、前回学んだとおりに暗唱することが求められる。そこでまたシャイフの訂正が加えられ、暗記と適切な発音の両方が徐々に確立されていく。

　弟子が年若い場合やヨーロッパ人などの改宗者である場合、第一章の次は、クルアーンの最終章である第一一四章「人びと章」（全六節）や第一一三章「黎明章」（全五節）などの短い章に進む場合が多いが、アラビア語話者の成人である場合は、第二章「雌牛章」（全二八六節）に進むことも多い。そのほか、「クルアーンの心臓」と呼ばれ、特に重視されている第三六章「ヤースィーン章」や、クルアーンを三〇等分した際に最後の巻に当たる「ジュズ・アンマ」の冒頭に進むパターンもある。

　どのような場合でも、開扉章が必ず最初に指導される。この開扉章は、改宗ほやほやの新人でないかぎり、暗記していないムスリムは存在しない。改宗後、最初に暗記を迫られるのもこの章である。この章を覚えていないと、義務の**礼拝**を行なえないからである。この誰もが知っていて、それでいて正しく誦めているとはかぎらない章から、読誦訓練は始まる。この次に進む章に数パターン存在するのは、いくつかの条件が異なるからである。まず、クルアーンの読誦家を目指さないまでも、それに近いところまで進みたいと潜在的に考えている人々は、正統的にクルアーンの最終章に進み一章ずつ遡っていく。また、子どもや改宗直後の人が同じように最終章に進むのは、章の長さが後方の方が短く、礼拝の時に誦むために暗記している必要があるからである。それに比べ、成人ムスリムはある程度任意に学ぶ順を決める。

　訓練が進むと、あらかじめ次の章を暗記してきて、シャイフの前で披露し、訂正してもらうというやり方になっていく。このあたりまで進むと、ほぼクルアーンの読誦に必要な規則が体得されており、いちいち最初にシャイフに見本を見せてもらう必要がなくなるのである。シャイフは弟子の読誦を聴きながら、身体を左右に振り、足先でリズムをとり、どこで休止するかが難解な場所では絶妙なタイミングで手拍子を挟み、全身を使って弟子の読誦を補助する。

　シャイフが訂正や、手や木の棒を振り上げて叱責を飛ばすのは、この読誦の規則を外した時などである。主として、言葉や文章を単純に間違えるほかは、音の伸ばしが足りない、あるいは伸ばす拍数を間違えている、「リ」や「ワ」などの接続詞を抜かす、節と節の間、あるいは節のなかでの区切れの間が開きすぎる、口語アラビア語の発音（「ジャ」を「ガ」と読むなど）になっている、二つの音を重ね損ねている点などが注意される。

　初学者は中くらいの速度で、音階の変化があまりない誦み方を習うが、訓練が進むと、**タルティール**と呼ばれるより音楽的で、音階の変化の大きい朗々とした読み方も学ぶようになる。読誦家によって、どの誦み方で真骨頂を発揮するかが異なる。例えば、著名な読誦家でいえば、シャイフ・ホサリーは音階の変化の少ない安定した読誦が素晴らしいと讃えられ、シャイフ・ミンシャーウィーは朗々とした音楽的な美しさが素晴らしいなどと言われる。アズハル・モスクに晩前の読誦を響かせ、ティーブリスィーヤ学院を取り仕切るシャイフの読誦は、低音でかつ清らかであり、聴く者を陶酔させ惑わせるのではなく、より覚醒させ確固たる心で前進させるような強さに溢れている。

最後に、これらの読誦を信徒はもっぱら男性の声を通して経験していることを指摘したい。アラブ圏には、**女性の読誦家**は存在しない。かつてエジプトでは、ウンム・クルスームという国民的大歌手が読誦の録音を行なったが、女性の読誦が公開されることは禁止され、彼女の読誦が出回ることはなかった。ラジオやCD、カセットで耳にするのは男性の声であるし、公衆の面前での公演は男性のもののみである。

一方、東南アジア、特にインドネシアには女性の読誦家がたくさんおり、国際レベルの読誦大会の女性の部の優勝者は常にインドネシア人である。しかし、彼女たちの読誦は、エジプトの男性読誦家の伝統を継いでおり、地をはうように低く、男性の声と区別がつかないことがしばしばである。

ある時、女性たちだけで行なわれている**タラーウィーフ礼拝**を目にすることがあった。断食月に毎晩行なわれるタラーウィーフ礼拝は、男性がいるかぎりは男性が指揮をとるため、その最中で誦まれる読誦も男性の声である。そこでは、高度な訓練を受けたサウディアラビアの女性が読誦を行なっていた。彼女の声は、強靱で凛としていたが、まさに鈴を転がすようで、紛れもなく女性の声としての魅力に満ちあふれていた。この女性の声による読誦は、公けの場では聴くことのできない、いわば秘められた読誦であったと言えようか。

長い世紀をかけて伝わってきた読誦の技は、いま現在も、イスラーム世界のあちこちで磨かれ続けているに違いない。

クルアーンの読誦教室（カイロ）

コラム アラビア文字　（竹田敏之）

アラビア文字をアラビア語では「線」と称する。その名のとおり、私たちが日本語の文字やローマ字からイメージする文字とは明らかに趣きを異にする。文字が線状に続けて書かれるからである。達筆のアラブ人は、一筆書きのように文を書く。

とはいえ、アラビア語のアルファベットは数は少なく、わずか28文字から成る。不思議なことに、各文字は子音のみを表わす。そのため、アルファベットとは別に、文字の上下に付す母音記号がある。日本語のルビのように、正確に読む必要があるクルアーンや児童書には、この記号が付されている。

アラビア語は**右から左に**文字をつなげていく。文字は線としてつなげる都合上、語頭、語中、語末のどの位置に来るかによって、多少形が変わる。慣れないと戸惑うが、慣れてくると、アラビア語学習者にとって、この変化が楽しくなる。

自ら筆を持ちアラビア文字を書いてみると、アラブ世界への扉を開けたような気持になる。クルアーンには次のようにある。「ヌーン。筆にかけて、また彼らが書くものにかけて」（筆章1節）。「ヌーン」はアルファベットの一つである。この章句には、**アラビア書道**の楽しさが隠されているような気がする。イスラーム世界では後に、書道が大いに発展した。

アラビア語の魅力は、この「書」とアラビア語が持つ「音」とが織りなす芸術性にあるといってもいいであろう。クルアーンの**朗誦**に耳を傾けながら、モスクなどの壁面に書かれているアラビア文字を眺めていると、線の流れが音と調和し、まるで文字が生きているかのように見えてくるから不思議である。

アラビア書道協会があるエジプトの首都カイロでは、大学をはじめ、図書館、モスクなどさまざまな場所で、書道教室が一般向けにも開かれている。アラビア文字の美しさに魅せられ、学生のみならず、さまざまな世代が集う交流の場となる。

最高の手本はクルアーンのテクストであり、それを書写することが最良の練習法だという。驚くことに、現在世界で最も多く印刷され、頒布されているサウディアラビアで出版されたクルアーンも、その活字のオリジナルは書道の大家ウスマーン・ターハーによる手書きである。

アラビア語アルファベット28文字を一筆書きにつなげたもの（右から左に読む）

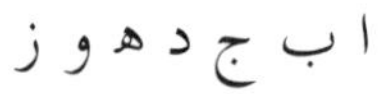

切り離されたアラビア文字（7文字）

Ⅳ　歴史のなかのイスラーム

巡礼経済

広大なイスラーム世界のネットワーク

（江川ひかり）

ムスリマおよびムスリムであれば、言語や民族の違いを超えてみな同胞である。とくに国境線やパスポート制が確立されていなかった前近代ではイスラーム法がおよぶ世界において旅（移動）は比較的自由に行なうことができた。もちろん基本的に旅が自由だったのは男性で、女性の旅は安全保障の理由から近親者の男性が随行することで可能となり、巡礼や商業、あるいは「女奴隷」を伴った旅が行なわれていた。加えてムスリムによる自由移動や旅において、食事を供したり、あるいは男の留守を守るという根底の部分で支えていたのは、表舞台には出てこないムスリマであったことも忘れずにいいたい。

旅には目的があり、到着点があり、宿屋と交通手段と資金とが欠かすことのできない要素である。前近代のイスラーム世界におけるムスリムの旅は、巡礼、遠隔地商業、自らの師を求めてのウラマーの旅、あるいは渡り職人や遍歴楽師などさまざまであったが、一般にムスリムの旅といえば、まっさきにマッカ巡礼を思いうかべるだろう。

▶前頁写真　イスタンブルにあるキリット・ハーン　カバン類の問屋倉庫兼店舗として利用されている。

マッカ巡礼は「**ハッジ**」*と呼ばれる。ハッジは経済的に余裕があるなら、一生に一度は行ないたい義務とされている。ハッジを遂行した男性は**ハーッジュ**（トルコ語ではハジュ）と、女性は**ハーッジャ**（トルコ語ではハジャ）という尊称で呼ばれた。ただし人名に「ハジュ」あるいは「ハジャ」とついていたからといって、必ずしも実際の巡礼経験があったとはいえない場合もある。オスマン帝国において、一四八六年から一四八九年のブルサの遺産目録に記録された六〇名の富裕者のうち一〇名が女性で、そのうちの三名に「ハジャ」が見られ、おそらくこのうちの二人は実際に巡礼を果たし、一人は巡礼を計画していた女性であったという事例が報告されている。

もともとイスラーム以前のマッカ巡礼は、巡礼月の前月にマッカから数日行程の場所で複数の**定期市**がたち、その定期市に集まった人々が翌月にマッカ巡礼をするという複合的行事の一環としてあった。その後ムハンマドが自らマッカ巡礼を主宰することによって、定期市とは切り離されたイスラームにおける巡礼の儀式が定着していったという。マッカ巡礼は、定期市とは切り離されたとはいえ、巡礼によって膨大な数のヒト、モノ、金、さらに知識や情報が移動することによって、非常に大きな社会経済効果をもたらすことは明らかである。これは二〇〇万人以上の巡礼者が集まる今日でも同様であり、「**巡礼経済**」*とも呼び得る影響は計り知れない。

前近代イスラーム世界における移動手段はロバ、ウマ、ラクダであった。今日でも、

***ハッジ**　四三頁参照。

***巡礼経済**　マッカ巡礼は、経済効果という観点にたてば、一年に一度必ず発生する大定期市ともいえる。歴史的にみても、ハッジへ向かう巡礼者が通過する街道沿いではさまざまな商業活動が行なわれ、主要都市ではそれに伴う雇用と臨時税徴収の機会を生み出した。このようにマッカのみならず、マッカへ至る過程の時間と空間をも含めた巡礼に伴う、経済活動全般を「巡礼経済」と名づけたい。

都市でも村でもロバは自転車替わりに、ウマも果物や野菜の引き売りなどに使われているが、重量荷の長距離輸送に適していたのはなんといってもラクダである。ラクダは、さしずめ現代の長距離輸送トラックであり、ラクダを飼育する遊牧民あるいは牧畜業者は運輸業者であった。ラクダは紀元前三〇〇〇年ごろアラブ地域で家畜化され、戦闘用にまで訓育したのはアラブのみであったという。モンゴルおよびトルコの遊牧社会では、ヒツジ、ヤギ、ウシ、ウマ、ラクダの五畜を**「マル」**（財産）と呼び、遊牧の主要家畜として育てられてきた。さらに乾燥と暑さに強いアラブのひとこぶラクダのメスと、寒さと荒れ地に慣れた中央アジアのふたこぶラクダのオスとをかけあわせてひとこぶ半のラクダ（「トゥルゥ・デヴェ」、「トルクメンのラクダ」とも呼ばれる）を生み出したのがアナトリア*に移動したトルクメンと呼ばれる遊牧民であった。ひとこぶ半のラクダはよりいっそう長距離輸送に適しているといわれ、オスマン帝国ではとくに西アナトリアでさかんに利用された。すなわち遠隔地商業や長距離の旅は、このようなラクダを飼育する遊牧民がいて初めて可能となったのである。

キャラバンを組んだ商人や旅人は、時には街道沿いに点在する隊商宿《キャラバンサライ》に、時にはカイロ、ダマスクス、イスタンブルをはじめとする大都市では**ハーン**や**ワカーラ**、**フンドゥク**などと呼ばれる都市内部の宿屋に宿営した。前者の隊商宿《キャラバンサライ》は、一般にその

***アナトリア**　今日のトルコ共和国の領土のうち、アジア側を占める半島部のトルコ語呼称「アナドル」の訳語。「小アジア」とも呼ばれる。

名のとおりラクダやウマなどと商人や旅人とが宿泊する施設で、方形中庭式の堂々たる造りになっている。後者は、**キャラバンサライ**と呼ばれることも多いが、都市内にある宿屋兼商取引場および倉庫あるいは店舗を兼ね備えていた。例えば、イスタンブルのエジプト・バザールから「グランドバザール」と呼ばれる屋根つき市場へと抜ける問屋街周辺には、今も多くのハーンが倉庫や店舗として利用されている。＊

このような宿屋兼商業施設は、スルタン＊あるいは有力政治家がワクフ制度を利用することによって建設された。コンスタンティノープルを征服したメフメト二世は、屋根つき市場《グランドバザール》の原型を建設し、そこからの賃貸料を、アヤ・ソフィア・モスクの再建と運営に充てる制度を整えた。このようにある者が私財から得られる収益を慈善目的に永久に充てて、私財の所有権を放棄する**ワクフ制度**は、イスラーム世界に独特の制度として運用された。イスラーム諸都市ではさまざまな宿屋、公衆浴場、市場などからの収益が、ワクフ制度を利用して宗教・公共施設の建設や維持・管理に充てられた。すなわちワクフ制度は、商業施設と宗教・公共施設を都市に提供するとともに、富を社会に還元する信託財産制度として活用されたといえる。

商業施設の代表ともいえる**常設市場**は、一定以上の人口を有する大都市に築かれ、経済活動の拠点となった。他方、モスクやマドラサなどの宗教施設群のなかには、病院や給食所などの慈善施設も敷設され、貧者や旅人へのケアや給食を提供した。この

＊一四三頁（Ⅳ章中扉）写真参照。

＊**スルタン**　一七三頁参照。

ような事業は、近代国家に先がけた**社会福祉制度**と考えられる。

イスラーム諸学をきわめるためにウラマーたちは、自分自身が学びたい師を求めて何千キロの旅をすることも珍しいことではなかった。高名な学者を訪ねて旅をした大旅行家といえばモロッコ生まれのベルベル系ムスリム、**イブン・バットゥータ***（一三〇四―六八／六九）がまず思い出される。イブン・バットゥータの旅行のなかでもアナトリアに注目してみると、旅人歓迎の気質と旅人にとって極めて安全な環境が見てとれる。彼は西北アナトリアのバルケスィルからブルサに向かった時のことを、次のように記している。

そこは、華麗な幾つもの市場と幅広い街路のある壮大な重要な町であり、町の四方すべては農園で囲まれ、水の流れ出ている幾つもの泉がある。町の郊外には、非常に熱い湯水の川があって、巨大な池に流れ込んでいる。以前からその川岸には、一つは男性用、一つは女性用の二つの家屋が建っている。そして病人たちはこの温泉で湯治を行ない、極遠の地からも集まって来る。*

まさに、これこそが今日も旅人を誘う「緑のブルサ」として有名なブルサの温泉であり、女性も湯治に来ていたことが理解される。来訪者たちのためには「ザーウィヤ*」があって、人々はそこに宿泊する。彼らは、滞在している間、食事が〔無料で〕提供される。その期間は三日間であり、トゥルクマーンの盟主の一人がこのザーウィ

***イブン・バットゥータ**　一三四頁参照。

*イブン・バットゥータ『大旅行記』第三巻（イブン・ジュザイイ編、家島彦一訳註、一九九八年、平凡社）三〇九頁。

***ザーウィヤ**　一般にスーフィー（アッラーとの合一を目指して修行に励む人）の修道場。

***アヒー**　十三・十四世紀にアナトリア各地に生まれた、若者を中心とした都市の職業別同胞集団。

ヤを建てた」とも記されている。

旅には**「もてなし」**が不可欠である。「もてなし」は、ムスリムの主要な人倫の一つであるといわれる。もともとアラブの遊牧民の間では、見ず知らずの者でも客として迎え、手助けをして三日間、なに不自由ないように尽くすのが神聖な義務とされ、この美風がイスラームにも受け継がれたといわれている。これは、イブン・バットゥータがうけた三日間の無償の「もてなし」とも符合するが、とりわけイブン・バットゥータは、アナトリアの都市や村で**「アヒー」***と呼ばれた宗教的・社会的・経済的集団が旅人の「もてなし」にあたっていたことを強調し、アヒー集団について「世界中で彼らほど情が厚い人たちを知らない」と称賛している。*

もちろん「もてなし」がアラブ遊牧民あるいはアナトリアのトルクメン（トゥルクマーン）系社会に起源し、イスラーム社会にのみ特有の慣習というわけではないだろう。日本では、文学や絵巻物などに女の一人旅や子連れ女の旅が描かれており、宮本常一によれば、明治以前の日本においては、**女だけの旅**が自由に行なわれていたという。*江戸時代のとくに**四国巡礼***という特別な旅環境下では、お金を持っていなくてもどこにも気安く泊めてくれる**善根宿***など、ザーウィヤに匹敵するような宿泊施設があったという。お金や食べるものがなくなれば、詠歌などをあげて門付け*をしたり、「接待」をうけることで無料で食事を得たように、「もてなし」の習慣はたしか

*イブン・バットゥータ著、前掲書、二七〇―二七三頁。

*宮本常一『忘れられた日本人』岩波文庫、一九八四年。これに対して、ヨーロッパにおいては、女性の子づれの一人旅などは到底考えられません、と阿部謹也は述べている（網野善彦『『忘れられた日本人』を読む』岩波書店、二〇〇三年、七三頁）。他方ノルベルト・オーラーは、ヨーロッパにおける巡礼者はほとんどが達者な大人の男性だったろうが、ブリテン王息女ウルスラのローマ巡礼の伝説やチョーサーの『カンタベリー物語』にでてくる聖地エルサレムへ三回巡礼した女の事例を挙げて、女性も大勢旅にでたのではないかと述べている（ノルベルト・オーラー『巡礼の文化史』井本晌二・藤代幸一訳、法政大学出版局、二〇〇四年、四三―四五頁）。もちろんこれらは特殊な事例と思われるが、女性は男性よりも絶望的な状況のなか

に日本にも存在していた。ただし、イスラーム世界のネットワークは、日本という狭い領域ではなく、王朝や今日の国民国家の枠をこえた三大陸にまたがる広大な範囲に及んでいた。

移動を善とする価値観は、さまざまな地域からやってくる見ず知らずの旅人と相対することを日常生活のなかに組みこんだ。人々は、好奇心をもって旅人から外の世界を知ると同時に、見ず知らずの他人をこの人は信頼できるか否かというように観察することで、いわゆる**「人を見る力」**を身につけたであろう。イスラーム・ネットワークは、ムスリム・ムスリマという同胞意識と同時に「人を見る力」が要請・養成される人と人との結びつきの連鎖から成る世界であったといえる。現代では肩書きや富によって、あるいは非常に現代的概念にすぎない「民族」や「国籍」によって他人を判断するが、このことはイスラーム世界に限らず、「人を見る力」を私たちが急速に失いつつあることを意味しており、人と人とが向き合う「もてなし」の大切さを痛感させられるのである。

で巡礼を行なっていたであろう、あるいは多くの仲間内で女性の祈りの方が男性よりも効果があるとみなされていたというオーラーの指摘は、女性の旅や巡礼を世界史的視野で考えていく際のヒントともなろう。

***四国巡礼**　弘法大師空海によって開かれたとされる四国の海岸沿いにある八十八ヶ所の霊場を巡拝すること。江戸初期に八十八ヶ所の札所の存在が確認でき、この巡礼が大衆化した。

***善根宿**　巡礼者あるいは旅の宗教者に対して無償で提供される宿のこと。

***門付け**　芸人が家々を回り、玄関先で芸を演じて報酬をもらうこと。季節の折り目に神が玄関先にきて祝福したり、厄払いをしてくれるという日本古来の民俗信仰に由来する。

ウンマ——国家と政治

ネイション・ステイトに再考をせまる

（末近浩太）

イスラーム世界における政治を理解するための一つの鍵は「**共同体**」である。なぜ、**パレスチナ問題***が常に世界中のムスリムたちの関心の的になってきたのか。なぜ、二〇〇三年の米英軍のイラク攻撃の際、他地域に住むムスリムが義勇兵としてイラクに参集したのか。それは、イスラームには現代世界を覆う**ネイション・ステイト・システム***とは異なる、独自の**共同体の論理**があるからである。

イスラームでは、信徒が「**ウンマ**」と呼ばれる単一の共同体をなしている、と考える。クルアーンには、「これは汝らのウンマ、単一のウンマである」（諸預言者章九二節）と記されており、**ウンマの単一性**を信じることはイスラームの教義の一部をなす。ウンマはしばしば「**イスラーム共同体**」と呼ばれるが、この場合の「共同体」は人間どうしの直接的な交流に支えられた面的な共同体を指すものではない。今日でいえば、世界で一三億人にものぼるムスリムが単一の世界的な共同体を形成しているという認識である。

***パレスチナ問題**　十九世紀末の欧州からのユダヤ人のパレスチナへの大量移住とその後の独立国家建設を発端とする、イスラエルとパレスチナ人とのあいだの紛争。前者による後者の占領・弾圧や暴力の連鎖、聖地エルサレムの争奪、パレスチナ難民の発生などの多くの問題を抱える。

***ネイション・ステイト・システム**　特定の領域内で、民族あるいは国民（ネイション）を主権の担い手とする国家（ステイト）から構成される国際体制。

一般のムスリムが日常生活においてどのくらいこのウンマを意識しているかには議論の余地があるだろう。しかし、日々のクルアーンの**朗誦**、一日五回のマッカに向っての**礼拝***、年一回の**聖地巡礼**などの信仰実践を通して、信徒たちはウンマの単一性と統一性を常に確認し、それが翻ってその実在性にリアリティを与え続けている。パレスチナやイラクでのムスリムの受難は、このウンマ意識に基づき、同胞の危機と捉えられる。その意味では、パレスチナ問題や**イラク戦争***は、ムスリムにとっていわばウンマの「内政問題」なのである。

しかしながら、イスラームが、人間集団の多様性をいっさい認めないかといえば、そうではない。クルアーンは「信徒はみな同胞である」(部屋章一〇節)と述べているが、同時に「われ(神)は汝らを、互いに知り合うようにと、諸民族と諸部族に分けた」(同一三節)との現実認識を示している。つまり、イスラームにおいて最も大事なのはウンマを形成するムスリムとしての同胞意識であるが、その他の人間集団、例えば民族や部族としての意識は、その下位にあることを条件に認められる。あるいは反対に、このようなクルアーンにおける差異の明示が、民族性や部族性を温存し、異なる人間集団に共有される普遍共同体としてのウンマの理念というものをより鮮明に浮かび上がらせてきたのだと言えるかもしれない。いずれにしても、イスラームは人間どうしの差異を包み込む普遍宗教としての機能を持つのである。

***礼拝**　四〇頁参照。

***イラク戦争**　二〇〇三年三月に、米英両国がイラクに対して侵攻した戦争。その目的は、当初は大量破壊兵器を保有すると米英が主張するサッダーム・フセイン政権の排除であったが、やがて圧政に苦しむイラク国民の解放、民主化へと移っていった。

多種多様な人間集団をまとめ上げてきたウンマも、政治的にみれば、初期イスラーム時代の短い期間をのぞいて、単一の政体によって統治されることはなかった。アラビア半島で始まったイスラームが、やがて東南アジアやアフリカへと伝播していくなかで、イスラーム国家の版図の拡大を超えていったためである。その結果、イスラーム世界内に複数の王朝が併存することになったが、イスラームの政治思想は、それをウンマ内の政治権力の分立と見なし、地理上の問題としてやむをえないものとの理論的な根拠を与えることになった。

では、単一の政体が存在しないとすれば、何によってウンマの政治的な単一性や統一性は確保されるのであろうか。その役割を担うのが**シャリーア**＊（イスラーム法）である。**イスラーム法**は、神の意思＝「啓典」（すなわちクルアーン）を究極的な典拠として、**法学者（ウラマー）**がさまざまな法学的方法論を駆使することで導き出される法規定である。初期イスラーム時代から中世にかけては、預言者の後継者＝**カリフ**が共同体の長として一定の政治力を発揮したが、徐々に実権を諸王朝の統治者に奪われていった。その後もカリフはウンマの公権力の象徴として機能したが、やがてそれも意味を失っていった。イスラーム法がウンマを包み込むように支えるものだとすれば、カリフはウンマの凝集性を担う中心的存在だと言えるだろう。

現代におけるイスラーム運動を見てみると、そのほとんどが強いウンマ意識をもっ

＊シャリーア　一二六頁参照。

ており、イスラーム法に基づいた政治や社会を築き上げることを目指していることがわかる。例えば、エジプトの**ムスリム同胞団***は、その綱領の序文にウンマの繁栄とクルアーンを憲法とした国家建設を謳っている。

一方、**イスラーム解放党***のような、ウンマを統治する単一の元首としてのカリフ制の再興を先決だとする勢力もある。革命によりイスラーム法に基づいた統治体制を築いたイランは、一九八〇年代に湾岸諸国を中心に「革命の輸出」を目指したが、それはイスラーム法の回復によるウンマの再統一という論理によるものであった。これらから浮き彫りにされるのは、現代世界においては各地でイスラーム法が停止されている、すなわちウンマが政治的に分裂しているというムスリムたちの現状認識である。

ここで問題となるのは、イスラーム法とネイション・ステイト・システムの齟齬である。複数の政体の併存状況という意味では、現代のネイション・ステイト・システムと中世におけるウンマ内での諸王朝の分立とのあいだに違いはない。しかし、前者がネイション（民族あるいは国民）＝ステイト（国家）の原則に基づいて領域主権国家として自己完結的な存在であるのに対して、後者はそれぞれの王朝がイスラーム法に依拠していることで、その上位の共同体＝ウンマの存在を前提としている。つまり政治権力が分立はしているものの、あくまでも法による一体性は保たれたのである。ところが、十九世紀以降イスラーム世界にもネイション・ステイト・システムが導入

＊**ムスリム同胞団**　二五一頁参照。
＊**イスラーム解放党**　二五六頁の注参照。

された結果、それぞれの国家が独自の**実定法***を制定するようになる一方で、伝統的なイスラーム法を停止していった。こうして、イスラーム法によるウンマの一体性が失われていったのである。

では、イスラームにおいて構想される**理想的な国家**とはどのようなものであろうか。イスラームの世界観では万物は創造主である神の所有物とされており、主権や国家も例外ではない。しかし、神に創造された人間は被造物のなかから必要なものを所有することを許されているため、実際にはウンマは神から主権を信託されて、地上でそれを行使するのだと説明される。ここで重要なのは、信託は主権自体の移譲を意味しない、ということである。そのため、ウンマは主権の行使において上位のガイドライン、すなわち主権者たる神の意思である「啓典」から派生するイスラーム法に従うことが義務となる（人間の主権行使権）。この神の主権と人間の主権行使権は、イスラームの政治理論の前提である。

しかし、ウンマが神から信託された主権を行使するのだとしても、実際に政治的な機能を果たすためには何らかの手段が必要であろう。イスラームにおいて、ここで初めて**国家**というものが登場する。機構としての国家はウンマの執行権を委任される機関となる。このように、イスラームの政治理論では、国家はイスラームの信仰を実現するための手段として捉えられる。

***実定法**　人間の意思と作為によって定められた法、または特定の社会のなかで実効的に行なわれている法。これに対してイスラーム法は、解釈の弾力性を持ちながらも、ムスリムにとっては時代や空間を超えるものとなる。

以上見てきたような国家に対する**法の優越**こそが、イスラーム国家と領域主権国家であるネイション・ステイトの最大の対立点であると言えよう。近代以降、イスラーム世界各地で西洋諸列強による植民地化や傀儡政権の樹立が行なわれ、独立後はネイション・ステイト群が創出されていった。そして、西洋的な実定法による自国の領土内での自己完結的な統治が拡大していく。そして両者のパワー・バランスが逆転する契機となった事件が、イスラーム帝国**オスマン朝の崩壊***であった。一九二二年にスルタン制が終焉、一九二四年には象徴的制度としてのカリフ制も廃止され、こうしてウンマは名実ともに分裂の時代に入ったのである。

一九七〇年代以降のイスラーム復興のなかで、ウンマの統一とイスラーム法の復活が強く希求され始めており、さまざまな理論的・実践的整備の挑戦が行なわれている。その最たる例が、**「イスラーム諸国会議機構」***（OIC）であろう。この宗教を土台とした世界で唯一の国際機構には、政教一元論的なイスラームの特徴が見て取れるが、かつての広大なイスラーム国家ではなく、領域主権国家の国際機構を築いていくという意味では、二十一世紀の現代に適応するべく構想されるウンマの新たなかたちであると言える。今日の世界的な宗教復興のうねりやネイション・ステイト・システムの揺らぎを考えれば、イスラーム政治の論理は時代錯誤なものなどではなく、既存の宗教と国家、広くは政治の関係について問い直しを迫るものとして注目すべきであろう。

***スルタン制**　国家の権力を現実に権力を握った者が、統治者としてイスラーム法を正しく指向することで、それぞれ個々がイスラーム的に承認・正当化される政治制度。国家の分立状態にあっても、イスラーム法によってウンマは統一性が保たれる。

***オスマン朝の崩壊**　第一次世界大戦に独墺側で参戦したオスマン朝は、一九一八年敗戦国となり連合国側によって解体された。今日のトルコ共和国がその法的な後継国家であるが、領土は大幅に縮小され、トルコ人によるネイション・ステイトとして創出された。

***イスラーム諸国会議機構**　一九六九年の第一回イスラーム首脳会議で設立が決定され、七一年に憲章と事務局が設けられた。イスラーム諸国間の連帯の強化、経済・文化協力の推進などを目的とする。二〇〇六年現在、世界五七カ国が加盟。

リバー（利子）の禁止

イスラーム経済の歴史的展開と現代

（長岡慎介）

イスラームにおける経済システムの特徴を考えたときに、真っ先に挙げられるのが「リバーの禁止」である。**リバー**はアラビア語の原義で、「増加する」「大きくなる」を意味し、経済活動における交換の場面で、不当に利得を得ることを表わす語としてイスラーム世界で用いられている。リバーそのものについては、クルアーンにも言及があり、リバーに抵触する経済活動は厳格に禁止されている。*ところが、クルアーンには、リバーについての具体的なガイドラインは述べられていない。そのため、何がリバーであるかについてハディースが参照されるが、イスラーム法学派ごとに異なる解釈が存在し、その定義も多様である。*例えば、売り手におまけを要求することを条件に買い手が商品を購入することもリバーに当てはまる場合がある。しかし、今日の議論では、リバーは利子に相当する意味で用いられるのが一般的となっている。

一般に、金融は経済の潤滑油であり、その根幹にかかわるものが**利子**である。景気対策のときに注目されるのは公定歩合であり*、債券を購入するときに借り手の返済

＊クルアーンにおけるリバー　リバーの禁止についての言及はいくつかあるが、代表的な章句として「利息を貪る者は、悪魔にとりつかれて倒れたものがするような起き方しかできないであろう。それはかれらが「商売は利息をとるようなものだ」と言うからである。しかしアッラーは、商売を許し、利息（高利）を禁じておられる」（雌牛章二七五節）、「あなたがた信仰する者よ、倍にしまたも倍にして、利子を貪ってはならない」（イムラーン家章一三〇節）、「禁じられていた利息（高利）をとり、不正に、人の財産を貪ったためである。われはかれらの中の不信心な者のために、痛ましい懲罰を準備している」（女性章一六一節）などがある。

＊ハディースにおけるリバー　スンナ派の法学派では、ハディースにもとづいて、次の二つの交換によってリバーの基本概念を定義することが一般的であ

可能性の指標となるのも利子率であるなど、利子が経済政策の操作変数となり、経済の状態を判定する重要な指標になっていることを考えれば、利子が経済システムにとって不可欠であると考えることは難しくない。そのため、リバーを禁止するイスラームは、経済に対して否定的であると考えられることも多い。しかし、イスラームの教えは経済に対してきわめて親和的である。実際、クルアーンには、経済活動に対する言及や、経済活動を比喩にとった章句が多く見られる。*

また、歴史的にみて前近代のイスラーム世界では、商業を中心とした活発な経済活動が行なわれていた。その礎となったのが、イスラーム法にもとづいて構築されてきた経済システムである。そこでは、リバーを内在させないきわめて特徴的な制度的枠組みがとられている。

前近代のイスラーム世界の経済活動において、資金提供者と資金需要者（商人、企業家）とを結びつける基本的な手段は、ムシャーラカ（シャリカ、シルカ）とムダーラバである。**ムシャーラカ**は、協業を意味し、資本や労働を出し合って経済活動を行なう契約である。そこでは、すべての出資者は、事業に参画する資格を持ち、利益はあらかじめ決められた比率で出資者の間で分配され、損失は出資額に応じて各出資者が引き受けることになっている。**ムダーラバ**は、一方の当事者が有望な資金需要者に資本を提供し、もう一方が実際の事業を行なう契約である。事業の利益は相互の合意

る。第一に、同時かつ等量交換に反する取引。第二に、同時交換に反する取引。前者から生じる不当利得を剰余のリバー（リバー・アル＝ファドゥル）とし、後者からの不当利得を期限のリバー（リバー・アン＝ナスィーア）と定義している。

***公定歩合**　中央銀行が市中金融機関に対して行なう貸出しに適用される利子率を指す。公定歩合の操作は、中央銀行による金融政策の変更を経済全体に対して周知させる効果を持っている。

***クルアーンと経済**　経済活動に対する直接的な言及がある代表的な章句として「信仰する者よ、あなたがたの財産を、不正にあなたがたの間で浪費してはならない。だがお互いの善意による、商売上の場合は別である」（女性章二九節）が挙げられる。経済活動を比喩にとった章句としては「本当にアッラーの啓典

によって分配されるが、損失が発生した場合は、資本提供者がすべての損失を引き受け、事業者は労働（努力）の報酬を得られないことが損失になる。イスラームでは、これらの契約を経済活動で用いることを推奨することによって、労働やリスク負担の対価としての利得を積極的に認める一方で、事業の成否に関係なく発生する利子を貸し手が労せずして取得する機会を排除している。このほかに無利子の消費貸借である**カルド・ハサン***も存在する。

　このような経済活動で得られた利益の一部は、**ザカート**として納めることが求められた。富と魂の浄化をもたらすザカートは、喜捨を意味し、一定の免除額以上の富を持っているすべてのムスリムに対して、イスラーム法によって決められた率の支払いが課せられるものであり、イスラームの**五行***の三番目に位置づけられる宗教的な義務行為である。徴収されたザカートは、クルアーンに明記された対象*へと分配される。その目的は、富裕層の富を貧者や困窮者などに再分配し、ムスリムの間での貧富の差を是正することにある。また、富裕層による富の死蔵を避け、貨幣の流動性を高め、経済を活性化させる役割も果たした。一方で、イスラームには自発的な喜捨であるサダカを行なうことも広く推奨されている。**サダカ**は、金品による施しに限らず、より広い意味での慈善行為全般を指す言葉でもある。前近代のイスラーム世界では、ザカートの徴収は主に国家が担っていて、それは国家の責務の一つであった。現代でも、

を読誦する者、礼拝の務めを守り、われが授けたものから密に、またあらわに施す者は、失敗のない商売を願っているようなもの」（創造者章二九節）、「あなたがた信仰する者よ、われは痛苦の懲罰から救われる一つの取引を、あなたがたに示そう。それはあなたがたがアッラーとその使徒を信じ、あなたがたの財産と生命をもってアッラーの道に奮闘努力することである」（戦列章一〇、一一節）などがある。

＊カルド　消費貸借のこと。イスラームにおいて認められているのは、無利子の消費貸借（カルド・ハサン）に限定され、そこでは、貸し手に何らかの利得が生じるような取決めを行なうことは許されない。

＊五行　三八頁以降参照。

＊ザカートの受給対象　クルアーンでは、ザカートの受給対象

ムスリムの多く居住する地域では、ザカートの徴収機関が見られる。

十九世紀以降のヨーロッパによるイスラーム世界への進出によって、イスラーム世界における特徴的な制度の多くは、近代的な制度に置き換えられた。経済面でも、ヨーロッパで発達した近代的な金融制度をはじめとする利子に依拠した経済制度が次々に導入された。しかし、二十世紀の半ば以降、金融の領域においてイスラーム経済システムを再構築しようという動きが顕在化した。それは、一九五〇年代のマレーシアやパキスタンにおける小規模な試みを経て、一九七〇年代以降、**イスラーム金融機関**という形をとって急速に台頭してきた。その展開は、一九七五年のドバイ・イスラーム銀行（アラブ首長国連邦）、一九七七年のエジプト・ファイサル・イスラーム銀行、クウェート・ファイナンス・ハウス、一九七八年のヨルダン・イスラーム銀行、一九七九年のバハレーン・イスラーム銀行、一九八三年のマレーシア・イスラーム銀行など枚挙にいとまがない。このような相次ぐイスラーム金融機関の設立には、政治経済的な観点からすると二つの要因が大きく働いた。一つは、この時期から活発になってきた**イスラーム復興運動**であり、イスラーム金融機関における実践の理論的な枠組みを提供した。もう一つは、第四次**中東戦争***に伴うオイルショックによって、産油国を中心とした中東地域に巨額の**オイルマネー***が流入したことである。

現在、イスラーム金融を標榜する金融機関は、ロンドンにあるイスラーム銀行・保

は、貧者、困窮者、ザカートの管理者、イスラームへの改宗者、奴隷解放のための資金、アッラーの道のために率先して努力する者、旅行者に限られるとしている。

***中東戦争**　四度にわたるアラブとイスラエルの間での戦争の総称。特に、一九七三年に勃発した第四次中東戦争では、アラブ産油国が対立する消費国に対して原油供給を制限したため、世界的な原油価格の高騰を招き、第一次オイルショックの引き金となった。

***オイルマネー**　オイルショックによって産油国にもたらされた莫大な富を指す。オイルマネーは、産油国のインフラ整備を促進し、生活水準の向上に寄与した一方で、欧米の金融市場にも流入し、今日に続くマネーゲームの端緒を切り開いたともされる。

険研究所の調べでは、世界に約三〇〇行あり、国・地域も約五〇ヶ国にのぼる。イスラーム金融機関は、中東や東南アジアといったムスリムが多く居住している地域に限らず、ヨーロッパやアメリカなど世界各地に広く展開している。また、銀行だけでなく、投資ファンドや保険会社など業態も多様化している。さらに、欧米の金融機関のなかには、イスラーム金融を扱う部門を開設しているところもある。イスラーム金融機関の資産総額は約三六〇〇億米ドルであり、この数字は世界の金融機関の資産総額のわずか〇・八パーセントに過ぎないが、利益率では、他の金融機関と同程度、あるいはそれ以上の数字を実現しているところも少なくない。

イスラーム金融機関の特徴は次の二点である。一つは、近代的な金融制度の枠組みのなかで実践されているという点である。もう一つは、金融システムのあらゆる部分が、前近代のイスラーム世界におけるさまざまな制度の再構築によって成り立っているという点である。例えば、イスラーム金融機関における**ムダーラバ**は、金融機関が複数の預金者から集めた資金を用いて、事業者に融資を行なう点で近代的な金融制度における投資信託に近似しているが、この方法の原理は先に述べた前近代のムダーラバにまさに依拠している。

このようなイスラーム金融機関の試みは、イスラームの理念を現代世界でどのように実践させていくのかという点から非常に興味深い現象である。特に、ムスリムにとっての注目度は非常に高い。例えば、これまで利子がつくという信仰上の理由で預金を控えていたムスリムが、イスラーム金融機関の設立によって預金を始めたという報告もある。一方、イスラーム金融機関にとっても、信心深いムスリムのタンス預金を引き出すことに成功したという自負がある。さらに、信仰上の理由だけでなく資産選択という経済的な理由からイスラーム金融機関を利用している人々も多い。イスラーム金融機関は、金儲けはしたいけれど、できることならイスラーム的に（イスラームの教えに反することなく）儲けたいという思いを持っていたムスリムにとって、それを実現させる場であったのだ。

利子に依拠した経済システムと比べて、**リバー（利子）の禁止**にもとづいて構築された経済システムが、相対的にどのような経済的な望ましさを実現するかについては、いまだよくわかっていないことが多い。特に、近代的な経済システムにどっぷりと浸かっているわれわれにとって利子のない経済など想像もつかないはずである。しかし、イスラームには、リバー（利子）の禁止というわれわれにとっては逆説的にも思える経済原理が内在し、まさにそれによって別のかたちでの経済発展を実現するための装置が備わっていると考えられないだろうか。前近代のイスラーム世界における経済的な繁栄と、現代におけるイスラーム金融機関による新たな挑戦と一定の成功はそのことを端的に示している。

イスラーム法廷

裁判をめぐる人間模様

（磯貝健一）

イスラーム法*が有効な社会では、ひとたび争いごとが生じ、個人間の話合いで解決できない場合、その案件はイスラーム法廷にもちこまれた。本項では、とくに前近代中央アジアのイスラーム法廷で作成された各種文書史料にもとづいて、イスラーム世界における伝統的な法廷の姿をできるかぎり具体的に描写してみたい*。

そもそも、空間としてのイスラーム法廷とはどのような場所であったのだろうか。現在の日本に暮らすわれわれにとって、「法廷」のイメージには非日常性であるとか隔絶性といった要素がつきまとっている。ところが、伝統的なイスラーム法廷の姿は、こうしたイメージからは相当にかけ離れたものである。たとえば二十世紀初頭の中央アジアでは、裁判官の自宅の一室が法廷にあてられるケースが多く、場合によっては、バザール（市場）の一角に即席の法廷がしつらえられることさえあったという。このことは、イスラーム法廷が当時の市井の人々にとってきわめて身近な存在であったことを示唆している。

***イスラーム法**　一五三頁など参照。

*中央アジア地域ではハナフィー派法学が支配的な地位を占めていた。よって、本項中にあらわれるイスラーム法関連の記述は、いずれもハナフィー派の学説に基づいてなされている。

ところで、当時のイスラーム法廷が取り扱ったのは、なにも裁判沙汰にかぎられていたわけではない。イスラーム法廷の**業務内容**は、①各種証書の作成と、②裁判遂行の二つに大別されていた。前者は売買や賃貸借など、日常生活のなかで締結されるさまざまな契約の内容を文書の形で記録し、当事者の権利を保証しようとする業務である。また、後者の裁判遂行業務は、複数の個人間で権利が衝突した場合にこれを調停しようとするものである。要するに、イスラーム法廷の主要な役割は個人の権利の確立にあったのである。

個人の権利といっても、イスラーム法廷が守備範囲としていたのは基本的に私権にかかわる案件であり、これ以外の分野に属する案件は行政官の裁判所が取り扱うことになっていた。これを具体的にいうならば、ある財産をめぐる個人間のトラブルであるとか、結婚・離婚・相続など家族にかかわる法律上の問題はイスラーム法廷がカバーするところであったが、一方で犯罪者に相応の**刑罰**を課すなどといった行為はイスラーム法廷の守備範囲外であり、行政の担当するところであった。だから、ここで取り扱う「紛争」というのも上述の分野に含まれるそれであることをあらかじめ断っておかねばならない。

さて、イスラーム法廷で取り扱われた種々さまざまな案件のうちもっとも一般的かつ重要だったのは、個人の所有権をめぐる案件であった。これは、イスラーム法が私的所有権を手厚く保護する法体系であることに対応する事実といえるだろう。私的所有の対象とされた物件は動産と不動産に大別されるが、当事者がわざわざ法廷までやってきてその**所有権**を確定させようとする場合、その対象は不動産であるケースがほとんどであり、種別としては農地と店舗がそのうちの大半を占めていた。ちなみに、イスラーム法が想定するもっとも一般的な所有権発生の契機は売買、贈与、相続である。いったん確立した所有権は、イスラーム法が定める地租――「**ハラージュ**」という――の定期的な納入により、法的に保護された。* つまり、所有者による租税の納入という行為は、彼の持つ所有権の正当性を保証するものでもあったのだ。

　イスラーム法廷の裁判は現在の我が国の裁判とは多くの点で異なっているが、ここでは最も重要な相違点を四つ指摘しておこう。（一）まず、イスラーム法により運営される裁判には民事・刑事の区別がなく、あらゆる裁判は当事者双方が原告ないし被告となる、われわれのいう「民事裁判」の形式をとる。*（二）**挙証責任***は常に原告が負う。（三）**証拠**として採用されるのは、原則として成人ムスリム男性二名（ないしは男性一名と女性二名）の口頭証言のみである。（四）原則として、裁判官は提出された**証拠（＝証言）の吟味を行なわない**。

　以上の点を踏まえたうえで、図（一六七頁参照）に従いイスラーム法廷の裁判の流れを見ていこう。裁判は、原告が裁判官に訴状を提出することから始まる。このとき、

*ただし、このことは前近代のイスラーム社会における税目がハラージュのみであったことを意味するものではない。

*われわれのいう「刑事裁判」の場合、原告は検察官、被告は被疑者となる。

***挙証責任**　ある事実が存在する、ということを当事者の一方が証明できなかった場合に、当人が負う責任。挙証責任を負う側とは、要するに、裁判の過程で証拠の提出を要請される側である。

　我が国の民事裁判では、挙証責任はことがらの性質により原告にも被告にも負わされうる。

訴状の内容に法的な不備がなければ、被告側に法廷への出頭義務が生じる。法廷に裁判官、原告、被告の三者が集まると、本格的な審理が開始される。

審理の冒頭においては原告があらためて訴状に記載された主張を口頭で繰り返し、その後、被告側に原告の主張に対する返答の義務が生じる。このとき被告に認められている返答の形式は、⑴承認陳述、⑵否認陳述、⑶反訴、の三種のみである。

まず、⑴の**承認陳述**とは、被告側が原告の主張をそのまま承認すること、つまり、原告の主張に対し「はい、その通りです」と返答することである。この場合、被告が原告の言い分を認めてしまっているわけなので、裁判はただちに終了し、原告の勝訴が確定する。

つぎに、⑵の**否認陳述**であるが、これは被告側が原告の主張を否認すること、つまり、原告の主張に対し「いいえ、それは違います」と返答することである。このとき、原告にははじめて**挙証責任**が生じ、証拠の提出、具体的には原告の主張内容を証明する証人の召喚が要請される。その際、原告が証拠を提出できた場合には裁判は終了し、原告の勝訴が確定する。一方、原告が証拠を提出できなかった場合——じつは、当時の裁判では原告が証拠を提出できないケースが極めて多かった——、裁判は一転して被告側に有利に展開することになる。

ただし、ここまできても原告が勝つ可能性は残されている。原告は、否認陳述の内

裁判の流れ

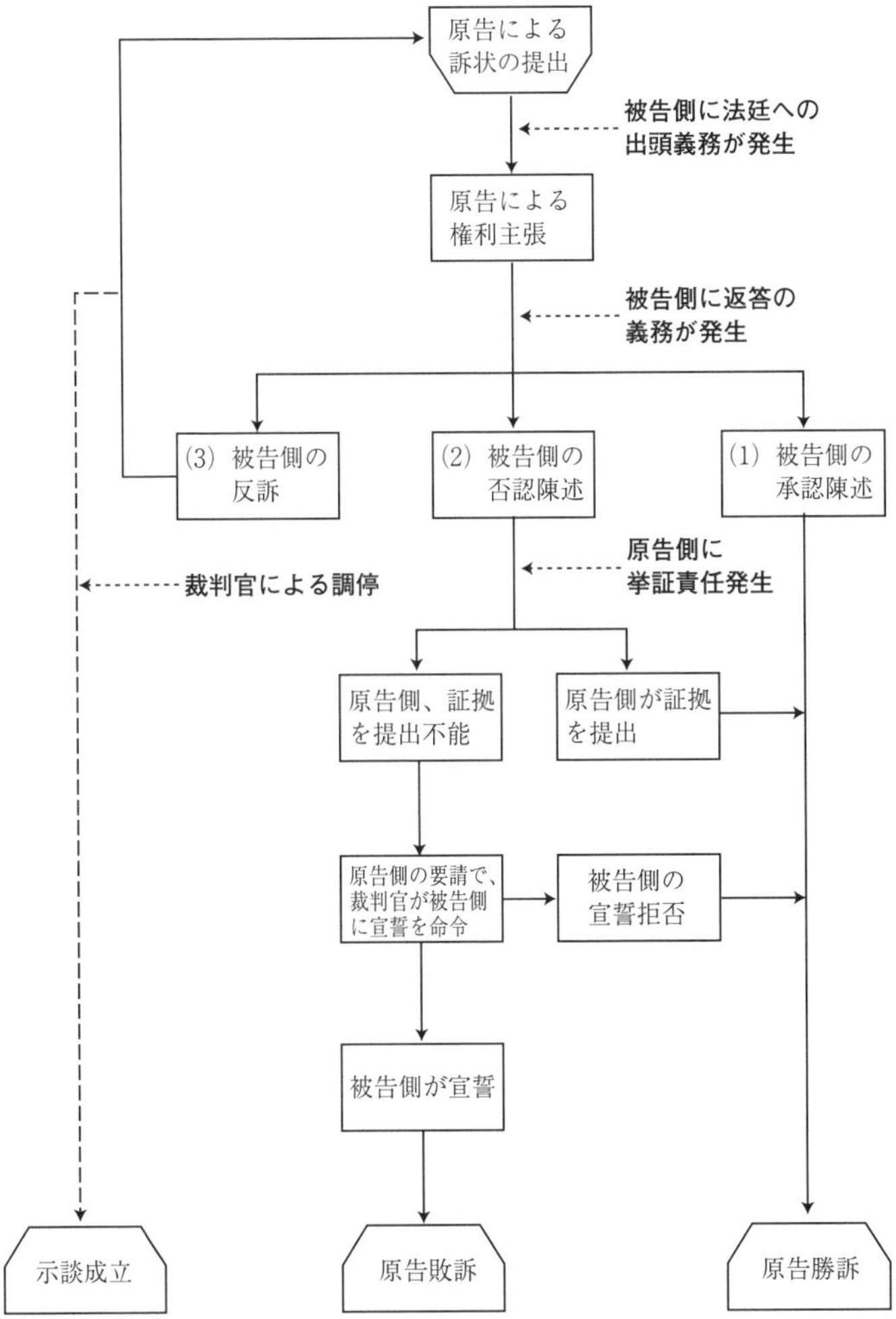

原告による訴状の提出
被告側に法廷への出頭義務が発生
原告による権利主張
被告側に返答の義務が発生
(3) 被告側の反訴
(2) 被告側の否認陳述
(1) 被告側の承認陳述
原告側に挙証責任発生
裁判官による調停
原告側、証拠を提出不能
原告側が証拠を提出
原告側の要請で、裁判官が被告側に宣誓を命令
被告側の宣誓拒否
被告側が宣誓
示談成立
原告敗訴
原告勝訴

容に嘘偽りがない旨きちんと宣誓するよう、被告側に要請することができるのである。ここで被告が宣誓を拒否すれば、原告は勝訴する。しかしながら、被告が原告の要請にしたがって宣誓を行なってしまえば、裁判は被告の勝利という結果でもって終了する。

最後に、(3)の**反訴**であるが、これは被告が原告の主張とは相反する主張をもって、原告を訴え返すことである。Aという人物が自分の貸した金の返済を要求してBという人物を訴えたとしよう。この場合、たとえばBが「Aはこの借金を帳消しにすると私に約束したのに、いまこうして私に訴訟を起こしている。だから、この訴訟は無効である」と主張してAを訴え返せばこれは反訴とみなされる。反訴が成立すると原告と被告の立場は入れ替わり、もともとの原告であったAは被告に、被告であったBは原告となる。そのうえで、裁判はまた最初の訴状作成の段階から再開される。当然のことながら、再開された審理においては挙証責任の所在もAからBへと移動している。

このようにいったん反訴が成立すると原告と被告が入れ替わって新規の裁判が開始されることになるが、じつはその裁判においても新たな被告（＝元の原告）は、新たな原告（＝元の被告）の主張に反訴で応じることができる。かくして、法廷に自分たちの係争を持ち込んだ当事者たちは、時に延々と反訴の応酬を繰り広げることになる。ここで裁判官は、反訴の応酬に収拾をつけるために**示談**の成立を目指す。裁判官が示談を成立させる過程については不明な点が多いが、示談そのものは、被告が一定の代償を支払うことにより原告が訴えを取り下げるという形式をとる。

既に述べたように、裁判官は法廷に提出された証拠（＝証人）の吟味を行なわない。また、原告・被告いずれの主張が法律上より正当なものであるかについての考察も基本的に行なわない。裁判官は上記のような流れに従って原告・被告の双方に発言させ、いずれか一方が手詰まりになったならば——証拠を提出できない、宣誓を拒否する等々——その時点で一方を勝利させ、両者が手詰まりになった場合には示談を成立させて裁判を終結させるのである。ここにイスラーム法廷の**裁判官**がゲームにおけるレフェリーにたとえられる理由がある。イスラーム法廷の裁判とは当事者同士の主張をぶつけあうゲームなのであり、極論するならば、そこには**「真実」の究明などという目的は存在しない**。イスラーム法廷における裁判の目的とは、イスラーム法の権威の下にレフェリーたる裁判官が「判決」を提出することでゲームの勝者と敗者を決定し、当事者同士を納得させ、これをもって両者の紛争を終結させることにあるといえる。

最後に、当時の法廷における**女性**について一言触れておこう。当時の法廷においては各種契約および裁判の当事者として女性が登場することはけっしてめずらしいことではなかった。たしかに、イスラーム法は現代的な視点からみれば女性にたいして差別的な規定*を含む法体系である。けれども、イスラーム法は各種権利を行使する主体から女性を排除しているわけではない。女性は男性とまったく変わることなく法廷において各種の契約を締結し、自己の権利が他者のそれと衝突した場合には訴訟を提起できたのである。

こうした女性の活動を後押ししたものとして、イスラーム法の**代理人制度**をあげることができる。これは各種契約の締結であるとか裁判への参加に際し当事者が代理人を指定して、後者に問題の案件を処理させる制度である。イスラーム法廷は個人の権利を確定する場であったが、自分の権利を守るためには法律的知識があった方が当然有利となる。ここに、法律を知るプロの代理人が活躍する素地があったわけである。代理人を利用したのは女性にかぎらないが、とくに女性が契約や裁判の当事者となったケースでは、ほとんどの場合、代理人が問題の案件を処理していた。

かくして、イスラーム法廷は老若男女を問わずさまざまな人々が集い、自己の権利を主張する場として機能していたのである。

***差別的規定**　たとえば、相続における娘の取り分は原則として息子の半分である。また、女性は法廷において証人となりうるが、その証言の効力は男性の半分とされる。

スルタンとカリフ

華麗なるオスマン帝国を支えた統治の柱

（江川ひかり）

オスマン帝国はしばしば「最後のイスラーム帝国」と呼ばれる。ただし、この表現を耳にするとき、「そうとも言えるし、そうとも言えない」わだかまりが残ることもある。事実である。それは「イスラーム帝国」というくくりによって、強調されることと、もれおちてしまうことへの危惧なのである。狭義のイスラーム国家とは、ムスリムである支配者が**シャリーア***にもとづいて統治する体制と考えられるが、より広い視点から「カリフあるいはスルタンの支配権を承認するムスリムとそれに服するズィンミー*の集合体」であるという定義が、イスラーム国家の本質をもっともよく表わしているのではないかと、佐藤次高は提起している。*この定義ならば、オスマン帝国もイスラーム国家としておさまりが悪くない。

本項では、日本でいえば、鎌倉時代末期から大正時代まで続いた**オスマン帝国**の豪華絢爛たるさまざまな表情を観察してみることにしたい。

一五一七年にセリム一世（一五一二―二〇）がエジプトを征服し、マムルーク朝を

***シャリーア**　一二六頁参照

***ズィンミー**　庇護民。イスラーム法で、ムスリムの支配下に一定の条件つきで保護を与えられた非ムスリムをさす。

*佐藤次高『イスラームの国家と王権』岩波書店、二〇〇四年、九頁。

滅ぼして、その庇護下にあったアッバース朝カリフ、ムタワッキルをイスタンブルに連行した。通説ではこのエジプト征服時にセリム一世はアッバース家からカリフ位を譲渡され、これをもって**スルタン・カリフ制**の成立と言われてきたが、そのような歴史的事実は確認されていない。今日ではスルタン・カリフ制は、一七七四年のキュチュク・カイナルジャ条約*締結以降、列強に対してオスマン帝国およびスルタンの威信を示すために主張され始めた新たな解釈であると考えられている。とくに十九世紀後半にアブデュルハミト二世（一八七六―一九〇九）が、インドのムスリムに対してカリフとしての権威をかかげることを警戒した英国が、トルコ人がカリフであることは不自然で、かつカリフはクライシュ族の血を引くアラブ人であるべきだと宣伝し始めたという。このような英国の宣伝に対抗して、アブデュルハミト二世は、オスマン帝国がイスラーム的伝統を正しく継承している国であることを世界に知らしめる必要があった。すなわち英国をはじめとする列強の帝国主義支配に対抗するために、スルタン・カリフ制を創出せざるをえなかったのである。しかし結果的に、スルタン制とカリフ制とはそれぞれ切り離されて廃止された。まず一九二二年に**スルタン制が廃止**され、ここに六〇〇年以上続いたオスマン帝国は滅亡し、翌年、**トルコ共和国**が成立した。さらに一九二四年三月、トルコ大国民議会において**カリフ制が廃止**されたのである。*

***キュチュク・カイナルジャ条約**　ロシアとオスマン帝国の間で結ばれた条約。露土戦争（一七六八―七四）をオスマン帝国の敗北で終結させた。いわゆる「東方問題」の起源ともいわれる。

*オスマン帝国の滅亡をめぐっては、スルタン制廃止時点であると主張する者もいれば、カリフ制廃止までとする意見もある。とくにカリフ制の廃止は、現代のイスラーム運動にとっても大きくかかわる問題である。

そもそも**「カリフ」**とは、ムハンマドの後継者または代理人を意味するアラビア語「ハリーファ」の西欧語的よみかたである。**スンナ派**では伝統的には初期イスラームに起源をもつカリフ制をイスラーム国家のあるべき姿と考える傾向が強く、ムスリムの成人男子、クライシュ族出身、公正、正気であることなどがカリフの資格条件とされた。カリフ制はムハンマドの死後六世紀にわたって継続したのであった。

オスマン帝国の君主にあたる人物は**「スルタン」**と呼ばれる。スルタンの称号は、十一世紀以降スンナ派の政治権力者に与えられた称号で、例えばセルジューク朝、ルーム・セルジューク朝、ホラズムシャー朝、マムルーク朝などにおいても君主はスルタンの称号を用いてきた。ただしスルタンの称号は、イスラーム世界における預言者の後継者であるカリフから授与される形をとり、とくにマムルーク朝時代にこの形式が定まったという。すなわち、スルタンとカリフとの間には、イスラーム世界の精神的首長であるカリフが、一定地方における政治をスルタンに委ねるという聖と俗との間の力関係が見てとれる。

オスマン帝国のスルタンに関しては、公文書において例えば、ベイ、ハーン、ハーカーン、ガーズィー、パーディシャーなど多くの呼称が用いられているが、最初にスルタンを名のったのは、一般には第二代オルハンからであるといわれている。一三三〇年代の前半にアナトリアを旅行したイブン・バットゥータ*は「ブルサーのスルタ

オスマン帝国の最大支配領域

***イブン・バットゥータ**　一二四頁参照。

ン」と呼ばれる第二代スルタン、オルハン・ベグにも謁見している。正式なスルタン位は、一三九六年のニコポリスの戦い後、バヤズィト一世がカイロにいたアッバース朝カリフの末裔から「ルームのスルタン」位を授与されたことに始まるともいわれ、基本的にはそれ以後、スルタン位はオスマン王家によって継承されていった。

さて六〇〇年以上続いたオスマン帝国においてスルタンといえば、やはり第一〇代**スレイマン一世**（在一五二〇―六六）であろう。コンスタンティノープルを征服した第七代スルタン、征服者《ファーティヒ》メフメト二世（在一四四四―四六、一四五一―八一）が、首都の再建者として世界帝国の復興を目指したあとを受け、さらに帝国の礎となる政治・法*制度を確立したのがスレイマン一世である。ヨーロッパでは「壮麗王」と呼ばれた彼は、オスマン史ではもっぱら「立法者《カーヌーニー》」と呼ばれている。彼は対外的には、ウィーンまで攻め入り、ハンガリーを直接支配下におき、アルジェリアにいたる地中海の制海権を握ることによって、オスマン帝国を、国際情勢を揺り動かす世界の先進国にまで導いたのである。スレイマン一世の時代はその後、帝国の模範的古きよき理想の時代として回顧されることとなった。それは、たんなる対外戦争の勝利による領土拡張の功績というよりはむしろ国内の公正なる政治と秩序、具体的には常備軍と官僚制の適切な機能、**ティマール制***の施行、さらに農民に対して公正な行動をとるように騎士《スィパーヒー》が行政法《カーヌーン》によって統制されたことなどへの敬意や称賛ゆえであった。

***法**　この場合の法とは、イスラーム法（シャリーア）が覆いきれない、政治・行政上の世俗法を意味する。オスマン帝国では、イスラーム法（シャリーア）の正当性のもとに、多くの慣習が行政法（カーヌーン）として成文化・法典化されたことに特徴がある。

***ティマール制**　一八七頁参照。

スレイマン一世を「立法者《カーヌーニー》」と呼ばしめた影の主役は、実は時のイスラーム長官《シェイヒュルイスラーム》**エブッスード・エフェンディ**（在一五四五―七四）であったといっても過言ではない。彼は次項でも紹介するように、コーヒーの飲用、現金の**ワクフ化***に至るまでさまざまな問題への法的裁定を下し、チューリップ（後述）の品種改良にまで余念がなかったといわれている。とくに彼がティマール制の根幹ともいえる**国家的土地所有原則**を理論化したことはオスマン帝国土地法史において極めて重要な意味をもつ。

従来、イスラーム世界においては、九世紀ころまでにシャリーアの体系化がなされ、戦利品《ファイ》とされた土地は戦士ではなく、イスラーム共同体に帰属するものと規定され、そのために耕作者は誰であれ、地代としての**土地税《ハラージュ》***を国家に納めるという、国家的土地所有理論が整えられたと考えられてきた。しかし、一九九九年以降、佐藤次高および愛宕あもりによって、サワード（イラク中南部）で土地税《ハラージュ》を課せられている土地は戦利品《ファイ》であるといっても、その土地の所有権がカリフあるいは国家に帰属するとは法的には認められていなかったとする見解が提起された。*

筆者がオスマン土地法を勉強するなかでかねがね疑問に思ってきたことが、この新たな問題提起によって解消された。なぜならば、オスマン帝国において国家的土地所有原則を体系化したエブッスード・エフェンディによれば、オスマン帝国における土地は私有地と国有地からなり、**ウシュル地***（ヒジャーズおよびバスラ）と**ハラージュ**

***ワクフ化**　一四七頁参照。

***ハラージュ**　イスラーム法（シャリーア）に定められた地租。一六五頁参照。

*佐藤次高「イスラーム国家論」（『岩波講座世界歴史10　イスラーム世界の発展』岩波書店、一九九九年）一八―一九頁、佐藤次高『イスラームの国家と王権』岩波書店、二〇〇四年、三九―四二頁、愛宕あもり「ハラージュ地の土地所有権について」（『関西アラブ・イスラム研究』二〇〇三年、第三号）三三―四一頁。

***ウシュル地**　基本的には収穫物の一〇分の一（ウシュル）が現物で徴収されたアラブ・ムスリムの土地。

地＊（イラクのサワード）とは私有地であると規定しているからである。エブッスード・エフェンディの理論化において重要な点は、オスマン軍が新たに征服した地域の土地は、都市の宅地、店舗、果樹園などは私有地としてもともとの所有者の所有とみなし、耕作地に限ってはもともとの所有者は納税義務を負うことによって保有者となり、その所有権《ラカベ》が国家に帰属するという解釈を明文化したことである。すなわちエブッスード・エフェンディは、もともとの土地が非ムスリムの土地かムスリムの土地かにかかわらず、征服した地域にティマール制が施行される場合には、都市の宅地などは私有地のままに、耕作地は国有地としてその所有権が国家に帰属することを定めたのである。

エブッスード・エフェンディによってその基礎が理論化された国家的土地所有原則は、以後さまざまな解釈が加えられながらも継承され、一八五八年発布された**オスマン土地法**においても再確認される。この土地法において、オスマン帝国における土地の範疇は、私有地、ワクフ地、国有地、村落共同利用地、荒蕪地の五つに類別され、ウシュル地およびハラージュ地は私有地の範疇に含まれることが明記されている。すなわちオスマン帝国において「国家的土地所有原則」という場合には、基本的にはティマール制が適用された地域の耕作地を中心とする国有地を対象としているのであって、オスマン帝国においても「すべての土地」が国家の土地であるという規定は、帝

＊ハラージュ地　貨幣または現物、あるいは両者併用で地租（ハラージュ）が徴収されたアラブ・ムスリム以外の征服地。ただし、アッバース朝時代半ば以降、ウシュル地とハラージュ地との区別は次第に消えていった。

＊ワクフ地　一定の条件に従ってワクフとして設定された土地。一四七頁参照。

国の初めから終わりまで存在しなかったのである。

前述したような法整備を推進し、理想の時代を築いたスレイマン一世を最後に、スルタン自らが兵を率いて戦い、政治の表舞台にたつ時代は終わり、その後は宮廷出身軍人や官僚、ウラマーなどが政治の実権を握ることとなる。アフメト一世の后妃でムラト四世およびスルタン・イブラヒムの母后として後宮から影響力を行使した**キョセム・スルタン***の殺害事件（一六五一年）は、宮廷にこもったスルタンを操るために、軍人政治家やイエニチェリ司令官などが宮廷内の勢力争いを利用した結果であった。このようにして十六世紀末にははやくも栄光の時代はかげりを見せ始め、宮廷においても国際関係においても不安な時代に突入していった。この結末が一六九九年のカルロヴィッツ条約*となって可視化され、以後、オスマン帝国は領土縮小の一途をたどっていく。とはいえ領土縮小の一方で、十八世紀初めの**チューリップ時代**、十九世紀の文芸・演劇文化の隆盛など、文化的にはオスマン帝国は常に新しいものを吸収しながら華麗なる進化を続けていくのである。

ところで「チューリップ時代」というかわいらしい名に「オヤ?」と思われる人も多いだろう。「チューリップ時代」とは、スルタン、アフメト三世の治世の一七一八年から三〇年を、後世の歴史家が呼んだ時代名である。そもそもチューリップの原産地は西アジア・中央アジアであるといわれており、野生種は、一般にわれわれが想像

***キョセム・スルタン**　その素性は判然としないが、正教聖職者の娘でボスニア方面から連れてこられたという説もある。その美しさからアフメト一世の目にとまり寵愛を受け、一六一二年に後のムラト四世を産んだ。

***カルロヴィッツ条約**　オスマン帝国とハプスブルク家オーストリア、ポーランド、ヴェネティアと結んだ条約。これによって一六八三年以来継続していた東欧地域をめぐる戦争が終結し、オーストリアがハンガリー中央部を領有。以後二〇〇年以上続くバルカン地域におけるオスマン帝国の領土縮小の契機となった。

するチューリップより、花弁がずっと細長かった。メフメト二世をはじめ多くのスルタンや王族はチューリップを好み、スルタンの衣裳の柄にも織り込まれ、モスクを飾るタイルにもチューリップは盛んに描かれた。十六・十七世紀のイスタンブルでは、実に二千種ものチューリップが栽培されていたともいわれている。とくにトルコ語のチューリップを意味する「ラーレ」(lale)という言葉をアラビア文字で書くと、唯一神アッラーと同じ文字を使用しているために、チューリップはことさら神聖な意味をもつとみなされていたともいわれている。

このチューリップがいつヨーロッパへ伝わったのかについては諸説あるが、十六世紀中葉に中東地域を旅したフランス人が球根を持ち帰ったのが最初だという説がある。その後十七世紀のヨーロッパで熱狂的に好まれたチューリップは、ヨーロッパ経済をゆるがす投機の対象となった。とりわけ一六三〇年代のオランダでは、球根一個の値段で家一軒が買えるほどであったという。したがって十八世紀前半にイスタンブルで詩や絵画にチューリップがさかんに描かれたのは、実は「リバイバル」だったといえる。領土喪失によって意気消沈した王族や高官は、チューリップを愛で、憂鬱な気分を吹き飛ばしたのであった。

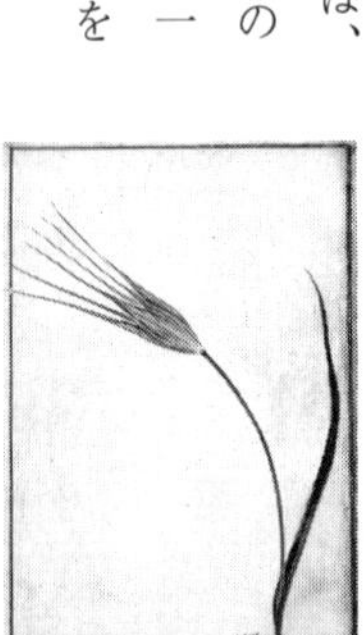

チューリップの花の絵
(*Turhan Baytop, İstanbul Lalesi*, Ankara, 1992)

ウラマー

法治国家と都市文化を支えた知識人たち

（松尾有里子）

イスタンブルのシンボル、新市街にあるガラタ塔を登って対岸の旧市街をのぞむと、丸屋根をいただく**マドラサ***や鉛筆型尖塔をそなえたモスクが町のあちらこちらに点在しているのを見ることができる。これら今なおオスマン時代の息吹きを伝える建造物は、ここがかつてイスラーム文化の中心地として、多くの学生や**ウラマー***たちを集め、活況を呈していたことをうかがわせる。実際、十七世紀のイスタンブルには、九五ものマドラサが建てられ、帝国各地からやってきた多くの学生たちが宿坊に起居しながら勉学に励んでいたという。

オスマン帝国が強力な軍隊と組織化された官僚機構に支えられた、高度に集権化された国家体制を有していたことはよく知られている。東地中海一帯と黒海沿岸、さらには東欧の奥深くまでをも支配下においたオスマン帝国が、その広大な版図を数百年にわたって維持することができたのは、まさにこうした統治機構が有効に機能していたからにほかならない。

***マドラサ**　ウラマーを養成するためのイスラーム高等学院をいう。法学を中心に、神学、クルアーン解釈学などが教えられた。

***ウラマー**　宗教的知識（イルム）を修めた学識者を指し、具体的にはマドラサ教授、裁判官（カーディー）、イマーム（礼拝の導師）などイスラーム社会をささえる重要な存在であった。

とはいえ、イスラームを統治理念としたオスマン朝の支配体制を考えるとき、イスラーム法に通じたウラマーたちの果たした役割を忘れてはならない。彼らこそが帝国の支配に正統性をあたえ、秩序維持に大きく貢献していたからである。ここでは、彼らウラマーがどのように養成され、オスマン朝の統治機構の一翼を担っていたのかを簡単に紹介してみたい。

オスマン帝国期のウラマーのもっとも大きな特徴は、**「イルミエ」**＊と呼ばれるウラマーたちの専門的職業ヒエラルヒーが存在し（次頁表）、ほぼオスマン全土の司法と文教に関わるさまざまな官職が首都の**シェイヒュルイスラーム**（後述）を頂点に序列化されていたことである。このヒエラルヒーには、所定のマドラサで段階的に高度な学問を修得し、官職候補生の資格**（ミュラーゼメト）**を得たもののみが参入を許されたから、いわば当時のウラマーのエリートたちから構成された官僚制度といえる。

帝国各地にあったマドラサは、学問の難易度に則して五段階にグループ分けがなされていた。なかでも、ウラマーとして職を得るための候補となるには、イスタンブルの上級マドラサを修了しなければならず、地方の野心ある学生たちはこぞって首都を目指した。当時の『任官候補生登録簿』によれば、候補生たちの出身地はさまざまで、当時ハプスブルグ家と軍事的対立が続いていたハンガリー国境地帯からクレタ島をはじめとする地中海離島部、パレスチナ、カイロのアラブ地域まで、かなり広範囲にわ

＊**イルミエ**　イルム（知）を備えたウラマーから成る組織ゆえにこの名で呼ばれた。マドラサ教授職とカーディー職から構成される専門的職業ヒエラルヒーであり、その序列の筆頭にはシェイヒュルイスラーム職がおかれていた。

たっていた。彼らはマドラサでの学業を終えたのち任官候補生（**ミュラーズィム**）*としてさらに約三年修業した後、その大半が初等学問を講じるマドラサ教授として故郷に帰っていった。彼らはイスラーム学者としてのみならず、オスマン知識人としても

イルミエにおける官職のヒエラルヒー

（最高位）シェイヒュルイスラーム（イスラームの長老）
カザスケル職
イスタンブル・カーディー職
エディルネ、ブルサ・カーディー職
その他の大都市のカーディー職（マッカ、マディーナ、カイロ、バグダード、ダマスクス、プロヴディフ、ボスニアなど）

↑（カーディー職へ転出）

（メドレセの教育段階と教授職の序列）
（最高位・最高教育機関）スレイマン一世のマドラサ
メフメト二世のマドラサ＝第一位のマドラサ群
ハーリチ＝第二位のマドラサ群
テルヴィーフ＝第三位のマドラサ群
ミフターフ＝第四位のマドラサ群
ハーシエ・イ・テジュリード＝第五位のマドラサ群

↑

イルミエの任官候補生（ミュラーズィム）

↑

マドラサ卒業
（第五位から第一位、最高位のマドラサの教育課程を修了）

***ミュラーズィム**　「付き従う者」を意味し、十六世紀中葉以降に発展したウラマーの官僚組織（イルミエ）のなかで、主にマドラサで学問を修めたばかりの任官を待つウラマーを指した。彼らが任官に必要な技量を備えるために過ごす段階、およびこの組織への任官候補の資格そのものを**ミュラーゼメト**と呼び、人材登用のしくみとして制度化された（ミュラーゼメト制度）。

イスタンブルの文化や教育を地方に伝え、都市文化を形成する新たな担い手として活躍することとなる。マドラサはウラマーになろうとする多種多様な出自の人材を中央へ吸収し、地方へ輩出する組織として機能していたといえるだろう。

十六世紀後半のウラマー伝記集には、多様な出自をもつ学生がウラマーとなるべくイスタンブルで研鑽を積み、その後、マドラサ教授や**カーディー***（裁判官）として各地へ赴任していった様子が描かれている。そうしたウラマーの一人に、セリム二世時代に**カザスケル職***を務めたボスタン・エフェンディ（一五六九年没）がいる。小アジアのアイドゥンに商人の子として生まれた彼は、地元のマドラサで基礎的なイスラーム法学や神学を学んだ後に上京し、征服王メフメト二世の創建にかかるサフニ・セマン学院に進学し、シェイヒュルイスラームやマドラサ教授の助手などを務めた後、官職候補生となった。そして、古都ブルサをはじめ、約一五年間、各地のマドラサで教鞭をとった後、ブルサのカーディー職へ転出し、さらにイスタンブルのカーディー職を経てついにはカザスケル職まで上り詰めたという。

オスマン帝国に先立つイスラーム国家においても、マドラサを通じてウラマーが再生産され、裁判官などの形で社会の秩序維持にあたっていたのはもちろんだが、オスマン帝国のように国家が官僚となるウラマーの育成を目的としてマドラサの教育内容に介入したうえに序列化し編制した例は他のイスラーム国家には見られない。

＊カーディー　イスラーム法廷を主宰する裁判官。ただしオスマン帝国においては、法行政のみならず徴税などの地方行政にもたずさわる広い職掌が与えられていた。

＊カザスケル　カーディー職の最高位で、アスケリ（支配階層）の遺産相続に関する手続きや訴訟問題に対処するために設けられた。十六世紀半ばからシェイヒュルイスラームに次ぐ上級官職として、イルミエのなかに位置づけられた。

なぜオスマン帝国でこれほどまでに国家によるウラマーの序列化や組織化が進んだのだろうか。十六世紀、オスマン帝国は旺盛な征服活動を通じて三大陸にもわたる広大な領土を手中におさめたものの、そのなかに暮らすさまざまな民族・宗教集団をいかに統合するのかという問題に直面していた。したがって、このような多様な要素を内部に包含しつつ中央集権化をはかるうえで、イスラーム法に精通したウラマーは重要なキーパーソンとなったのではないだろうか。

このことは、本来司法を専門としたカーディーがオスマン朝にあっては地方行政の一翼をも担ったことからもうかがえる。地方に派遣されたカーディーの職務は、まず第一に**イスラーム法廷***を主宰し、民事、ときには刑事に関する訴訟の裁決をしたり、私人間の紛争や対立を未然に防ぐ後見事務を担当するなど、社会生活の秩序維持につとめることであった。法廷で処理された事案を記録する『イスラーム法廷文書』に、軍人に息子を殺された母親が訴追を願い出たケースから、女性や未成年の遺産相続、異教徒との商業契約まで実に多様な案件が含まれていることが、このことを裏付けている。その一方で、カーディーたちは、赴任先の財務監査や検地の立ち会い、さらに徴税業務の監督など一地方行政官としての責務をも担っていた。実際、彼らは地方の社会情勢の変化や行政上の諸問題を逐一中央へ報告していたものと考えられる。例えば、十六世紀後半から十七世紀にかけて、飢饉がひきがねとなって帝国各地で社会不

***イスラーム法廷**　一六三頁以降参照。

安が蔓延し、農民や元軍人、学生らが中心となって反乱が断続的に起きたが、事件を見聞し中央へその詳細を伝えたのは主に地方のカーディーたちであった。このようにイルミエのウラマーは政府と民衆との間の仲介役として統治には欠かすことのできない存在であったといえよう。

ウラマーは地方にあって帝国の統合に寄与したのみならず、中央の統治機構においても強い指導力を発揮した。その象徴的存在が、イルミエの筆頭職として全ウラマーを統括したイスラーム長官、**シェイヒュルイスラーム**である。シェイヒュルイスラームは、「イスラームの長老」を意味し、とりわけイスタンブルの**ムフティー***職は学識の高い年長のウラマーが務めたので、この名で呼ばれるようになった。彼は首都に暮らす人々から寄せられた生活上の問題や悩みに「**法学意見書**」（**フェトヴァ**、アラビア語でファトワー）で答えたのみならず、スルタンにさえしばしば公私にわたり宗教上の助言を与えることがあった。対外戦争や皇位継承をめぐる内部抗争などに際し、スルタンはシェイヒュルイスラームの法学意見書《フェトヴァ》を正当性の根拠として宣戦布告や粛正を断行したといわれる。たとえば、スレイマン一世時代に活躍したエブッスード・エフェンディ（在位一五四五－七四）は、二九年にわたってシェイヒュルイスラーム職にあり、「立法者《カーヌーニー》」と呼ばれたスレイマン一世が公布した諸法令の実質的な立案者として「法令集」の作成に関わるとともに、当時タブー視されていた現金を**ワクフ***財

***ムフティー**　法にかかわる諸問題について「法学意見書」を発してイスラーム法の解釈・適用に指針を示した学識あるウラマーを指した。

***ワクフ**　アラビア語で「停止」を意味し、物件の所有者がイスラーム社会の公益のため、もしくは子孫へ私財を信託する目的でその用益権、処分権を永久に放棄した寄進制度。モスク、マドラサなど都市の主要な宗教的施設の設立・維持に利用された。一四七頁も参照。

として設定することや物件の長期貸借問題などに取り組み、一般社会における法の弾力的な運用に尽力した。一方、彼はイルミエにおいて最高給与の待遇を得たうえ、ウラマーの任免についての実権を握った。その結果、イルミエはこの後、シェイヒュルイスラームの権力を背景に政権内でほぼ独立した組織として機能することとなり、宗教的にも政治的にもウラマーの影響力がいっそう強まった。それは、他の官僚たちから「坊さん（ウラマー）たちの干渉」と揶揄されるほどであったという。

イルミエに属したウラマーは、官僚主義的で政治的野心をもち、ともすれば宗教が本来もつ精神的側面には後ろ向きな者たちであったと思うかもしれない。しかし、例えば、エブッスード・エフェンディの「英断」が当時の外交や政治の窮地を救い、社会のあり方を変えてゆくきっかけをつくったように、ウラマーたちの活躍はスルタンの専制政治に代わり、自己再生産できるだけの力をつけた官僚たちが築く新しいオスマン支配体制の幕開けを象徴するものであったといえまいか。

遊牧民

女たちのオスマン帝国

（江川ひかり）

「イスラーム文明は都市の文明である」としばしば指摘される。もちろんイスラームの教えが、商業に従事していた預言者ムハンマドによって伝えられ、発展していった歴史的経緯や、イスラーム文明における都市がもつ機能の重要性を考えれば、イスラーム文明は都市の文明ということにも一理ある。しかし、ことさら都市だけを強調することも誤解を生みかねない。オスマン帝国経済の基礎を支えてきたのは、なによりも農民と遊牧民であった。

そもそもオスマン政府は、帝国内の人々を、軍人および文官、ウラマー階級などいわゆる支配層全体をさす**「アスケリー」**と、臣民すなわち納税義務を負った被支配者層をさす**「レアーヤー」**とに区分した。このような区分とは別に、ムスリムか非ムスリムかという宗教を基準とした類別もなされていた。ムスリム以外のギリシア正教徒、ユダヤ教徒、アルメニア教徒などの非ムスリム臣民には**人頭税**《ジズヤ》が課せられた。人頭税の額は時代によって異なるが、一六九一年以降は非ムスリム各世帯の経済状況に応じて上・中・下の三クラスに分けられ課税されるようになった。* ただし中級で三〇クルシュ* が課せられた十九世紀中葉、羊一頭の評価額が平均二五クルシュであったことを考えれば、人頭税は羊一頭の評価額より少し高い程度の額であったと理解される。これに対して、時代によって状況は異なるがムスリムには**兵役の義務**が課せられていた。兵役に徴用されれば、あとに残された女たちは、帰郷がいつかもわからぬ夫や息子を待ちながら一家を支えなければならなかった。

それではアスケリーに属するのはすべてムスリムかといえば、オスマン朝初期にはそのようなことはなかった。すなわち非ムスリムでもムスリムに改宗することなくアスケリー階級に属するものが散見された。ところが時代が下るとともにオスマン帝国において政治的地位に就くものはムスリムに限られるようになっていった。ただし、これは政治的分野に限ったことであって、経済活動で財をなすために非ムスリムがムスリムになることは必ずしも不可欠な条件ではなかった。

レアーヤー階級に属する人々は、遊牧民、村民、都市民の三つに大きく分けられた。オスマン帝国のアナトリアおよびバルカンのような中心地域では、軍事、徴税、土地管理を兼ね備えたティマール制が施行された。具体的には**ティマール制**とは、戦時の際に従士をひきつれ従軍するという軍事奉仕の見返りとして、主に農村からの土地税などの**徴税権**を騎士《スィパーヒー》に俸給として授与するという制度だった。ティマール制の施行

*人頭税は一八五六年に廃止された。ただしその後も、非ムスリムは兵役免除税を支払うことによって兵役を回避することが可能であった。

***クルシュ**　一六九〇年から使用された銀貨の単位。

された地域では、耕作地は国有地とみなされ、農民は国有地の借地人という立場で、国家へ納税義務を負っていた。オスマン帝国が征服した地域においては**検地**が行なわれ、検地帳が記録された。それらの検地帳には、当該地域の徴税権がどの騎士《スィパーヒー》に帰属しているのか、誰がどのような作物をどのくらい収穫したのかといった詳細な情報が記録された。同時に検地帳に記録された各地方別の税額などに関する法令は、征服以前の当該地域に適用されていた税制度や慣習を知る手がかりとなっている。このような検地帳に依拠した研究から、農民からの税収を確保することこそが帝国経済の安定に不可欠であったことが理解される。

　オスマン帝国の**独立自営農民**は、小麦や大麦を主体とし、二頭の耕牛による犂《すき》で約五ヘクタール程度の耕作地を天水によって耕す小規模農業を営んでいたと考えられている。約五ヘクタールといっても、耕作と休閑とを一年ごとに繰り返す二圃式農業であるため、一年で約二・五ヘクタールを耕作することになる。このような独立自営農家は**「チフト・ハーネ」**と呼ばれている。近年の研究で、チフト・ハーネが主体となった小農経営は、基本的には十九世紀の中葉においても依然として主力であったことが明らかにされている。十九世紀においてもオスマン帝国の財政の主要収入は農業分野からの税収であったことからも、農業は帝国経済の基幹産業だった。そして農家の女は、水汲みや食事、洗濯などの家事や育児のほかに、脱穀や搾乳や余剰生産物を市《いち》で売る仕事も担っていた。
他方、**遊牧民***も、いかなる遊牧民グループがどのような形態で納税していたかが検地帳に記録され、レアーヤーとして政府にしっかりと把握されていた。「歩く人」を意味する**ユリュック**という言葉は、遊牧民を意味するオスマン帝国の行財政用語であると考えられ、文書史料だけでもユリュックは総数七千グループともいわれるほど多数の集団を形成していた。遊牧民と農民とはけっして対立、闘争関係にあるのではなく、それどころか双方は生活必需品や情報を交換する、いわば相互依存関係にあった。遊牧民によって生み出されるチーズやバターなどの乳製品や毛・皮革材料は、農民の穀物や野菜などと交換されたり、馬具や毛織物など商工業者への原材料となった。このようにして農民、遊牧民、都市民は相互に支えあってきたのであり、それゆえ農民も遊牧民も、貨幣経済市場の変動に敏感であった。さらにある遊牧民グループは、トラックが普及する一九五〇年代ごろまでラクダ貸し*による長距離輸送業を営んでいた。永田雄三が、「遊牧民は、ただ都市や農村に畜産食料を提供したばかりでなく、都市の商工業を発達させて都市化を推進し、また都市と都市とを結びつけ、ひいてはアナトリアやバルカンを国際商業ルートの中にきっちりと位置づける など、歴史上に極めて大きな役割を果たした」*と指摘しているように、遊牧民の果たした歴史的役割の重要性はこれまで以上に強調されるべきであろう。

***遊牧民**　遊牧民はあてどもなく移動しているわけではない。一般にトルコの遊牧民は、各移動グループに特定の冬営地と夏営地との間を移動し、移動時期も毎年ほぼ一定であるために、冬営地を出発する直前などに徴税官がそこへ赴き徴税がなされた。

***ラクダ貸し**　一四六頁参照。

*永田雄三「歴史上の遊牧民――トルコの場合」(永田雄三・松原正毅編『イスラム世界の人びと3　牧畜民』東洋経済新報社、一九八四年)一〇三頁。

十六世紀のアナトリアにおいて、**遊牧民の女たち**が織った**じゅうたん**は、ヨーロッパへ輸出され、奢侈品として珍重され、ルネサンス絵画にも描かれた。したがって、じゅうたんを織る遊牧民の女たちもまた、世界市場と直結した経済活動の担い手だったといえる。今日のトルコ共和国において、完全な意味での遊牧生活を営む人々がどのくらい存在するのかは定かではない。ただしトルコの遊牧民に関するもっとも詳細な人類学調査を行なった松原正毅は、アラブやアフリカの牧畜民と比較したとき、トルコの遊牧民においては女性が積極的に牧夫役をはたしている点を一つの特徴として指摘している。* 加えて筆者が近年訪問しているヤージュ・ベディルという名の遊牧民グループが定住したバルケスィル周辺の村では、定住した今もなお女たちは伝統的じゅうたんを織り続けている。近年、洗濯機も冷蔵庫も村の家に備えられたが、女たちは、小麦をこねてユフカをつくったり、搾乳や牧夫役を担い、タバコの葉の収穫や干す作業をし、さらにじゅうたんを織ったり、カーテンやテーブルクロス等々の手刺繍にと休む間もなく働き続けている。このように歴史の表舞台には顔を出すことのない農民や遊牧民の女たちこそが、華麗なるオスマン帝国を支えた影の主役であった。

一方、都市には店舗や工房、モスク、マドラサなどの建築群がたちならび、商工業者が生活していた。十九世紀の西北アナトリアの地方都市バルケスィルには、地方役人やカーディー（裁判官）などいわゆるアスケリー層とともに毛織物屋、靴屋、蹄鉄

*松原正毅『遊牧の世界（上）』中公新書、一九八三年、三五頁。

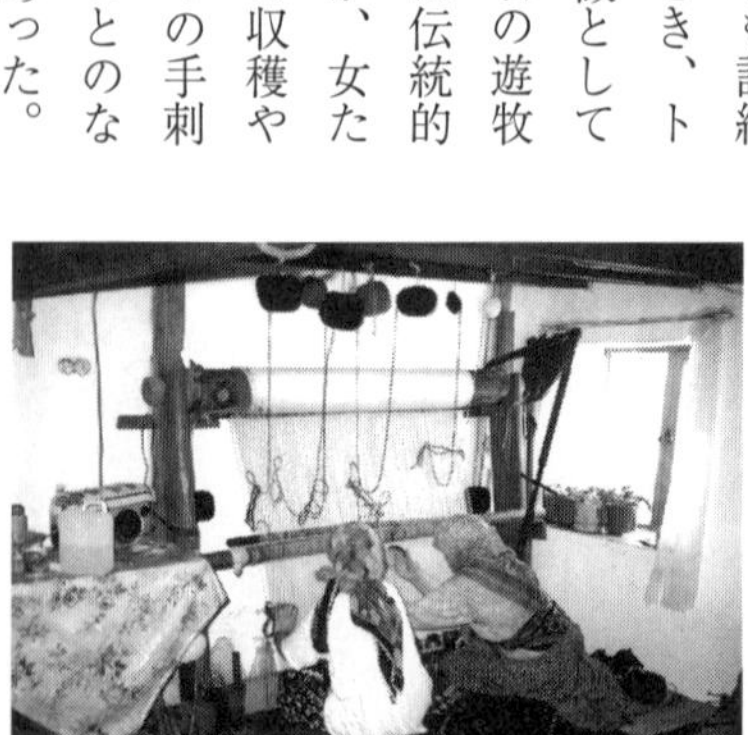

じゅうたんを織るヤージュ・ベディルの母娘（トルコ共和国バルケスィル県カラカヤ村）

屋、金細工屋、肉屋、床屋、コーヒー屋などの実に一二一にも及ぶ職種の都市民が住んでいた。バルケスィルのような内陸部の中小都市は、周辺の村民や遊牧民が出会う場でもあり、同時に、別の都市と都市とを結ぶ宿場町でもあった。そのため都市は蹄鉄や馬具修理、宿屋、公衆浴場など、都市民のみならず旅人や商人に不可欠なサービスを提供する機能も兼ね備えていた。

都市といえば、何といっても華麗なるオスマン帝国の栄光を今も誇る**イスタンブル**である。一四五三年にコンスタンティノープルが征服されて以来、スルタンのお膝元として五七〇年間、帝国の都であったイスタンブルは、ギリシア文明、ローマ・ビザンツ文明の継承者である点で、単なるイスラーム都市にとどまらず、重層的歴史の上に築かれた国際都市といえる。征服後にアレクサンドロス大王の後継者として世界帝国の復興を目指した**メフメト二世**は、ビザンツ時代の建築物のなかで利用できるものは最大限利用する合理的復興策をとった。総本山であったハギア・ソフィア大聖堂はモスクに改修させ、バレンヌ水道橋はそのまま利用した。非ムスリムの文化をすべて破壊するなどというもったいないことはしなかったのである。同時に**ワクフ制度***を利用して、商業施設と宗教・公共施設を整備し、経済復興を目指した。その結果、スルタンの私邸かつ国政の中心であった**トプカプ宮殿**をはじめ征服者《ファーティヒ》メフメト二世施設群、スレイマニエ施設群など、今日もイスタンブルの旧市街に壮大な建築群がそびえ

＊スレイマニエ・モスク　オスマン建築至上最大の建築家スィナンによる代表作。大きなドームと四本のミナレットが特徴。

＊ワクフ制度　一四七頁参照。

たっている。

ローマ文明から継承した公衆浴場も、イスラーム諸都市で発展した。基本的に蒸し風呂として発汗を促す入浴の習慣が広まったため、**公衆浴場《ハマム》**は都市に不可欠な施設となった。公衆浴場《ハマム》では都市民や旅人が疲れを癒したが、とりわけ女性にとっては唯一の外出可能な娯楽施設として利用された。女たちは定められた曜日や時間に子も連れて、公衆浴場《ハマム》で近所の噂話に花を咲かせ、息子の嫁を物色したに違いない。入浴の休憩時間にはトルコ・コーヒーを飲む機会もあったという。フランスの画家アングルが十九世紀後半に描いた『トルコ風呂』は、アングルが実際にトルコ風呂を見ることなく、想像（妄想）のみで描いた「オリエンタリズム*」を象徴する作品にほかならない。「ハレム」「四人妻」「官能」というトルコ女性のイメージはこのようにして歪曲され、世界中に流布されていった。しかしながら一般庶民の妻の数は大部分が一人であったことが明らかにされており、十八世紀の細密画には大らかで健康的な市井の女・子どもが**トルコ風呂**を楽しむ表情が生き生きと描かれている。このようにオスマン帝国の根底を支えた臣民、とくに女たちは、力強くたくましい働き者であり、今日の村でもその姿は変わらないのである。

＊オリエンタリズム　「進歩したヨーロッパ」が、オリエント（東洋）を後進性、停滞性、敵対性をもつ正反対の他者として位置づける思考と支配の様式。パレスチナ出身のエドワード・サイードが定義した。

オスマン時代の公衆浴場
（『ゼナーン・ナーメ』より。イスタンブル大学図書館所蔵）

音楽と舞踊

オスマン帝国の歌舞音曲展望

（松本奈穂子）

今日、トルコ古典音楽として実践されているオスマン帝国の音楽はビザンティン、アラブ、ペルシアなどの先行音楽の影響を受けつつ、宮廷やスーフィー＊教団を中心におもに都市で発展した。このなかには宗教音楽、軍楽も含まれる。本項ではトルコ古典音楽の一般的な特徴――世俗舞踊もここで触れる――について言及した後、宗教音楽・舞踊、軍楽について述べる。

　トルコ古典音楽の習得の場としては、宮殿やスーフィー教団が重要であったが、モスクや音楽家の自宅でも稽古は行なわれた。後宮《ハレム》の女性楽士（下図）たちも宮殿内のみでなく師匠の自宅で稽古することもあった。それはなによりも古典音楽の習得が、世襲や家柄ではなく、五感による記憶に依拠して師匠から弟子へ継承されるものであったことを物語っている。

　鳴り響く音を支える理論の柱は音長を規定する**拍子**《ウスール》と音高を規定する**音律**、そして音高とその連結法を規定する**旋法**《マカーム》である。単旋律が基本であり、微分音も含めた音高

＊スーフィー　二四〇頁以降を参照。

レヴニーの筆による宮廷の女性楽士たち　手前からタンブール、デフ、パンパイプ、ズルナ奏者（『レヴニー画帳』トプカプ宮殿博物館蔵）

の微細な通時的運行における美を追求した点で、西洋古典音楽が対位法や和声など音の共時的重なり方における美も重視したことと対比をなす。旋法《マカーム》や拍子《ウスール》に関する理論は古くからあるが実態を伝える楽曲の記譜は重視されなかった。口伝を旨とし楽譜による伝承形態をもたなかった彼らは、拍子《ウスール》や詩を記憶の一助として用い、何度も反復して習得した。* 習得楽曲は個人の記憶のなかで、あるいは次世代への伝承過程において多くの変化を生む。その結果多くのバリエーションが生じ、同一の楽曲に対してさまざまな採譜や演奏が生まれる。そのため一つの楽曲の演奏にも、西洋古典音楽に比して幅広い解釈が許される柔軟性をもつ。

記譜を試みた人物も存在した。ポーランド出身の**アリー・ウフキー**（一六一〇―七五頃）は十七世紀半ば、五線譜上に右から左へと通常とは逆の方向に記譜を行なった（譜例1）。ルーマニア出身の**カンテミルオウル**（一六七三―一七二七）は十八世紀前半に自ら考案した文字譜で約三五〇曲の当時の器楽曲を採譜した（譜例2）。アルメニア教徒の**ハンパルスム・リモンジュヤン**（一七六八―一八三九）は十八世紀後半にアルメニア文字譜を用いて採譜した。記譜の習慣が稀薄であったオスマン帝国で彼らが記譜を行なったのは、楽譜の存在が当然の文化圏に彼らが属していたためである。彼ら以前にも十六世紀の軍楽や十七世紀のメヴレヴィー教団典礼歌の一部など、帝国を訪れたヨーロッパ人による楽曲の断片記録も残されている。

*こうした稽古の効用と詳細についてはジェム・ベハールを参照。十九世紀に西洋楽譜の使用が広まり始めるまで、記譜された多くの楽曲は器楽曲であったのも、詩が記憶の一助となったためと彼は述べる。ベハール『トルコ音楽にみる伝統と近代』新井政美訳、東海大学出版会、一九九四年。

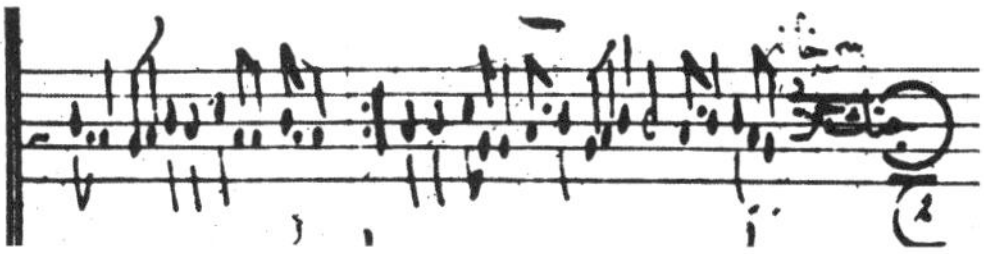

譜例 1　軍楽隊の現在のレパートリー『突撃行進曲』の冒頭部（ウフキーの『旋律と歌詞集成』（大英博物館蔵）より（UFKÎ, Ali, *Mecmûa-i Sâz ü Söz*, İstanbul: Milli Eğitim Basımevi, 1976）

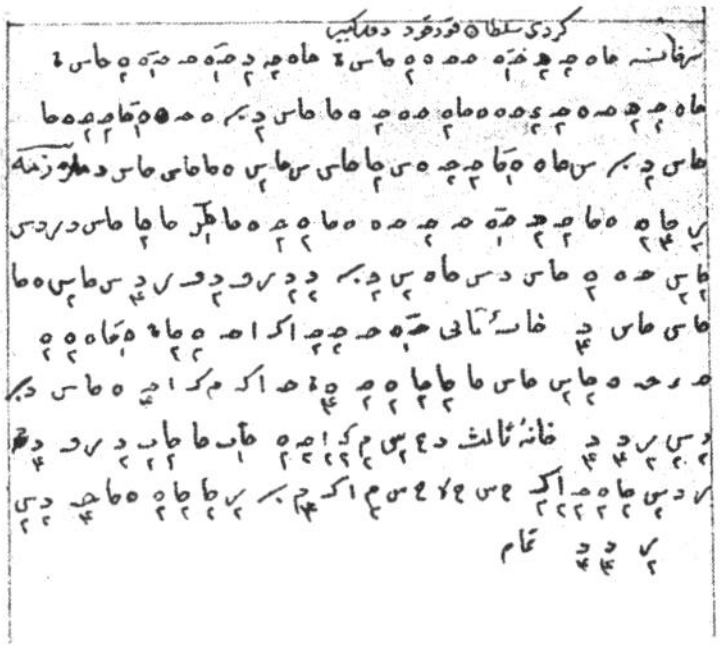

譜例 2　スルタン・コルクト・ハンのペシュレヴ（カンテミルオウルの『文字による音楽の知識の書』（イスタンブール博物館蔵）より（Kantemiroğlu, *Kitābu ʻİlmi'l-Mūsīkī ʻalā Vechi'l-Hurūfāt*, İstanbul: Yapi Kredi Yayınları, 2001）

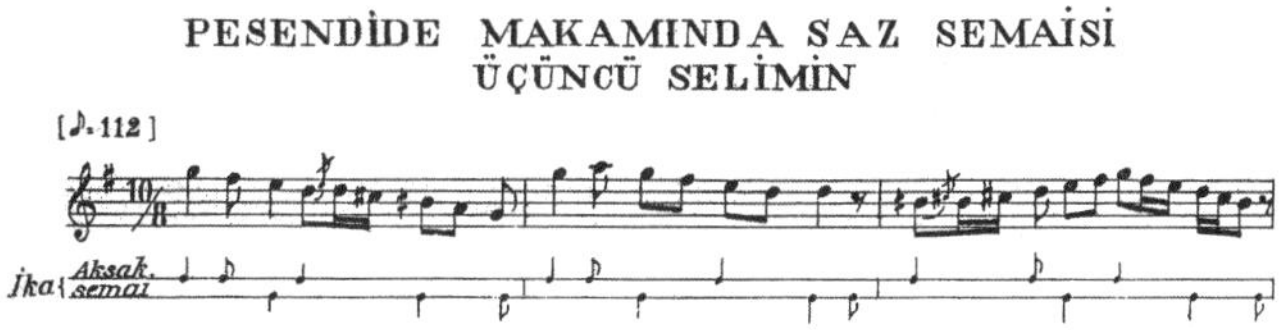

譜例 3　セリム三世のサズ・セマーイー冒頭部（『イスタンブル市立音楽院　トルコ古典音楽集』第153号より（İstanbul Konservatuarı））

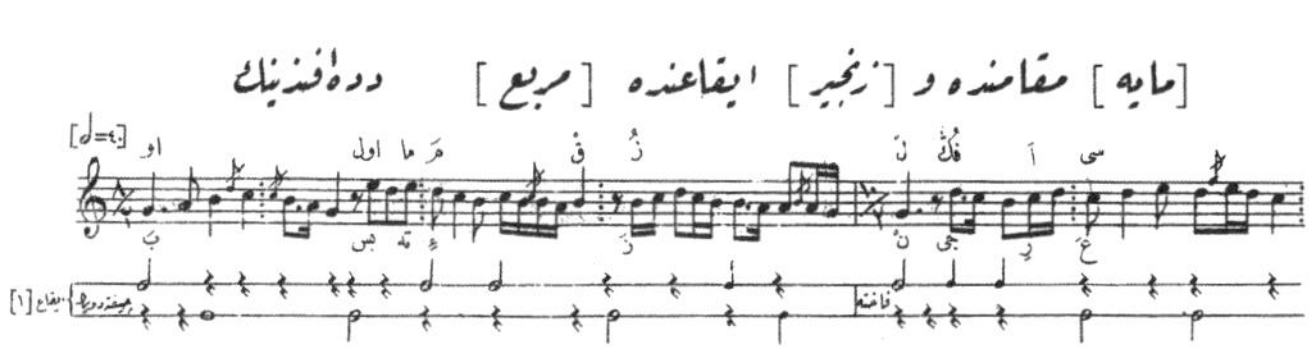

譜例 4　デデ・エフェンディのムラッバ冒頭部（『声楽学校全集』第 6 号より（Darülelhan））

宮廷で音楽活動が本格的に行なわれ始めるのは征服王メフメト二世（在一四四四―四六、一四五一―八一）の父スルタン・ムラト二世（在一四二一―四四、一四四六―五一）の頃からとされる。歴代のスルタンには音楽を愛で、音楽家たちに庇護を与え、自ら作曲する者もいた。十七世紀前半スルタン・ムラト四世（在一六二三―四〇）の治世にオスマン帝国の芸術音楽は開花し、十八世紀初頭のチューリップ時代*、イスタンブルには帝国における音楽の中心地として各地から音楽家が集まった。スルタン・セリム三世（在一七八九―一八〇七）は自身優れた詩人かつ作曲家で多くの音楽家を宮廷に優遇し、**セリム三世楽派**とも呼ばれるオスマン帝国の芸術音楽の黄金時代を築いた（譜例3）。

オスマン朝の世俗古典音楽は器楽曲と声楽曲に大別され、これらが**ファスル**（一定の旋法《マカーム》に基づいた一種の組曲形式）に組み込まれ、順番に奏された。時代の変遷に伴い新ジャンルの音楽も誕生した。例として十九世紀に流行したロンガやスィルトなどの二拍子系の軽い舞踊楽曲が挙げられる。**ロンガ**はファスルの最後を華やかに飾る楽曲で、サントゥーリ・エトヘム・エフェンディ（一八五五―一九二六）の「シェフナーズ・ロンガ」*は特に有名である。**スィルト**はスルタン・アブデュルアズィズ（一八三〇―七六）の「ヒジャーズ・スィルト」などが代表的で、ギリシアの民俗舞踊スィルトから派生したとされ、同じリズム型で作曲される。古典音楽は閉じられた空間の

***チューリップ時代**　一七七頁参照。

***「シェフナーズ・ロンガ」**　女子十二楽坊が「自由」という作者不詳の曲を演奏しているが、これはその原曲である（江川ひかり氏およびウード奏者の常味裕司氏より教示いただいた）。

***レイラ・ハヌム**（一八五〇―一九三六）　宮廷の外科医ヘキム・イスマイル・パシャの娘で、詩人および作曲家として知られる。幼少時に出入りした宮廷の生活を新聞に執筆したものが、後に息子によりパリで出版された。

***ユダヤ系**　十五世紀以後スペインから移住してきたユダヤ系

みではなく、民衆音楽との交流からも育まれたことがうかがえる。
作曲を嗜む女性も存在した。レイラー・ハヌム*はその一人である。ギリシア正教徒やユダヤ教徒、アルメニア教徒など非ムスリムの作曲家や演奏家も数多く、オスマン朝の音楽のレパートリー形成に重要な貢献をした。オスマン朝の音楽・舞踊はイスラーム教徒とともに、王朝が包含するさまざまな集団の相互交流のなかで形成されたと言える。

他のイスラーム王朝同様オスマン朝にも若い男女の舞踊手がおり、**チェンギ**または**キョチェキ**と呼ばれた。彼らは**コル**と呼ばれる集団に属し、王子の割礼式や結婚式、富裕層の饗宴やメイハネ（居酒屋）などで踊ったり寸劇を行なった。コルはアルメニア系、ギリシア系、ジプシー系、ユダヤ系*などの集団ごとに形成されるものが多かった。宮廷専属のキョチェキたちもいた。その姿は『祝祭の書』などのレヴニーの細密画*や、ヴァン・ムーアなどの西洋画家の作品に認められる。踊る際にはチャルパラー*などを打ち鳴らし、キョチェキチェ*や民俗音楽などにあわせて踊った。男性キョチェキは鬚を剃り女装をして踊ったり、マトラク（剣と盾の舞）、アクロバティックな踊りや奇術も行なったという。舞踊手は男女とも異性のみならず同性からの人気も高かった。チェンギナーメ*では有名な男性舞踊手たちの魅力が詩で描写されている。特に男性キョチェキをめぐってイェニチェリ*たちが引き起こすトラブルは多く、

によって、往時のスペインの舞踊要素がもたらされたとも言われる。チェンギのみでなく、道化や手品師としても活躍したユダヤ系の人々は、スペインから多くの祝祭の要素をもたらしたとされる。

＊チャルパラー　二本一対の小さい拍子木で、片手に二本ずつ合計四本持って打ち合わせる。他にズィル（指シンバル）やズィッリマーシャ（がらがらの一種）なども用いた。

＊キョチェキチェ　キョチェキたちの舞踊伴奏音楽の一種。アクサックと呼ばれる九拍子で作曲されることが多かった。

＊チェンギナーメ　オスマン朝の詩人ファズル（一七六〇頃—一八一〇）による「舞踊手の書」。

十九世紀には禁止されたりもしたが完全には廃れなかった。現在でもトルコ内陸部を中心に男性キョチェキは存在する。女性チェンギの流れを汲むのがトルコ共和国のベリーダンス*ともいわれる。現在も各地で見られる連手型の舞踊は民間で踊られる他、宴席でも踊られた。

古典音楽で使われる主要な楽器にはウード（洋梨型撥弦楽器）、カーヌーン（撥弦楽器）、棹の長いタンブール（棹の長い弦楽器）、宗教楽器としても重要な葦笛ネイ、ケメンチェ（擦弦楽器）、クデュム（一対の鍋型太鼓）、デフ（タンバリン状の枠太鼓）、ズィル（シンバル）などがある。チャルパラー、パンパイプ、ハープの一種チャングなどは細密画などに過去の奏楽図があるが、現今では使われない。アルメニア教徒ズィルジャン家のシンバル工房は名高く、約三百年にわたる同家の伝統を汲む者たちが、トルコやアメリカでシンバルをつくり続けている。

オスマン朝では世俗音楽・舞踊とともに、宗教音楽・舞踊も重要であった。なかでも**メヴレヴィー教団***の**旋回舞踊**（次頁下図）は国外でも非常に有名で、多くの外国人が観覧に訪れた。回転は三半規管を麻痺させ、一種のトランス状態を誘発し易い。そのため常態では知覚しにくい世界との接触手段として、イスラーム圏に限らず世界各地の儀礼で多用される。この旋舞の起源として、護雅夫は内陸アジアのシャーマニズムの旋回儀礼を挙げる。護は、同教団で憑代《よりしろ》（セマーゼン）が旋回により神を自らに

＊イェニチェリ　二〇三頁参照。

チャルパラーを持って踊る男性キョチェキ　(Jean Baptiste van Moor, *Recueil de cent estampes représentant différentes nations du Levant*, Paris, 1714)

＊ベリーダンス　一般にエジプトのガワーズィの芸能が起源とされる、中東一帯に見られる個人舞踊。腰や腹部の振動を多用し、もとは豊穣祈願の意ももつとされる。

＊メヴレヴィー教団　ジェラールッディン・ルーミー（一二〇七―一二七三）を始祖として、

依りつかせ合一を図るのは、教祖ルーミーの故地（アフガニスタンのバルフ）一帯に多く見られる旋回舞踊（胡旋舞《こせんぶ》など）の儀礼的側面の影響ではないかと述べている。*ルーミーの息子スルタン・ヴェレドの代に教団の儀礼形式はほぼ整ったとされるが、同教団の初期の舞踊動作には旋回の他に跳躍や強い足踏みもあったという。これらも儀礼的解釈が多く、胡騰《ことう》（跳躍舞踊）なども含めた比較考察の道が残される。

同教団の修道場はイスタンブルはもちろんカイロ、ダマスクスなど帝国内の主要都市にも開かれ、人心と帝国を結ぶ結節点としても機能した。同教団がオスマン朝の音楽の成熟に果たした貢献は非常に大きく、「オスマン帝国の音楽塾」とも呼ばれた。ブフーリーザーデ・ムスタファ・イトリー（一六四〇－一七一二）やハマムザーデ・イスマイル・デデ*（譜例4）など多くの優れた演奏家や作曲家を輩出した。宗教曲とともに世俗曲も作曲し、宮廷楽士として活躍する者もいた。前述のセリム三世もメヴレヴィー教団員であり賛歌などを作曲した。

他方、精強をもって知られた軍隊イェニチェリは**メフテル**（軍楽隊、次頁下図）を擁した。**軍楽隊**は戦場で味方の士気を鼓舞し、敵に恐怖心を与えるために不可欠であった。イスラーム以前から軍楽隊は存在し、イスラーム諸王朝でも戦時のみでなく祝典行事で演奏したり時を報せて時間を司るなど、支配者の権力と隆盛の象徴としても不可欠だった。同じスルタンでもその権力の強さによって楽器編成は厳密に規定さ

ルーム・セルジューク朝の首都コンヤで開かれたスーフィー教団。

メヴレヴィー教団の旋回舞踊 左上で音楽家たちが伴奏する（Ignatius d'Ohsson, *Tableau Général de l'Empire Othoman*, Paris, 1790）

*護雅夫「イスラムにおける音楽と舞踊——メヴレヴィー教団の旋回舞をめぐって」（『民族音楽

れた。セルジューク朝からオスマン一世に統治と独立の象徴として旗や太鼓類が贈られたとされたり、役人が着任時に拝受した旗と太鼓を降任時に返還したのも、楽器の政治的重要性を物語る。

どの国でも**五線譜**の導入は**音楽における西洋化**の指標の一つだ。オスマン朝で五線譜が広く用いられ始めるのは十九世紀初めである。一八二六年イェニチェリ廃止に伴い旧式の軍楽隊*も廃止され、代わりに西洋式の宮廷内軍楽隊が設立された。楽長としてイタリアからジュゼッペ・ドニゼッティ*（一七八八—一八五六）が招聘され、一八三〇年以降は西洋の五線譜を使用し始めるなど、西洋音楽を本格的に導入した。より近代的な音楽教育のため第二次立憲制期以降設立された音楽学校（一九〇八年）や声楽学校（一九一七年、後のイスタンブル市立音楽院）のうち後者は一九二一年より五線譜のトルコ古典音楽楽譜集（全一八〇号、うち一二〇号まではオスマン語、残りはトルコ語）を刊行した（譜例3、4）。

軍楽隊をはじめイスラーム世界の音楽文化が**西洋に与えた影響**は大きい。西洋には十字軍や南イタリア、スペインのイスラーム王朝などにより太鼓類やトランペット、ズルナ、ウード*など多くの楽器類が伝播した。伝播した楽器の多くは、その起源をオリエントやギリシア文明に持つとされ、楽器においてもイスラーム世界は古代文明の一端を近代ヨーロッパへと伝える重要な役割を果たしている。大小一対の鍋型太鼓

叢書九　身ぶりと音楽』東京書籍、一九九〇年）四一—六〇頁。

＊ハマムザーデ・イスマイル・デデ（一七七七—一八四五）「デデ・エフェンディ」とも呼ばれる。イトリーと並んでオスマン朝を代表する大作曲家。スルタン・セリム三世の庇護を受け、教団と宮廷の両方で活躍した。

＊旧式の軍楽隊　トルコ民族意識の高揚のなかで一九一四年に復活した。有名なジェッディン・デデンをはじめ現行の軍楽隊レパートリーの多くはこの時期のものが多い。

＊ジュゼッペ・ドニゼッティ　オペラ作曲家ガエタノ・ドニゼッティの兄。

＊ウード　これが西洋に伝播してリュートになった話は、東漸した琵琶の話とともに有名である。

のように、伝播時の形状がイスラーム世界で定着したとされるものは、イスラーム文化の産物とも言えよう。

一方、オスマン帝国の表象が西洋音楽のモティーフとして多く摂取されたことも見逃せない。リュリの「町人貴族」（一六七〇年）、モーツァルトの「後宮からの誘拐」（一七八二年）や「トルコ行進曲付きピアノ・ソナタ」（一七八三年）、ベートーヴェンの「アテネの廃墟」（一八一二年）などは当時の東洋趣味の反映として有名な例である。ヨーロッパへの派遣大使も軍楽隊を伴って赴いたため、戦時でなくとも演奏に触れる機会があったし、十八世紀にはポーランドをはじめ西洋諸国に軍楽隊がスルタンから贈られており、オスマン帝国風の軍楽隊をもつ流行を生んだ。こうした流れから**ブラス・バンド**や各国のミリタリー・バンドも生まれ、日本も含めた非西洋世界に伝播したことを考えると、イスラーム世界で発達した諸楽器やオスマン帝国の軍楽隊が果たした貢献は非常に大きいと言えよう。もちろん、オスマン帝国も含めイスラーム世界の音楽舞踊文化自体も、西洋や東方との相互影響のなかで発展してきたものである。これらの諸相をより丹念に解き明かしていくことが大切であろう。

『祝祭の書』内の軍楽隊の行進
右からズルナ、ナッカレ、ダヴル、シンバル、ボル（トランペットの一種）、左上にキョスが描かれている（トプカプ宮殿博物館蔵）

軍人・エリート・女たち

オスマン帝国の光と影

（松尾有里子）

「この国では羊飼いの子も時には君主の下で最高位を占めることができる」。十六世紀半ば、スレイマン一世の宮廷を訪れた、ハプスブルク帝国の大使ビュズベク*のこの言葉は、オスマン帝国の「能力主義」に基づいた社会の開放性を表わすものとして、しばしば歴史家たちに引用されてきた。確かに、一部の貴族だけに官職や地位が既得権として相続されるヨーロッパの階級社会に身をおくビュズベクにとり、卑しき身分の羊飼いの子が宰相に抜擢される社会など、想像を超えるものであったに違いない。ただし、この「開放性」の内実をよく考える必要がある。

十五世紀半ば、メフメト二世は、コンスタンティノープル（現イスタンブル）を征服してまもなく、居留地のジェノヴァ商人たちと『アヒト・ナーメ』（条約書）を交わし安全保障を約束した。そのなかに「おまえたちの息子を軍人として徴用しないし、イスラームへの改宗も強要しない」との条項がある。これは、当時オスマン朝治下のバルカンやアナトリアで施行されていた少年徴用制度（デヴシルメ）と深い関係があ

***ビュズベク**（一五二二―一五九二）　ハプスブルク帝国の大使として一五五四年から一五六二年までイスタンブルに滞在する。この滞在中に見聞したできごとを記した書簡が残されており、スレイマン一世時代の宮廷のようす、市井の人々の暮らしなどを知る貴重な資料となっている。

る。**デヴシルメ**とは、トルコ語で「集める」を意味し、十二歳から二十歳頃までのキリスト教徒の少年たちを容姿、体格、才能を目安に選抜し、イスラームに改宗させた後、スルタンの宮廷に送った制度である。

そろいの赤帽と衣装に身を包んだ少年たちは、首都に送られた後、ムスリムとしての教養や技能、武術を身につけた。大半は常備歩兵の**イェニチェリ軍団***に採用されたが、特に優秀なものは宮殿に出仕し、スルタンの私的生活の場である内廷・後宮か、政務を行なう場である外廷へ適性に応じて配属された。鈴木董の研究によれば、スレイマン一世期の大宰相たちの経歴をみると、デヴシルメで徴募されて内廷に配属された後、外廷に転出し、イェニチェリ軍団長を経て地方総督、宰相、大宰相へ出世するパターンがほぼ確立していたという。一方、芸術や料理に適性を認められたものたちは、各部局で生涯その技能を発揮したといわれる。オスマン朝各地に数々の壮麗なモスクを建てたことで知られる建築家**スィナン***もまた、そうしたデヴシルメ出身の宮廷人の一人であった。

このように、十六世紀半ばにビュズベクの見たオスマン社会の「開放性」とは、デヴシルメ制を介して専制君主（スルタン）によって一部の選ばれし奴隷たちに与えられたものであったといえよう。ただし、当時のオスマン朝の支配組織を支える人材がすべてデヴシルメ制度によって確保されていたわけではもちろんない。「ウラマー」

***イェニチェリ**　「新しい兵士」を意味し、精鋭軍団として十六世紀のオスマン帝国の領土拡大に貢献した。

***スィナン**（一四九二?―一五八八）　代表作としてイスタンブルのスレイマニエ・モスク（一九一頁参照）、エディルネのセリミエ・モスクがある。オスマン帝国独自のドーム建築様式を確立した。

の項で述べたように、支配組織のなかで、司法と文教分野で活躍していた**ウラマー**たちは、**ミュラーゼメト制度***によって選抜されていた。このように社会の各層から有為の人材を吸い上げる多様なしくみを備えていたところに、組織の帝国オスマン朝の真骨頂があったといえよう。

ここでとくに忘れてはならないのは、オスマン朝を支えることになったエリートたちは、単に有能であるばかりではなく、スルタンへの揺るぎない忠誠心と、さらにはオスマン国家に対する強烈な帰属意識を備えていたことである。

スレイマン一世の大宰相を務めたルトフィー・パシャは、アルバニア出身のデヴシルメ軍人といわれ、自らの政務・軍務を回顧して『アサフ・ナーメ』（宰相の書）を書きあげた。この書において、彼は当時の国政の最高責任者でスルタンの「絶対的代理人」といわれた**大宰相**のあるべき姿を具体的に示し、当該職が支配組織の要としていかに重要かを説いた。たとえば、対外戦争に際しては戦費捻出や糧食確保など戦前の準備、施策こそが肝要であり、戦場では常に「『勝機は常に我らのものです』と我が君を鼓舞し、心が乱れぬよう配慮せねばならない」とし、戦況がどうあろうと主君へ忠誠を尽くすべきだと主張した。

ところで、彼ら**アスケリー**（オスマン朝の支配層）たちが、我こそがオスマン国家を支えるものだという強い自負を抱いた背景には、デヴシルメやミュラーゼメト制に

***ミューラゼメト制度** 一八〇頁参照。

あっては、専門性の高い実務につくまでの「下積み」がきわめて長いことがある。たとえば、ルトフィー・パシャは宮廷で「雨具持ち」や「味見役」を経験した後、*軍人となっている。思うに、この長い下積みこそが国家への忠誠心を養い、支配組織への強い帰属意識を生み出す要因ではなかっただろうか。

　ただし、上で述べたようなオスマン朝の人材養成システムも、けっして不変であったわけではない。十七世紀に入る頃から、支配組織内部での腐敗や諸制度の欠陥をあからさまに批判する官僚たちも現われた。書記や財務をつとめたムスタファ・アーリーや財務を専門としたムスタファ・セラーニキーは、いずれも十六世紀半ばから十七世紀初頭までの組織の変遷を内部から観察していた。アーリーは、かつて自らが学んだマドラサは「もはや学識を高めるための場ではなく、出世のための縁を築く場と化した」と嘆き、大宰相をはじめ他の官僚たちも快楽を追求し、蓄財に余念がないと支配組織全体に腐敗が蔓延している点を指摘した。また、セラーニキーは、財政の失策から国庫が疲弊し、軍隊や支配組織の中枢において、官職が適性や資格からではなく賄賂によって授与されている現状を告発している。

　とはいえ、このような証言をもって官僚組織が腐敗し王朝の衰退が始まったとみるのは早計である。むしろ、こうした現象は、十六世紀後半に支配組織がさらに拡大し専門分化が進んだ結果、各組織がなかば独立して官職を分配するシステムを備えた結

*たとえば、ルトフィー・パシャは宮廷へ出仕後、内廷の雨具持ちから外廷の味見役、門衛長などを務め、宮廷外に出て地方総督、宰相などの軍人としてのキャリアを積んだという。

果と捉えるべきであろう。つまり、各組織が人材を自前で再生産できるだけの力をもち、他方で相対的にスルタンの威信も低下してきたのを背景に、この時期には組織内で新たに官職分配をめぐる争いや売官行為などの問題が生じてきたというわけである。

ところで、十七世紀に入ると、デヴシルメ出身者に代わりムスリム出身の官僚たちが支配組織の中核を担うようになり、彼らのなかからキャーティプ・チェレビーやエヴリヤ・チェレビーらの個性的な知識人・文化人が輩出する。**キャーティプ・チェレビー***は、財務官僚ながらアラビア語やラテン語が堪能で、アラブの歴史家**イブン・ハルドゥーンの社会有機体説***を手がかりに、『行動の指針』なる国政改革論を著わしたり、先進的なヨーロッパの学問を貪欲に吸収し、『世界の鏡』なる地理書をまとめた。一方、宮廷の小姓出身の**エヴリヤ・チェレビー**は、騎兵となり、主人に従って各地を旅行して、見聞した内容を『旅行記』にまとめた。ここには、オスマン帝国領土内の様子ばかりか、ヨーロッパなど周辺諸国の記述も含まれており、誇張や空想とおぼしき記述も散見されるが、当時の地理や社会を知る貴重な史料となっている。

最後に、支配層の重要な構成員として、**宮廷の女性**たちの存在も忘れてはならないだろう。**後宮（ハレム）**は、**宦官***と選ばれた女奴隷のみが入場を許されたスルタンの私的な生活の場であり、世襲が前提のオスマン国家にとっては、皇子や王女の誕生と養育を担ううえで重要な機関であったが、その奢侈な生活ぶりからアーリーやセラー

＊キャーティプ・チェレビー　二一二頁参照。

＊イブン・ハルドゥーンの社会有機体説　彼の『歴史序説』のなかで展開された社会理論。人間社会は都市と砂漠に二分され、両者の相克により歴史が形成されると説いた。

＊宦官　オスマン宮廷では、白人宦官と黒人宦官から構成され、内廷と後宮でスルタンと女性たちの身の回りの世話を担当した。なかには、宦官長（カプ・アース）から軍人に転身し、大宰相に出世したものもいた。

ニキーらによって帝室財政悪化の元凶とみなされ、国事に介入する女性たちの厚顔ぶりも批判されてきた。

しかし、そもそも、後宮は宮殿内にありながら、政務が行なわれる外廷から離れ、スルタンが公けにできないことがらを話したり、情報収集するには格好の場であった。しかも、ハセキ・スルタン*やスルタンの母后（ヴァーリデ・スルタン）たちのなかには、美貌に加え知性を備えた女性も見うけられた。たとえば、スレイマン一世の后であったヒュッレム（別名ロクソラーナ、一五〇〇？－一五五八）は、しばしばサファヴィー朝との戦争に出かけたスルタンに手紙を書き送っており、そのなかには、地中海でのオスマン海軍の勝利やイスタンブルでの疫病の蔓延などを知らせるものも含まれていた。スレイマンはこの手紙を通じて、首都を遠く離れても宮殿での動きだけでなく、国家の重要な情報を得ていたのである。

十七世紀になると、皇子たちは即位するまで後宮で暮らすならわしとなるが、外界と交わることなく成長したスルタンのなかには、精神を病んだもの、貂《てん》の毛皮を偏愛するものなど、およそ為政者の器に値しない人物も現われた。したがって、ときにはキョセム・スルタン（一六二三－一六五二）のような強い指導力をもつ母后が国事に介入する必然性が生じていたのかもしれない。ここにも、十六世紀後半から十七世紀オスマン期における支配システムの変容の姿を見ることができよう。

＊ハセキ・スルタン 男子を産んだ愛妾（ハセキ）はハセキ・スルタンと呼ばれ、後宮内での地位があがった。

コラム　コーヒー物語

（江川ひかり）

イスタンブルのボスポラス海峡を見下ろすレストランでトルコ・コーヒーを注文したがなかなかこなかった時、同席していたトルコ人研究者が「今、イエメンでコーヒー豆を採って、積み荷しているから」と言ってニヤリと笑ったことがあった。はるか四五〇年以上の昔に、まさにイエメンからイスタンブルに伝えられたコーヒーは、十六世紀中葉のイスタンブルにおいて世界初のコーヒー店を誕生させた。われわれの日常生活においてごくあたりまえの嗜好品であるコーヒーは、実はアラブ生まれ、オスマン育ちの、イスラーム文明のたまものだったのである。

コーヒー飲用の始まりには、「オリエンタリズム」的に脚色されたものや、アラブの年代記作家たちの記述などさまざまな逸話が残されているが、イエメンにおいてコーヒーの飲用が始まることと、イスラームの神秘主義教団の僧侶が関係しているということが共通要素である。その名残として現代のチュニジアなどでは、コーヒーを**「シャーズィリー」**（神秘主義の**シャーズィリー教団**にちなんで）と呼んでいるという。

そもそもコーヒーの木の原産はエチオピアの山岳部で、そこからなんらかの経緯でイエメンへもたらされたと考えられている。最初はコーヒー豆そのものを食べていた可能性もあるが、十五世紀初めごろにイエメンで飲用され、十五世紀半ばに都市の**スーフィー教団***（二四〇頁参照）によってコーヒーが採用されたことをきっかけに、アラビア半島の別の地域へスーフィー教団関係者や商人によって伝えられ、十五世紀末十六世紀初めごろにはマッカ、カイロ、シリアへと伝わり、十六世紀中葉にはイスタンブルにまで広がった。

キャーティプ・チェレビー*によれば、一五四三年にコーヒー豆が船でイスタンブルに到着したが、コーヒー禁止の法《フ》学意見書《エトヴァ》（一八四頁参照）が出されていたために、反対されたようである。このことは、この時期以前にすでにイスタンブルでコーヒーの飲用が始まっていたことを示している。そしてとうとう、一五五四年ごろに二人のシリア出身者によってイスタンブルに**世界初のコーヒー店**（トルコ語で**カフヴェ・ハーネ**、アラビア語で**マクハー**）が開店した。その場所は旧市街ガラタ橋のたもと、今日も庶民が香辛や肉、魚、野菜などの日常の食材を買うエジプト・バザールに隣接したタフタカレ地区であった。

それまでのコーヒーは、出前の辻売りか、立ち飲みスタンド形式で売られてきた。コーヒーを煮立てる炉とごくわずかなスペースさえあれば、人々はそこに面した路地に坐り込んだり、立ったまま飲んだであろう。ところが、イスタンブルのコーヒー店では、コーヒーを坐って、くつろいで飲むという時間と空間を提供したのであった。男だけが集うコーヒー店は、トルコ・コーヒーを飲みながら政治談義をし、時にはイエメン、エジプトあるいはウィーンからの最新ニュースを聞き、時には現政権批判やスルタンや政治家のゴシップ、あるいは近隣住民のうわさ話に花をさかせる男たちの社交場となっていった。

なによりも**飲酒が禁止**されていたイスラーム世界において、コーヒーは代表的嗜好品としての地位を築きあげていった。さらにコーヒー店では、吟遊詩人《アーシュク》によるサズ*の弾き語りや伝統的影絵芝居カラギョズが上演されることもあった。そのためにコーヒー店は、時のスルタンあるいは政府当局から、不穏分子の溜まり場あるいは風紀の乱れた悪しき巣窟と見なされ、監視や閉鎖の対象となったのである。

コーヒーの語源はアラビア語のカフワ（qahwa）であるが、初期のカフワとは同時に「ワイン」の別称で「食欲を絶つもの」という意味があり、後に今日のいわゆるコーヒーを意味するようになったという。**コーヒーの飲用**に関しては当初からさまざまな論争が繰り広げられてきた。オスマン帝国における**コーヒーをめぐる議論**も、論点は大きく二つに分けられる。第一は、コーヒーの飲用そのものが身体的、医学的、法的に適正か、否かという問題である。第二は、コーヒー店の政治的、社会的影響に関する議論である。オスマン帝国でも、これら二つの論点はごちゃ混ぜに議論されていたことが理解される。例えば、スレイマン一世の侍医長職にあったメフメド・ベドレッディン・コソニーは、コーヒーは医学的に害がなく、少量の飲用は益がありえるとする見解を示したが、これに対してウラマーから、コーヒーが政治的観点から問題であるために反対する法学意見書《フェトヴァ》が下されている。

十六世紀にイスラーム長官としてもっとも重要な人物であったエブッスード・エフェンディは、「勉強を促進させたり、消化を助けたりするためにコーヒーの飲用は合法ですか？」という問いに、不信心者が娯楽にふけってコーヒーを飲むことは「忌避*」であると断言した。彼によれば、放蕩者がコーヒー店に集まってバックギャモンやチェスをして、酔いをもたらす飲み物やコーヒーを飲んで、酔ってしまった者は礼拝をさぼったりするので、このような店は閉鎖されるべきであると述べている。つまりこのことからも、コーヒーの飲用そのものは神によって禁止はされないが社会的に推奨もされない「忌避」であるというのだが、むしろコーヒー店がつくりだす政治的、社会的影響が問題とされていたことが理解できる。他方、十六世紀末のイスラーム長官ボスタンザーデ・

メフメト・エフェンディは、コーヒーに関するあらゆる種類の抗議への答えとして、コーヒーには酔いをもたらすものはなにもなく、健康に有益な飲み物であると述べたという。

コーヒーの飲用に関するオスマン政府の命令は、すでに十六世紀前半から増加し、十六世紀後半にかけてシリアやエジプト、イスタンブルのコーヒー店も閉鎖の対象となった。しかし、コーヒーの飲用を完全に止めることはできず、それどころかイスタンブルにおけるコーヒーの消費は増加した。十六世紀後半には、炉のみのコーヒー店を含めてイスタンブルには約六百店が存在していたという記録もある。ムラト四世(一六二三—四〇)時代には、一六三三年に発生した市の大部分を焼失した火災が、コーヒー店でのタバコが原因であったことから、スルタンの勅令によってイスタンブルをはじめオスマン帝国内の全都市におけるコーヒー店の閉鎖が命じられた。

にもかかわらず、十七世紀には政府要人がコーヒーをふるまうことは重要な儀礼的性格をもつようになっていった。なによりも毎年イエメンのモカ港からエジプトへ五千トンのコーヒー豆が輸入され、それらのうちの半分がイスタンブルで消費された。そして急増する需要からコーヒー豆の欠乏や価格の上昇に悩まされたために、ひよこ豆やエジプト豆による代用コーヒーすらつくられたという。このようにコーヒーの飲用やコーヒー店が再三の禁止にもかかわらず、再開された理由の一つは、人々のコーヒーへの飽くなき欲求とコーヒー貿易が帝国に関税収入をもたらしたからであった。

今日飲用されている**トルコ・コーヒー**は、トルコ共和国はいうまでもなく、かつてオスマン帝国の領土であったエジプト、シリア、ギリシア、ブルガリア、旧ユーゴスラヴィアなど東地中海地域、東欧地域でも飲まれていて、その**飲み方**はほぼ同じである。現代の政治的問題も影響して、ギリシアでは「ギリシア・コーヒー」と呼ばれ、旧ユーゴスラヴィアでは「トゥルスカ・カファ」(トルコ・コーヒー)と呼ばれていたが、現在のセルビアでは、いわゆるトルコ・コーヒーはたんに「カファ」と呼ばれている。エジプトでは一般に「トルコ・コーヒー」を飲むが、アラビア半島では「アラブ・コーヒー」も飲まれている。**アラブ・コーヒー**の特徴は、豆そのものは同じであるが、香料としてカルダモンやしょうがを入れる点が、トルコ・コーヒーと異なっている。

カップはとってのついた日本酒のぐい飲みほどの大きさで、トルコ・コーヒーを濾せばイタリアのエスプレッソのようになる。**コーヒーの淹れ方**は、挽いたコーヒー豆と、水と、客の注文に応じた量の砂糖をひしゃく形のコーヒー鍋(トルコ語ではジェズヴェ)に入れて、お店の人が煮立てるのである。つまり客は、テーブルに運ばれたコーヒーに砂糖を好きなだけ入れることはできない。そのためトルコ・コーヒーは、注文時にあらかじめ砂糖の分量を尋ねられる。トルコでは一般に、砂糖なし（サーデ）、砂糖少し（アズ・シェケルリ）、中ぐらい（オルタ・シェケルリ）、たくさん（チョク・シェケルリ）という四段階がある。このように煮立てられたコーヒーが小さなカップに注がれ、テーブルに運ばれてくる。カップの下には多くの粉が沈殿するため、その上澄みを飲むことになる。したがって、トルコ・コーヒー一杯といっても、飲める分量は多くない。ただしカップの底に残った泥状の粉は、**コーヒー占い**に利用される。カップに受け皿を被せて、さかさまにして受け皿に粉をすてた後に、なおかつカップに残った粉が形づくる文様から、飲み手の将来や運を占うのである。深い香りと苦みのある味をちびりちびり楽しみ、時にはコーヒー占いに耳を傾けることで、その時間と空間に置かれた心身がリフレッシュされる。トルコ・コーヒーは、インスタント・コーヒーに比べて手間とコストがかかるため、友人の家に招待されたり、あるいはレストランでもト

トルコ・コーヒーを淹れる（カップとひしゃく形のコーヒー鍋ジェズヴェ）

コーヒー占い　受け皿にすてた粉とカップに残った粉

ルコ・コーヒーでおもてなしを受けた時は、「大切なお客様」として歓待されたことを意味している。

イスタンブルにおけるコーヒー店の開店から遅れること約百年弱、ようやく十七世紀の半ばに、ヴェネツィアのサンマルコ広場に**ヨーロッパ初のコーヒー店**が開店した。同じくイスラーム文明からもたらされた**砂糖**と結びついたコーヒーは瞬く間にヨーロッパ中に広がり、十七世紀半ばにはオックスフォード、ロンドン、ウィーン、そしてパリにそれぞれコーヒー店が開かれていった。以後コーヒー店は、政治論争の場として、あるいは情報の発着地として、市民社会の拠点として市民革命を導く陰の主役となった。「ヨーロッパ近代」を築き、今も世界の人々を魅了してやまないコーヒーおよびコーヒー店が、イスラーム文明のたまものであったことを現代的な意義として再考すれば、私たちはまずは坐ってコーヒーをくつろいで飲み、知らぬ同士が会話を楽しむ時間と空間をつくりだすことの大切さに気づくであろう。

＊キャーティプ・チェレビー（一六〇九―五七）本名は、ムスタファ・イブン・アブドゥッラー。十七世紀オスマン朝最高の百科全書的博物学者、著述家で、天文学、歴史学、イスラーム学など幅広い分野に著作を残した。代表作は地理書『世界の鏡』。

＊サズ　洋梨型胴部上から長い棹に六〜七本の金属弦を張った撥弦楽器。トルコ系民族音楽において欠かすことができない大衆的楽器。
＊忌避　イスラーム法（シャリーア）において特定の事項に関して信徒がとるべき態度を五つの範疇に分類したものの一つ。五つの範疇とは義務、推奨、許容、忌避、禁止であり、これらのうち「忌避」とは、行なわないことが推奨されているが、行なってもとがめられないことを意味している。

V　ムスリマ・ムスリム群像——歴史と現代

ムスリマ

時を超えて輝くイスラーム女性

（小杉麻李亜）

歴史を通じて、現代において、イスラーム世界で最も愛されてきた女性**ムスリマ**（ムスリマはムスリム＝イスラーム教徒の女性形）は誰であろうか。

まずは、預言者ムハンマドの最愛の妻**ハディージャ**（？—六一九）が挙げられるだろう。欧米では長らく、ハディージャの死後に預言者ムハンマドの妻となったアーイシャに「最愛の妻」という称号が与えられていたが、イスラーム圏において、ハディージャこそが最愛の妻、第一の女性とされていることは疑いを入れない。

彼女は預言者ムハンマドと同じクライシュ族の女性で、商業を営んでいた。非常に美しく裕福で、四十歳の時、十五歳年下であったムハンマドに結婚を申し込み、彼の妻となった。結婚からおよそ一五年後に、ムハンマドはイスラームを創始することになるが、その際に夫の言葉を信じ人類で最初のムスリムとなり、六十五歳で亡くなるまで預言者のかたわらにあり続けた。

ハディージャが第一の女性とされる理由は、三つある。第一に、ハディージャを讃

▶ムスリム・ウラマー世界連盟の大会より

える預言者ムハンマドの言葉（**ハディース***）が数多く残されている点である。預言者ムハンマドが彼女の死後も彼女を讃え続けたため、アーイシャらほかの妻たちがたびたび嫉妬したことが記録されているほどである。それらのハディースは現在でも人口に膾炙し、たびたび言及される。

例えば、預言者の以下のような言葉が伝えられている。

「彼女〔ハーディジャ〕は、人々が誰も信じなかった時に私を信じた。彼女は、人々が私を嘘つきだと言った時に、私を信じてくれた。彼女は、ほかの誰も私に手を貸さなかった時に、自分の富によって、私を助けてくれた。妻の誰からも子どもが授からない時、アッラーは彼女から私に子どもを与えてくれた。」

第二の理由は、ハディージャがイスラームの根幹をなす聖典クルアーンの成立に立ち会った点である。彼女の名前はクルアーンには出てこない。そもそもクルアーンは固有名詞に言及することが非常に少なく、女性では後述のマルヤムだけである。ハディージャの名前はクルアーンには出てこないが、クルアーンの章句が啓示された瞬間に立ち会うという形で、彼女の存在はクルアーンの章句に刻まれている。

その最たるものは、最初の啓示が以下のようになされた時、恐れをなした預言者ムハンマドは、ハディージャのもとへ帰り、自分を布でくるんでくれと頼んだとされる。

「読め！「創造なされた汝の主の御名によって。かれは、凝血から人間を創られた」」

***ハディース**　預言者ムハンマドが語った言葉や行なったことを記録したもの。第二の聖典とされ、その分量はクルアーンの何十倍もあり、膨大な数にのぼる。一つのハディースは、預言者の言行を記した本文（マトン）と、それを伝えた伝承者の名を連ねた部分（イスナード）からなる。三一頁も参照。

（凝血章一―二節）

そのような状態の預言者に、以下の章句が下される。

「衣にくるまる者よ、立ち上がり、警告せよ」（衣にくるまる者章一節）

この「衣にくるまる者」とは、預言者ムハンマドのことであるが、その彼をまさに「くるんだ」のは、ハディージャである。ムハンマドが初めて啓示を受け、恐慌状態のうちに逃げ帰った先にはハディージャがおり、彼女は彼を布でくるみ、守った。しかも、彼女は自分の従兄弟のワラカに相談し、その時ムハンマドの身に起こったことが天使の来訪と神の啓示であることを理解し、そのことをムハンマドに伝え**預言者**として立つよう励ましたとされる。イスラームにおいて、クルアーンを最初に**啓示**であると理解したのはムハンマドではなく、まさにハディージャだったのである。

第三の理由は、彼女が、彼女の死後生じてくる党派争いとは無縁であり、どの宗派の人からも嫌われる要素を持たないことが挙げられる。例えば、ハディージャの死後、預言者の妻となる**アーイシャ**は、第一代正統カリフ、**アブー・バクル**の娘であり、彼が**アリー***が継ぐべきカリフ位を奪ったとする**シーア派***では、彼も彼の娘も崇敬や愛慕の対象とはなっていない。それに対し、ハディージャは党派争いと無縁であっただけではなく、アリーにとっては育ての親であり、シーア派にとっても重要な女性である。

預言者ムハンマドの妻たちはみな、「信徒たちの母」という称号を受けるが、ハデ

***アリー**（?―六六一） 預言者ムハンマドの従弟で、預言者の娘ファーティマの夫。第四代正統カリフ。イスラームの騎士の鑑とされる。

***シーア派** 預言者ムハンマドの後継者をめぐり、アリーを敬愛し、他の正統カリフを認めず、派を分かった人々。当初は「アリーの党派」の意味の「シーア・アリー」と言われた。

ィージャはそのなかでも特にその尊称で呼ばれるイスラーム第一の女性である。預言者ムハンマドの言葉にも表われるように、彼女の優れた性質としてはイスラームへの信仰のほか、美や富が挙げられる。預言者ムハンマドをはじめ、イスラーム初期の人々は理想の人物像としてモデル化され、時にはイメージ戦略に活用されることもある。しかし、ハディージャの美質は、従順や貞潔を訴えるイスラーム女性像とはあまりそぐわず、イメージ戦略の表象にハディージャが使われることは比較的少ない。意外にも、イスラームの女性論のなかでは影の薄い人である。

それに対し、崇敬の対象として愛され、かつイスラームの理想の女性像としてイラン・イスラーム革命などを通じて、象徴化されていったのが、ハディージャと預言者ムハンマドの間に生まれた**ファーティマ**（六〇五頃―六三三）である。彼女には、カースィム、アブドゥッラー、ザイナブ、ルカイヤ、ウンム・クルスームという五人の兄弟姉妹がいたが、第四女であった彼女を除いて全員が夭折している。父親の死を看取ったのも彼女だけであった。

ムハンマドがイスラームを創唱した時、彼女は五歳であった。長ずるに及んで、後の第四代正統カリフとなるアリーと結婚する。イスラーム共同体の主導権をめぐって対立が生じ、極端にアリーを支持した人々がシーア派となる。シーア派においては、アリー、ファーティマと彼女らの息子ハサン、フサインへの崇敬が非常に強く、九〇九年に北アフリカに建ったシーア派政権ファーティマ朝も、彼女にちなんでいる。

預言者の子孫は**「サイイド」**（女性形は「サイイダ」）と呼ばれ、今日でも特別な血筋として崇敬の対象とされるが、その全員が彼女を通じた子孫である。彼女自身は「ファーティマ・ザフラー」（華やぎのファーティマ）という敬称で呼ばれ、「ファーティマ」という名は、スタンダードなムスリマ名として定着している。

著名な女性としてはほかに、ファーティマの娘**ザイナブ**（?－六八二）が挙げられるだろうか。彼女は兄フサインが為政者の息子によって殺害された際、殺害者を公然と非難したエピソードで有名で、ファーティマ同様、地域を越えて崇敬の対象とされている。特にカイロには、サイイドナー・フサイン・モスクとサイイダ・ザイナブ・モスクがあり各地から人々が参詣に集まっている。欧米の研究では、フサインはエジプトの守護聖人であり、ザイナブはカイロの守護聖人であると表現されることもある。

これらの女性たちは、ムハンマドに最も近しく、イスラームの成立において重要な役割を果たした。さらに彼女たちに加え、もう一人格別に愛され続けている女性を忘れてはいけないだろう。**マルヤム**である。

アラビア語ではマルヤム、トルコ語ではメルイェム、インドネシアではマリアという発音で親しまれ、「サイイダ・マルヤム」、時には「サイイダ・マルヤム・アズラー」、ウンム・イーサー」（イエスの母・聖処女マリア）の敬称で呼ばれるこの女性は、もちろんイエス・キリストの母**マリア**のことである。

マリアとは誰なのかという問いに対する答えは、キリスト教においては、人性／神性をめぐる問題や処女懐胎、被昇天など教義上の論争、中世から始まった民間信仰におけるマリア崇敬の流れなどが相まって、数が多く、非常に複雑である。

それに比して、イスラームのマルヤム像はシンプルである。ムスリムたちにとっても歴史上実際に存在した人物と信じられているが、マルヤムがどのような人間であったのかを規定するのは、歴史史料やキリスト教の教義ではない。ムスリムにとっては、西暦七世紀に成立したクルアーンと預言者ムハンマドの言葉が、マルヤムが誰なのかを語る主要な資料であり、そのテクスト以上のことは必要とされていないからである。

そして、ムスリムは意識的であれ無意識的であれ、マルヤムのことをムスリムであると考えている。キリスト教のマリア崇敬が取り込まれたのではなく、イスラーム成立時から敬虔な女性としてマルヤムに非常に高い地位が与えられてきたのである。

まず、マルヤムは、クルアーンに固有名が明示される唯一の女性であり、登場回数が異例なほど、多い。実に七〇の節のなかで言及されており、名指しは三四回ある。それらの章句のなかでは、受胎告知、処女懐胎などの教義的な側面が言及されると同時に、彼女の美徳として、純潔や神への服従、信仰心などが讃えられている。

例えば以下の章句がある。

「それで主は、恵み深く彼女を受け入れて、美しく成長させ、ザカリーヤーに彼女の養育をまかせた。ザカリーヤーが彼女を訪ねて聖所に入る度に、彼女の前に、食物があるのを見た。彼は尋ねた。「マルヤムよ、どこからこれがあなたに（来たのか）。」彼女は（答えて）言った。「それはアッラーの御許から。」」（イムラーン家章三七節）

この章句は「ミフラーブの節」と呼ばれ、世界中のモスクのミフラーブ（壁龕《へきがん》）の装飾に「ザカリーヤーが、彼女を訪ねて聖所に入る度に」の言葉が描かれているが、この「彼女」とは、マルヤムのことである。

また、彼女を讃える預言者ムハンマドの言葉としては、以下のものが有名である。

「マルヤムは彼女の時代において、世界最良の女性であった」

現代のイスラーム世界を訪れると、たくさんのマルヤムたちに出会う。ムスリムの女性たちは互いに名前を尋ね合い、互いの名前の素敵さを褒め合う。ハディージャ、ファーティマ、ザイナブなど、有名なムスリマにちなんだ名前もあるが、マルヤムという名前について語る時のはしゃぎぶりは、また格別である。かくいう筆者も、マリア（麻李亜）という名を負っており、「まあ！　あなたもマルヤムなのね！」という言葉とともに、はしゃぎの渦に巻き込まれるのである。

王権者——カリフから女性スルタンまで

活躍したイスラームの女性たち

（後藤裕加子）

イスラーム世界最初の王権者は、第二代正統カリフの**ウマル***といわれている。ムハンマド死後の諸反乱平定のエネルギーを遠征に向けたアラブ・イスラーム軍が、数十年で支配領域を東は中央アジアから西は北アフリカにまで拡大すると、それに見合った国家体制の整備が急務となった。この任を果たしたのがウマルであった。激情家で厳格なウマルは敵にまわすと怖いが、味方にすると心強いタイプで、初めイスラームを迫害したが、改宗すると熱心な信徒となり、ムハンマドと初代カリフの**アブー・バクル**を補佐して共同体の安定に努めた。カリフに選出されてからは、マディーナから有力な軍事司令官たちを遠隔操作しながらシリア、エジプト、イラクへの征服活動を指揮した。そのかたわら徴税制度やそれに基づく軍人への俸給制度の整備、関係官庁の設置、マディーナへの移住を元年とする新暦（**ヒジュラ暦**）の創設など、移住時には小規模の集団に過ぎなかったイスラーム共同体の諸制度や法の基礎確立に尽力した。キリスト教徒やユダヤ教徒などの、共同体内の非ムスリム庇護民の権利と義務を

＊ウマル（在位六三四—四四）クライシュ族の出身。長女ハフサはムハンマドの正妻の一人。最後は自らのペルシア人奴隷に刺殺された。

＊スンナ派　預言者のスンナに従う人々の意味。ムスリムの多数派を形成する宗派。

＊ウマイヤ朝（六六一—七五〇）シリア総督ムアーウィヤが建設。首都はダマスクス。

＊アッバース朝（七五〇—一二五八）　ウマイヤ朝打倒とムハンマドの家系による統治を掲げた革命で、アッバース家が興した王朝。ムスリムの平等が実現し、ウマイヤ朝がアラブ帝国と呼ばれるのに対し、イスラーム帝国と称される。

＊ハールーン・アッラシード（在位七八六—八〇九）　即位後の十七年間はバルマク家が国政を担った。同家の断絶後は自ら

定めたのもウマルであったといわれる。共同体の最高権威者としての**カリフ**の権威も確立し、**スンナ派***世界においては、ウマルは今日に至るまで理想の指導者とされる。ただし当時のカリフは統治などの政治的権限は有するが、あくまでもその合意のもとに選出される、共同体の指導者的な性格が強かった。カリフ位が世襲され、王朝と呼ばれるような国家体制が整うのは、ウマイヤ朝が成立して以降のことである。

ウマイヤ朝*がアラブ優位の王朝であったのに対し、つづく**アッバース朝***では増加著しい非アラブ・ムスリムや異教徒が政治・経済・学問などの諸分野で活躍し、首都バグダードを舞台に国際的で華やかな時代を創出した。その最盛期を代表するカリフが、『アラビアン・ナイト』*の登場人物として有名な第五代**ハールーン・アッラシード***である。物語ではイラン系の宰相でバルマク家のジャアファルをお供にバグダード市内をお忍びで視察し、大岡裁きを行なう、風流で厳正な絶対君主として描かれる。しかし史実では、巨大になりすぎた帝国の辺境で、この頃から中央からの離反・独立の動きが活発になり、カリフはその対応に苦慮した。対ビザンツ帝国など多くの遠征を行ない、四十半ばで病死したのも、反乱鎮圧のための東部遠征の途上であった。

八世紀の末からは各地で地方政権が誕生した。エジプトに拠った**シーア派***の**ファーティマ朝***やアンダルスの**後ウマイヤ朝***の君主がカリフを自称したことで、アッバース朝のカリフの権威は失墜し、九世紀前半に正式導入されたトルコ系奴隷軍人（マムル

政務に携わった。

＊『アラビアン・ナイト』　五〇頁以降参照。

＊シーア派　二一六頁参照。

＊ファーティマ朝（九〇九―一一七一）シーア派の一派イスマーイール派が建国した王朝。活発な宣教活動を展開してアッバース朝に対抗した。

＊後ウマイヤ朝（七六五―一〇三一）　イベリア半島に逃れたウマイヤ朝カリフの後裔が建設した王朝。首都コルドバ。

＊マムルーク　所有されたものを意味するアラビア語。トルコ人、チェルケス人など白人の奴隷軍人を指す。軍事力をもってしばしば政治の実権を握った。

＊ブワイフ朝（九三二―一〇六二）　イランに興ったシーア派

ーク）＊によって自由に改廃されるまでになった。**ブワイフ朝**＊のバグダード入城をもって政治の主権は軍事政権に移り、カリフはイスラーム世界を統合する宗教的な象徴として、**スルタン**＊に支配の正統性を付与するだけの存在となった。十三世紀の半ばにアッバース朝がモンゴル軍の進軍で滅亡し、カリフ不在となると、イスラーム世界は地域ごとに王朝が成立し、その政治的な分裂は決定的となった。

ヨーロッパで聖地回復を名目に**十字軍**が組織されたのは、アッバース朝の衰退が決定的となった十一世紀末のことであった。時の軍事政権セルジューク朝にもファーティマ朝にも往時の力はなく、イスラーム側は十字軍の侵入をやすやすと赦すことになった。約一世紀後にエルサレムを奪還したのが、ヨーロッパにもその武勇や公正さで名を知られた**サラディン**＊である。サラディンはファーティマ朝宰相からの援助要請を受けてシリアの**ザンギー朝**＊が派遣した遠征軍に同行した。司令官だった叔父の死後を継いで宰相となってエジプトの実権を掌握、同地にスンナ派の信仰を復活させた。若干三十歳の若さであった。ファーティマ朝最後のカリフもまもなく死亡したため、サラディンは事実上**アイユーブ朝**＊の建国者となった。だが彼の目標はアッバース朝のカリフを最高権威者としてイスラーム世界を統一することであり、自らスルタンを名乗ることはなかった。また、ザンギー朝の旧主に対しても、その存命中は臣従の態度を崩さなかった。これをサラディンの深慮遠謀と否定的にとる向きもあるが、むしろス

王朝。

＊スルタン　アッバース朝のカリフがトルコ系のセルジューク朝（一〇三八―一一九四）の君主に正式に授けてから用いられるようになった、スンナ派イスラーム王朝の君主の称号。

＊サラディン　一一九三年没。正しくはサラーフ・アッディーン（宗教の救い）。クルド人でイラク北部のティクリート市知事の子として生まれた。

＊ザンギー朝（一一二七―一二五〇）　セルジューク朝のアター・ベク（王子の養育係）が各地で建国した地方王朝の一つ。シリアを本拠地とし、はじめて十字軍に対する聖戦を唱えた。

＊アイユーブ朝（一一六九―一二五〇）　エジプトとシリアを支配領域としたスンナ派王朝。

＊サファヴィー朝（一五〇一―

ンナ派ムスリムとしての道徳心や忠義心の篤さを評価すべきであろう。エジプトとシリアを統一したサラディンは、**エルサレム奪還**という念願も達成したが、彼の軍功を嫉んだカリフからは疎まれるようになり、十字軍との争いも膠着状態のまま、蝋燭の灯が燃え尽きるようにシリアのダマスクスで五十代半ばで生涯を閉じたのである。

ところで、近代以前のイスラーム世界では、**女性**が政治の表舞台で活躍する場面は限られていた。幼君や政務に無関心な夫に代わってハーレムの女性が政治を動かすことは珍しいことではなかったが、あくまでも夫や子があっての存在であった。オスマン帝国と覇を競ったイランの**サファヴィー朝***では、第二代シャー（王）、タフマースブ*は利発な次女パリー・ハーン・ハーヌムを私的な政治顧問として重用した。独身の王女は父王の死後もキングメーカーとして自らの影響力を保持しようとした。しかし、異母兄弟のムハンマド・フダーバンダ*が第四代シャーとなったことは、彼女の誤算だった。ムハンマドの傍らには、政治的野心に満ちた王妃がつき添っていた。王妃は預言者ムハンマドの血筋をひくイラン系の地方王朝の王族で、気位の高さは王女に引けを取らなかった。二人の高貴な女性の争いは、**キジルバーシュ***と呼ばれるトルコ系の軍事貴族、主に行政を司るイラン人、新興勢力の**チェルケス人***の三勢力の宮廷内での権力争いでもあった。後ろ楯のないパリー・ハーン・ハーヌムは絞殺され、宮廷の新しい女主人も政治への口出しが過ぎて同じ運命をたどった。弱視のシャーに実質

一七三六）　神秘主義教団を母体に建設されたイラン統一王朝。シーア派を国教とした。

***タフマースブ一世**（在位一五二四―七六）　幼少で即位したが、キジルバーシュ諸部族間の勢力均衡を保ち、国内を安定させた。

***ムハンマド・フダーバンダ**（在位一五七八―八七年）　先代シャーだった弟による一族男子虐殺を免れ、その怪死後に即位。統治能力に乏しく、内乱を招いた。

***キジルバーシュ**　サファヴィー教団の熱狂的な信者集団を構成したトルコ系遊牧民。その軍事力で王朝建設に貢献したが、度重なる勢力争いが王朝に政治的混乱をもたらした。

***チェルケス人**　サファヴィー朝に従属したコーカサス地方のキリスト教徒住民。グルジア人

的な政務執行能力がないなかでこの権力争いに勝ったのは、彼女たちの殺害に直接関与したキジルバーシュであった。そしてサファヴィー朝が最盛期を迎えるのは、第五代シャー・アッバース一世*がキジルバーシュの勢力を殺いだ時である。

　女性君主が国を統治する例は近代以前のイスラーム世界では稀であったが、短期間とはいえスルタンとして政治能力を発揮した二人の同時代女性を最後に紹介しよう。

シャジャル・アッドゥッル*はトルコ系の女奴隷で、アイユーブ朝の第七代スルタン・サーリフの愛妾となり、その子ハリールを生むと自由身分にされ正妻となった。十字軍の進軍を目前にサーリフが亡くなると、アイユーブ朝最後のスルタンが即位するまで夫の死を隠し、彼の名で署名した勅書を発して軍司令官らを指揮し、王朝の危機を救った。アッバース朝が正式採用した奴隷軍人は、アイユーブ朝宮廷でも実権を握った。彼らはまもなくスルタンをクーデタで殺害し、有能なシャジャルをスルタンの座に就けた。彼女のスルタンとしての正式名は「ハリールの母」で、彼女の即位は形式上アイユーブ朝の王位継承の枠内で行なわれたが、ハリールはすでに夭折しており、シャジャルは事実上**マムルーク朝***の初代スルタンとなった。だが奴隷出身の女性スルタンの誕生は周囲からの批判を呼んだ。そこで賢明なシャジャルは三ヶ月でスルタン位を武将のアイバクに譲り、アイバクと再婚して政務に関与を続けた。夫には愉快ではない。アイバクは彼女を疎んでザンギー朝の王女を娶ろうとした。対抗してシ

同様、タフマースプ時代以降に奴隷として導入されるようになった。王女の母はこの出身。

＊アッバース一世（在位一五八七―一六二九）　父ムハンマドを退位させて即位。キリスト教徒奴隷からなる新軍創設などの諸改革を行ない、キジルバーシュ勢力の抑制に成功した。

＊シャジャル・アッドゥッル（在位一二五〇）　真珠の樹の意。もとはアッバース朝カリフの宮廷にいたともいわれる。

＊マムルーク朝（一二五〇―一五一七）　マムルークが建設した王朝。首都カイロ。よそ者奴隷集団が建国したため、体制の長期維持は疑問視されたが、モンゴル軍の進軍を止め、十字軍を完全排除、オスマン帝国に破れるまでスンナ派イスラーム世界の覇者となった。

ヤジャルは彼を殺害したが、自らも直後に軍人たちに暗殺された。
トルコ系軍事奴隷の供給地であった中央アジアでは、マムルーク朝に先駆けて奴隷の王朝が成立した。北西インドはこれらのイスラーム軍による度重なる侵略を受け、十三世紀の初めに最初のイスラーム王朝の**奴隷王朝***が成立した。巧みな外交戦略でモンゴルのインド侵入を回避した第三代スルタン・イレトゥミシュ*は、生前に自分の遠征中の留守を任せて優れた統治能力を発揮した長女**ラズィヤ***を後継者に指名した。これに反対した有力トルコ人軍事貴族たちが彼女の放埒な兄弟を代わりにスルタン位に就けたため、ラズィヤはデリー市民の協力を得て蜂起し、ようやくスルタン位に就いた。ラズィヤは軍事貴族の勢力均衡を上手に操作しながら次第に勢力基盤を堅固なものにさせていった。遠征に際しては自ら指揮を取り、アビシニア人の側近を従え、男装で公衆の面前に現われて、象に騎乗したという。これらはトルコ系貴族の反発を買うのに十分であった。クーデタで退位させられたインド・イスラーム版男装の麗人は、反クーデタ蜂起に失敗して処刑された。

　女性が王権者となるには男性以上の有能さを証明しなければならなかった。しかし、それはかえって周囲の異性の政敵の嫉妬を招く。政争に負けた時、待つ運命は男女等しく、近代以前のイスラーム世界では、多くの場合それは残酷な死を意味した。

***奴隷王朝**（一二〇六―一二九〇）　デリーを首都とした北西インドの五つの王朝、デリー・スルタン朝の最初の王朝。

***イレトゥミシュ**（在位一二一一―一二三六）　イルバリー族の首長の息子で、奴隷王朝初代スルタンの軍事奴隷出身の武将。奴隷王朝の北インド支配を確立した。

***ラズィヤ**（在位一二三六―一二四〇）　正確な名はラズィヤ・アッドゥンヤー・ワッディーン（現世と宗教の恩恵）。

法学者

イスラーム社会を護持する

（末近浩太）

「知識の探求は、すべてのムスリムとムスリマの義務である」。**ハディース***は、預言者ムハンマドのこのような言葉を伝えている。男女の別にかかわらず、すべてのムスリムは世界を探求し、知識を豊かにすることが求められるのである。そのため、敬虔なムスリムであれば誰もが知の担い手であると見ることもできる。しかし、古今東西、傑出した人物はいるものである。長いイスラームの歴史のなかでも、深い学識を有し、さまざまな知の体系の創造と発展に貢献した人々がいた。学問や科学についていかに優れた功績を残したかということがらにおいて、男女の別は本質的な意味を持たない。イスラームにおいても傑出した知の担い手には、男性もいれば女性もいる。

このことを端的に示すのが、第一代正統カリフ、アブー・バクルの娘であり、預言者ムハンマドの妻の一人であった**アーイシャ***である。彼女はムハンマドの死後、イスラームの教えを広めること、特に預言者の言行を後代に伝えることに力を注いだ。彼女の弟子たちは多くのハディースを伝えており、スンナ派の二大『真正集』（サヒー

***ハディース**　三一頁参照。

***アーイシャ**（六一四頃―七八）預言者の後継者問題において、第四代カリフ、アリーの正統性に対して反発をしたため、シーア派（すなわちアリーの党派）からは評価されていない。したがって、シーア派においては彼女とその弟子が伝えるハディースは採用されていない。二一六頁も参照。

フ）*には約三百が収録されている。このようなアーイシャの生き方は、今日に生きるスンナ派のムスリマにとっても一つの模範となっており、女性が教育を受け、教師となることが正当であるとされる根拠となっている。今日でもスンナ派では女の子が生まれるとアーイシャの名前が与えられることが多いが、このことからもムスリムとムスリマの時代を超えた彼女への深い尊敬がわかるだろう。

イスラームにおいては、性別だけではなく、職業の別もイスラームにおける知の担い手を考える上では些細な問題となる。学者や専門家といった職業に就き、知によって生計を立てなくとも、その知的功績が後世へと伝えられた例も多い。『真正集』を編纂した稀代のハディース学者**ブハーリー***は、ホラーサーンからエジプトまで各地を歴訪しながら無数のハディースを収集したが、そのあいだ土地から土地へと移動しながら交易にたずさわり、いわば貿易商として身を立てていたと伝えられている。

イスラームの「宗教諸学」（ウルームッディーン）であるクルアーン学、ハディース学、法学、神学のなかで、最も社会や政治からの直接的な要請があるのは、具体的な法律や規則を扱う法学である。しかし、その専門家である**ウラマー***ですら、それだけを生業としているとは限らない。スンナ派四代法学派の一つ、**ハナフィー学派***の創始者・名祖である**アブー・ハニーファ**（六九九?―七六七）は、クーファにおいて多くの弟子を集め、名声を博した。ところが、当時のアッバース朝政府の役職に就く

***『真正集』（サヒーフ）**　ハディース集の様式の一つで、諸分野の主題に関して真正、すなわち最も信憑性が高いと判定されたハディースを集めたもの。スンナ派では、ブハーリーとムスリム・イブン・ハッジャージュの二つの『真正集』が最高権威となっている。

***ブハーリー**（八一〇―七〇）ブハーリーの『真正集』は、牧野信也によって邦訳も出されている。『ハディース　イスラーム伝承集成』（I―VI）、中央公論新社、二〇〇一年。

***ウラマー**　一七九頁以降の「ウラマー」の項参照。

***ハナフィー学派**　一二一頁参照。

こともなく、また、法学者であることを生業とするのではなく、絹商人として生計を立てたのである。

このように、知識の探求がすべてのムスリムにとっての義務であれば、優れた知の担い手であることが男女の別や職業の別に左右されることはない。そのため、逆に、知に仕える彼らが富や権力と相容れない場合も多く、なかでも法学者は時の権力と衝突することがしばしばであった。先に触れたアブー・ハニーファは、晩年にアッバース朝カリフから**カーディー職***（裁判官）就任の要請を拒否したため投獄され、バグダードで獄死したと伝えられる。もちろん、長いイスラームの歴史のなかでは権力に買収された法学者も少なくない。しかし、ひとたび為政者の見解や行動がイスラーム的に妥当でないと判断すれば、その誤りを正すべく指導するのがイスラームの守護者である法学者の本義である。四大法学派の一つハンバル学派の名祖、**イブン・ハンバル**（七八〇―八五五）も、アッバース朝の権力が強要する教説に背き、投獄や鞭打ちの刑に処されることとなった（だが、自説を曲げることはなかった）。

知の担い手たちは、ハディース学や法学といったイスラームそのものを対象とする学問だけでなく、数学や化学、医学といった分野にも見ることができる。もちろん、イスラームにおいてクルアーンとハディースを典拠とする宗教諸学は最も大事なものである。しかし、ムハンマドは、次のような言葉も残している。「あらゆる知を求め

***カーディー職**　イスラームにおいて統治者からの権限の移譲に基づいて、裁判等のイスラーム法の適用を職務とする者。日本語では、通常、裁判官と訳される。

よ、中国までも」。普通、ムスリムたちは「中国」はあくまでも一つのたとえだと解釈する。七世紀のアラビア半島に生まれたムハンマドからすれば、中国は物理的にも心理的にも遠い異国であっただろう。しかし、ここで重要なのは、地理にとらわれることなく、あらゆる学問や知の体系を積極的に学ぶ姿勢である。アッラーが万物の創造主であれば、知にも境界線はないはずである。ムスリムたちは、諸国を遊学し、古今東西の書を読み、さまざまな分野の知識人たちと交流した。なかでもエジプト・カイロに八世紀に建設された**アズハル学院***は、今日にいたるまでスンナ派イスラーム諸学およびアラビア語学の拠点として、イスラーム世界の各地から留学生を集め、また数々の傑出した知識人や学者を輩出してきた。

このような積極的な知的交流により発展を遂げたムスリムによる学問や科学は十五世紀頃までに黄金時代を築いたが、やがてルネサンスに始まった西洋近代文明に対して遅れをとるようになった。迫り来る西洋近代の圧倒的な軍事力や経済力とムスリムのあいだに浸透していく新たな思想やイデオロギーを受けて、法学者たちはイスラームと西洋近代の関係について思想し、新たな時代にいかなる社会と国家を建設すべきか苦悩したのである。

エジプト人思想家**ムハンマド・アブドゥ***は、二十世紀を代表する最高の法学者の一人である。アズハル学院出身のこの先進的な法学者は、「啓示と理性の調和」を掲げ、

***アズハル学院**　九七〇年に建立されたアズハル・モスクに併設された教育機関。世界最古の大学と言われる。一九六一年には、エジプト国家主導のもとで、イスラーム学、イスラーム法、アラビア語の伝統三学部に医・工・理学部などを加えた総合大学となった。

***ムハンマド・アブドゥ**（一八四九―一九〇五）　アズハル在学中にジャマールッディーン・アフガーニーと出会い、パリで雑誌『固き絆』を発行、イスラーム改革を訴えた。一八九九年にはエジプトの大ムフティー（法学者の最高権威）に任命され、主に教育と法律の分野で斬新な改革を展開した。

硬直しつつあったイスラーム法の刷新を目指す。つまり、イスラーム的伝統に固執する勢力と西洋近代に盲従する勢力の「中間の立場」から、新たな時代の流れに背を向けることなく、イスラームと西洋近代文明との調和に挑んだのである。

いわば「知の巨人」であったアブドゥからは、**ラシード・リダー***ら多くの弟子たちが生まれた。彼らは、師が打ち立てた**改革派イスラーム**の思想を発展させ、各地へと伝えていった。しかし、イスラーム世界における法制度の現実を見てみると、啓示と理性の調和は必ずしもうまく進んでいるとは言えない。それは、新たに建設された国家において、国家が定めた法（**世俗法**）と法学者が担ってきた法（**イスラーム法**）との二重構造が生じてしまったためである。アブドゥ自身は政府によりエジプト国家の大ムフティー（法学者の最高権威）に任命されたが、現状を是としないその改革指向は時の権力者との軋轢を生むこととなった。法というもののあり方について、解釈や認識のすり合わせだけではなく、制度としていかに統合していくかということが、現代の法学者に突きつけられた大きな課題であると言えよう。

こうした難題に果敢に挑戦した法学者として、シリア出身の**ムスタファー・スィバーイー**（一九一五―六四）を挙げることができる。法学者の家系に生まれたスィバーイーは、アズハル学院を卒業した後、改革派イスラームの思想に深く傾倒する。そして、西洋近代文明の拡大を不可逆的なものとして捉えた上で、次の時代を担うことが

***ラシード・リダー**（一八六五―一九三五）　レバノン北部の村に生まれる。アブドゥに師事するためエジプトに移住し、改革派イスラーム思想の機関誌『マナール』を発行した。その一方で、シリアおよびアラブのオスマン朝からの独立運動にも参加。二十世紀のイスラーム復興の理論化に大きな貢献をした。

できるイスラーム法のあり方を模索した。一九五八年に発表された主著『イスラーム社会主義』では、当時中東を席巻した「社会主義」の思想・概念を取り込みながら、新たな解釈によるイスラーム的立法を提示している。こうして西洋近代とイスラームの「中間の立場」をとったスィバーイーは、伝統的な法学者と社会主義者の両者からの批判にさらされながらも、自身が信じる新たなイスラーム法の制度化を目指した。一九四五年、後にシリア最大のイスラーム運動に成長する**「シリア・ムスリム同胞団」***を結成し、主に議会活動を通してイスラーム法の復権を軸にしたシリアにおける法制度の改革を訴えた。

このようなイスラーム法復権の試みは、単なる伝統への回帰ではなく、イスラーム法の「現代化」であったという意味で、**「イスラーム法学ルネサンス」**と呼ぶことができる。スィバーイーは、政治活動の一方で、古典的なイスラーム法学の総合的研究を推進するべく、『イスラーム法学全書』の編纂を開始し、やがてこの編纂作業はシリアやエジプトの政府や各国の法学者たちに受け継がれていった。また、スィバーイーは、若い世代が効率よく体系的にイスラーム法を学ぶことができる教育機関が必要であるとし、シリアのダマスクス大学にシャリーア学部（イスラーム法学部）を開設することに尽力し、自ら初代学部長となった。イスラーム世界各地からの留学生を集める同学部からは、**サイード・ハウワー***らの新世代の改革派法学者が卒業していった。

***シリア・ムスリム同胞団**　一九二八年にエジプトで結成されたムスリム同胞団をモデルに、シリアで独自に形成・発展した。制度上は「シリア支部」。一九四〇―五〇年代は民主政治に参加していが、その後のバアス党による政権掌握後は国内最大の反体制運動となっている。

***サイード・ハウワー**（一九三五―八九）　シリアのハマー出身のイスラーム思想家。神学や法学を題材に数々の著作を発表する一方で、一九七〇―八〇年代にはシリア・ムスリム同胞団のイデオローグとして活躍、バアス党政権に対しイスラーム革命を挑むが、武力弾圧により挫折した。

このように、今も昔も法学者たちは交流を続け、イスラームにおける新たな知を紡ぎ出しているのである。

近代以降、従来イスラーム法がカバーしてきた領域が世俗法によって徐々に浸食されるにともなって、法学者の社会的役割や地位は低下していった。しかし、世俗法の導入には、性急な西洋的近代化路線や植民地支配の産物という側面もあり、結果として、人々の暮らしのなかでの法感覚のずれやイスラーム法との制度上の矛盾を生んでいる。そのため、近年のイスラーム復興の気運の高まりも相まって、現実にはイスラームの守護者である法学者の役割はこれまで以上に重要なものになっていると言える。**イスラーム憲法***や**イスラーム銀行***のような、西洋近代文明とイスラームの理論上・制度上の調和を目指す法学者たちの知的営為は、私たちが二十一世紀の社会や世界のあり方を構想する上でも多分に示唆的である。

***イスラーム憲法**　イスラーム法にしたがってつくられる憲法。通常、イスラーム法の上位性が定められており、近代の領域主権国家の憲法が持つ自己完結性とイスラーム法の普遍性を調和させる試みとなっている。例としてはイラン・イスラーム共和国憲法が挙げられる。

***イスラーム銀行**　一六〇頁参照。

旅人

大旅行家たちのトランスナショナルな人生

（尾崎〔鈴木〕貴久子）

中東地域とは、古代オリエント文明の時代から人の移動が盛んに行なわれていた地である。イスラームが七世紀はじめに興隆し、中東地域がイスラーム世界として一つの文化圏を形成すると、商人・職人・巡礼者・学生・知識人が動き始めた。

ムスリムの旅とは第一に**巡礼**である。巡礼とは**マッカ巡礼***を意味する。マッカへの巡礼は、イスラームの宗教義務の一つであり、ムスリムであれば誰もが熱望する旅でもある。イスラーム世界の旅人は巡礼の途上で、学問や商売も行なったから、巡礼の旅は学問を探求する旅であったり、商売の旅であったり、知り合いを訪ねる旅であったりした。中世においては、**イブン・ジュバイル***や**イブン・バットゥータ***のように、巡礼を出発の契機として、大旅行をなしとげた人々が輩出した。彼らは、旅中に見聞したこと、遭遇した事件や出来事などの記録を残した。旅人による旅の記録は、十二世紀半ば以降には「**リフラ***」（マッカ巡礼記）と呼ばれ、一定の形式をもつ記録文学の一ジャンルとなった。

***マッカ巡礼**　ハッジ（大巡礼）はヒジュラ暦第十二月の初旬から中旬に行なわれる行事に参加することである。それ以外のマッカ巡礼はウムラ（小巡礼）と呼ばれる。年に一度のマッカ巡礼（ハッジ）はイスラーム世界全体の交通ネットワークの発達をうながした。一四四頁以降の「巡礼経済」の項も参照。

***イブン・ジュバイル**（一一四五―一二一七）　スペイン、バレンシア生まれの旅行家。日記風に綴られた第一回目の巡礼の記録『マッカ巡礼記』は、十字軍と接触した当時のイスラーム社会の状況を知るに不可欠な史料である。この書はリフラ書の手本として後の時代の人々に繰り返し読まれた。

***イブン・バットゥータ**（一三〇四―六八／九、一説に七七）アラブ人の大旅行家。一四八頁も参照。

出発時の目的はマッカ巡礼であっても、途上で行なわれる、バラカ（霊験）*を得るための聖者廟への参詣、マドラサ学院の師のもとでの学問、同郷出身者との交流、そして商売もまた旅の目的であった。だから巡礼のルートは、旅人によってさまざまであったし、途中で得た新たな情報や事件・出来事でルートが容易に変更されるのが常であった。

ところで巡礼の目的地のマッカとは、各地から優れた学者が集結する情報文化の一大センターであった。旅人の巡礼の目的が、巡礼儀礼の遂行だけでなく、各地から集まった人々からの最新の時事情報の収集と諸学の習得であったことは、イブン・ジュバイルが約九ヶ月間、イブン・バットゥータが約三年間（二回目の巡礼時）と長期滞在をしていたことから明らかである。巡礼に加えて情報の収集と知識の獲得が主要な目的であったため、イスラーム世界での人間の移動は、常時、イスラーム世界の辺境地域からイスラーム世界の中心部（マッカ・マディーナおよび東方イスラーム世界のイラク・イラン・シリア・エジプト地域）へと向かうものであった。

一三〇四年にモロッコの海港タンジェで生まれたイブン・バットゥータは、一三二五年二十一歳のとき、マッカ巡礼とマディーナにある預言者ムハンマドの墓廟への参詣の目的で、故郷を出発した。以来約三〇年間を旅人として過ごした。その旅はアジア、アフリカ、ヨーロッパの三大陸にまたがるものであった。彼の旅行記は、各地で

＊リフラ（マッカ巡礼記）　十二世紀半ば以降に主に西方アラブ世界で発達した巡礼紀行文学。内容は各地の交通運輸状況、都市の教育・学問状況、聖地マッカ・マディーナの情報などで、旅行案内書、学問の手引書として人々に利用された。

＊バラカ（霊験）　予言者や聖者、ムハンマドの子孫に神が与えた超人的能力。墓石や遺体、遺品にもバラカはあると信じられており、それらに触れたり、キスしたりすることでバラカを分けてもらい、病気の治癒などの願いを成就しようと聖者廟へ参詣するムスリムは多い。

のイスラームの規範から逸脱した風俗に関する叙述を多く含んでいたため、十九世紀まで一種の焚書として扱われたほどであった。

故郷タンジェを発ってから、北アフリカや西アジアの旅を続け、最初のマッカ巡礼を果たしたイブン・バットゥータは、マッカを拠点として大旅行を開始した。まず東アフリカ、南アラビア、小アジア、黒海北部、カフカーズ、中央アジアを遊歴しインドに入った。デリーでは七年余り法官を勤めて暮らした。後に中国（元）の使節団に対する答礼使の一行に加わって中国に赴こうとしたが、途中でヒンドゥー教徒の反乱に遭遇してしまう。九死に一生を得て脱出した彼は、今度は海路で中国に赴いた。中国各地ではムスリムとの交流をもちながら大都（北京）にはいり、泉州から海路で帰国の途につき、一三四九年に約二五年間の長旅を終えた。さらにキリスト教徒との戦いを決意しスペインに渡り、一転してサハラを越え、西スーダンのマリ王国を目指した。彼の旅行談は、マリーン朝の英君主イナーン（在位一三四八―五九）の命で、文学者イブン・ジュザイイの手によりまとめられた。書名は『都会の珍奇さと旅の途上でめぐりあった驚異のことについての観察者への贈り物』という長いもので、現在は『イブン・バットゥータの旅行記』として知られている。

イスラーム世界の旅人を支えたのは、支配者たちの巡礼者保護の政策、都市のワクフ制度による旅人のための施設の充実、旅人を助ける**ジワール***（隣人保護）の慣習な

***ジワール**　旅人など異邦人を一時的に同じ仲間として共同体の保護下におく隣人保護制度。この制度によって、旅人は、都市での滞在の自由と身の安全が保障され、安心して学問や商売などを行なうことができた。

どであった。

支配者たちにとって巡礼ルートの安全の確保は、自らの支配の正統性を主張するよい機会であり、かつ義務であると考えられていた。マムルーク朝やオスマン朝の支配者たちは、大都市でキャラバン隊を編成させ盛大に送り出す儀式を行なっていた。個人の旅人にとって、王朝が編成した巡礼キャラバン隊に加わることが、遊牧民の攻撃から身を守るもっとも安全な手段であった。イブン・バットゥータの記録では、イル・ハーン朝スルタンのキャラバン隊では、大鍋でつくられた食事が貧しい個人の巡礼者にも配られ、医薬品や怪我人を運ぶラクダも用意されていたという。なお巡礼隊はラクダ三千頭から一万五千頭に及ぶほどの規模になる場合もあったという。

都市に着くと、旅人たちは**ワクフ制度***によって建設・運営されていた隊商宿やマドラサ学院、モスクなどに宿泊をした。そこでは食事だけでなく場合によっては風呂も無料で提供された。都市滞在中の旅人は同郷出身者たちと交流を深めたり、高名な学者のもとで学問を学び、各地からの旅人と情報を交換した。聖者廟やスーフィーの修行場でも旅人は宿賃や食事の心配をすることなく滞在することができた。各地の聖者廟においてバラカ霊験を得るために、多数の旅人たちが長期の滞在をしていたことをイブン・バットゥータは伝えている。

イブン・バットゥータは、メッカの住民が修行者を食事にしばしば招待していたこ

***ワクフ制度**　イスラーム法における財産寄進制度。個人の財産（ほとんどは不動産）を神に寄託させ所有権を永久に停止させる。賃貸などの運用による利益は、モスクなどの宗教施設や公共施設の建設と維持管理、旅人や貧者の生活援助など慈善事業に充てられた。一四七頁も参照。

とを見聞し、「マッカの住民には異邦人に対する温かいジワール（隣人保護の精神）がある」と報告している。この**ジワール**とは、旅人のようなよそからの人間を、都市の住民の保護下に置き身の安全を保障する制度・慣習である。都市の人間にとって、旅人とは時々刻々に変化する各地域の現況に関する情報の運び手であったから、貴重な情報を入手するためには、旅人が安心して滞在できる環境をジワールという制度下に整備する必要があった。イブン・バットゥータも、支配者、富裕層の人々や高名な学者の「ムジャーウィル」（寄留者たち）として、都市では身の安全を保証され長期滞在をした。旅人を手厚くもてなし、食事をしながら旅人と語らいあう都市民の姿がイブン・バットゥータの書にしばしば描かれている。

移動集団内の互助関係もまた旅人を支えた。イブン・バットゥータも**ラフィーク**（旅仲間）と励ましあい旅をつづけた。旅仲間との関係は、道中の一時的な関係で終わった場合もあり、またイブン・バットゥータが旅仲間の娘と結婚した事例のように、親族関係を結ぶほどの信頼関係に発展した場合もあった。

旅の**安全祈願**もまた危険な旅を続ける旅人を支えるものであった。旅人は航海や旅の安全を祈願するため、**ヒズル**（伝説上の人物で「水の守護者」と称された）や**イリヤース**（陸上だけでなく海を旅する人々の守護神として尊崇された）の聖廟を積極的に参詣した。彼らは多くの場合、洞窟、泉、山の頂上、岩礁、島の先端、河口や中洲などに住むと伝えられていたため、そこには祠やモスク、隠遁者の庵が建てられ、旅人や船乗りの参拝の聖地となった。さらに十三・十四世紀になると移動する**スーフィー聖者**が、生きたヒズルとして旅人たちや船人たちの守護者の役割を果たした。聖者たちの墓廟もまた旅の安全祈願の参拝場所となった。

旅人は巡礼を終えて故郷に戻ると、立派な学者・知識人として、敬虔なイスラーム教徒として尊敬された。巡礼記の主要な内容は、エジプト、シリア、マッカといったイスラーム世界の中心部の教育と学問の事情、すなわち各**マドラサ**で教鞭をとる学者の名前・専門・使用教科書、各地のマドラサ・修道場での学者やスーフィー聖者の活動状況、であった。こうして旅人自身が得た中心地域の学問と**イルム***が旅人の故郷に持ち帰られたことで、イスラーム世界では、どの地域でも一定以上の学問レベルが保持される文化圏が維持されてきた。また、旅人は各地の自然環境・社会・生活習慣を見聞し、それらを自分の故郷のものと比較し記録した。巡礼記の記録や旅人の話から、読み手聴き手はイスラーム世界の地域的差異を知ることで、文化的共同体としてのイスラーム世界の世界観を共有することができたといえる。

***イルム**　「知識」を意味するアラビア語。イスラーム世界では、諸学問の知識は師弟関係で伝授された。ウラマーやスーフィーたちは、よりよき師に出会い学ぶため、各都市のマドラサや修道場を遍歴し、「〝知識〟を求めての旅」を続けた。一一八頁以降の「イルム」の項も参照。

スーフィー

禁欲主義者、神秘家から社会改革運動家まで

（ダニシマズ・イディリス）

スーフィーたちは、「神秘家」とも言われ、以前から注目されてきた。彼らは、イスラームの理念の解釈の仕方、宗教的な生活の実践や世界観などにおいて独特のモデルをもつ社会的かつ宗教的な存在として、広く知られてきた。ここでは、時代の流れに従って、イスラームの歴史に現われた代表的なスーフィーたちと彼らの思想・運動によって変容したスーフィズムのさまざまな姿を見ていくことにしよう。

スーフィズムの始まりは、八五〇年頃まで続いた**禁欲主義者**（**ザーヒド**）の登場にさかのぼる。彼らは、富裕になったイスラーム社会において生じた現世的な傾向と信仰行為における形式主義に対して、個々人が精神的な異義申立てをするものとして現われた。ザーヒドたちの間では、特にアッラーへの畏れと愛が重視された。「畏れ」で有名な数多くのザーヒドがいるが、**フダイル・ブン・イヤード**（八〇三年没）が特に有名である。彼があまりに強く「畏れ」を説いたため、彼の死後、「畏れはこの世から消え去った」と言われるほどであった。

第二は、**アッラーへの愛**である。その旗手は女性スーフィーの**ラービア**（七五二年没）であった。ある日彼女は、片手に火を、もう一方の手に水壺を持ち、「火獄に落ちないため礼拝する人の火獄の炎を水で消し、楽園に入るために善行をする者の楽園を火で燃やしたい」と叫んだと伝えられている。何らかの目的のために信仰するのは不純であり、彼女にとっては、火獄や楽園でなく神への愛がすべてだったのである。

八五〇年から一一五〇年は、スーフィズムの学問としての発展期である。この時代には、消融（ファナー）*、持続（バカー）*など、かつてなかったさまざまな概念が生まれた。これらの概念は、アッラーとの合一を目指すスーフィーの心の内に起きた状態であるが、これらの概念によってイスラームの実践は、スーフィー的なものと法学的なものの二つに分かれた。この二項対立を一つの道にしようとした人たちのうち重要な人物は**ガザーリー**（一一一一年没）であった。彼は、ニザーミーヤ学院の学長に任命されるほど優秀な法学者であったが、求めるべきものは別にあると気づき、職を辞してスーフィーの道に入った。『イスラーム諸学の再生』や『迷いからの救い』など彼の名著のおかげで、スーフィズムは正統的なものだと認められるようになった。

一一五〇年から一七〇〇年までは、スーフィズムが組織化され教団**（タリーカ）***としてイスラーム世界各地の大衆に広がるとともに、思弁化して知識人の間で哲学として開花した時期である。前者は、**ルーミー**（一二七三年没）によって設立され、トル

***ファナー**　修行の結果、俺が俺がと思うエゴが消え去った状態。消融もしくは消滅と訳される。

***バカー**　修行において、エゴが消え去った後の真空に神が充満し、持続している状態。持続と訳される。

***タリーカ**　一二七頁参照。

コ社会に広がった**メヴレヴィー教団**など数多くのタリーカに代表される。同教団はのちに、トルコ社会のみならず現代ヨーロッパにも広がり、ルーミーの詩は欧米諸言語に翻訳され、ムスリム・非ムスリムを問わず広く愛読されている。他方、神秘主義哲学を代表するのは**イブン・アラビー**（一二四〇年没）である。彼は、**「存在一性論」***という思想を創唱した。この思想は、特に知識人たちの間でもてはやされ、その系譜に連なる者は現在にまで至る一学派を成している。この思想をめぐる賛否両論は現在も続いているが、ここではそれに立ち入らず彼の信奉者について述べる。

第一は、インドのスーフィー学者**アフマド・スィルヒンディー**（一六二五年没）である。「第二千年紀のムジャッディド（革新者）」とも呼ばれる彼には、**「目撃一性論*」**という思想がある。この思想は、存在一性論における神の唯一性に見られる矛盾を修正することを目指したものであった。この二つの論は、存在が神の属性の顕現であるという主張をともにするが、神の本質と属性の関係については異なる見方をもつ。存在一性論は、神の本質と属性を同一視するが、目撃一性論は区別する。したがって、神秘道に入ったスーフィーは、属性の顕現の奥にある一性と合一すれば、神の本質ではなく被造物のなかに顕われる一性を認識論的に目撃したと説明される。

第二は、スィルヒンディーより一世紀後に現われた、トルコ世界の**イスマーイール・ハック・ブルセヴィー**（一七二五年没）である。彼は、ジェルヴェティー教団の

***存在一性論**　一三〇頁参照。

***目撃一性論**　存在一性論が、存在論的に神と被造物の同一性を説くのに反対し、両者が合一するというのは、修行体験における認識論上のことにすぎず、やはり神と被造物の間には厳然たる区別があると批判した思想的立場。

シャイフ（師）としても有名であるが、その特徴はこの思想を大衆レベルに広めるというところにあった。これを実現するために、彼はイブン・アラビーの思想をトルコ語に翻案したほか、同説を発展させることによってある種の実用的な利点と結果を得ようと試みた。しばしば神学の問題としてあげられるさまざまな問題に回答するために、彼は存在一性論を用いる。こうすることによって、存在一性論を高度な哲学としてではなく、信者の信仰上の問題のために使用して、同思想の積極的な側面を強調するのである。たとえば、「神は、他の神を創造することは可能であるか」という問いをたてる。これに対し、「すべての存在は存在の第二の次元である神の知における様態の顕現であるということから、唯一神の知においてもう一人の神はありえないから、もう一人の神は存在しえない」と答えるのである。

一七〇〇年を過ぎると、スーフィーたちのみならず、全イスラーム世界においてそれまでにない変化が起こった。時あたかも、イスラーム暦最初の千年の終わりにあたっていた。このことは、西暦二〇〇〇年を生きたわれわれの時代感覚に類似する。二〇〇〇年直前に、さまざまな「千年思想《ミレニアム》」が喧伝されたことは記憶に新しい。それと同様、この時代においてもいろいろな問題が提起され、それに対して改革案が提示された。当時のもっとも重要な問題は、イスラーム世界の三大帝国（サファヴィー朝・ムガル帝国・オスマン帝国）において現われた軍事的・政治的な衰退であった。

この時期のスーフィーたちは、その原因を社会のイスラーム観の腐敗に還元し、新しい状況に適応するスーフィズムの姿を発展させてさまざまな思想・運動を開始した。

この時期に大きな影響力をもったスーフィーは、モロッコ出身の**アフマド・イブン・イドリース**（一八三七年没）である。彼を名祖とするイドリース系諸教団は、特にサハラ以南のアフリカに広がった。この教団は、スーフィズムに新しい構造を提供した。それは、神との合一よりも預言者ムハンマドのビジョンを重視するということであった。当時盛んであったイブン・アラビー批判に関しては、「彼と直接会って問題とされる発言などを聞くのは不可能であるから、彼を異端的と評価することはイスラームの基準に矛盾する」と述べて、イブン・アラビー批判に対抗した。イブン・イドリースは、後に独立のタリーカをつくることになる数多くの弟子を育てた。なかでもアルジェリア出身の**ムハンマド・サヌースィー**（一八五九年没）は重要である。

サヌースィーは、学者かつスーフィーであったが、単に学問に没頭するタイプの禁欲主義者ではなかった。馬を愛したり、ひげをヘンナ（頭髪や手足を染める染料）で染めたりする習慣を生涯もち続けたが、彼を西洋において有名にしたのは、イタリアによるリビア植民地化に対する長年のレジスタンスであった。彼は、リビアの独立を果たせなかったが、後にこの闘争を引き継ぐ独立運動家を育む土壌を残した。植民地化に対して戦ったスーフィーは彼に限られず、スーダンにおける**ムハンマド・アフマ**

ド・マフディー（一八八五年没）の運動も、その一つであった。

マフディーという名前は、彼が**マフディー***（救世主）宣言をしたためであるとされている。宣言をしたか否かについては議論が続いているが、確実なのは、英軍に対する戦争における彼の成功である。彼は、英国総督ゴードンをも戦死せしめ、ハルツームの戦いに勝利したが（一八八五年）、運動の最大の成功は、一時期とはいえ、彼の死後スーダンにイスラーム国家が成立したことであった。また、彼は、若い頃からマフディー運動の開始まで、サンマーニー教団に属していたとされている。

サンマーニー教団は、**ムハンマド・サンマーニー**（一七七五年没）によってヒジャーズで設立された。彼は、シリア出身のハルワティー教団のシャイフの弟子であったが、シャイフの死後、独立の教団を創設した。

最後に、ハーミディー・シャーズィリー教団を創始したエジプトのスーフィー、**サラーマ・ラーディー**（一八三九年没）について述べよう。彼は、スーフィズムの戦闘的な側面より道徳的な側面を強調した。スーフィズムを、英知の学問であり、霊魂を非難されるべき悪徳から浄化する方法を教えるものであると定義し、この学問の成果は、個人の霊魂に永遠の喜びと霊的な成功をもたらすことにあると主張した。また、神と人間の関係については、神は愛されるべき存在であると強調したのである。

***マフディー**　ユダヤ教のメシア、キリスト教のキリストと同様、イスラームも救世主を信仰するが、これをマフディーと呼ぶ。スンナ派・シーア派を問わず、マフディーへの待望論はしばしば見られる現象である。

改革者

西洋列強の植民地化に抗して

（横田貴之）

近代に入って以降のイスラーム世界は、いくつもの危機に見舞われてきた。十九世紀は、イスラーム世界の各地で、**西洋列強による植民地化・隷属化**が進められた時代であった。フランスによるアルジェリア植民地化（一八四七年）、オスマン朝の財政破綻と英仏による財政管理の開始（一八八一年）、ロシアによる中央アジア制圧（一八八一年）、イギリスによるエジプト軍事占領（一八八二年）などにみられるように、イスラーム世界の各地が次々と西洋列強の支配下に置かれた。このようなイスラーム国家の崩壊と植民地化によって、社会においてクルアーンの教えが実践されなくなるという事態が引き起こされた。それまでのイスラーム史上においては、どれほど強い権力をもった圧制者であっても、社会がイスラーム的価値によって規定されている以上、その価値観の否定はできなかった。しかし、西洋列強による植民地支配は、社会のあり方を規定してきたイスラーム的な価値そのものを否定するものであった。イスラーム世界にとって、未曾有の危機である。

このような危機に際して、イスラームを改革することにより、イスラーム世界における危機克服と復興を目指す人々が現われた。イスラーム改革を唱えた代表的な人物としては、ジャマールッディーン・アフガーニー（一八三八／三九–九七）、ムハンマド・アブドゥ（一八四九–一九〇五）、ラシード・リダー（一八六五–一九三五）の三人が挙げられる。彼らは、しばしば「改革のトリオ」と呼ばれる。

アフガーニーは、イスラーム改革の先駆者として位置づけられる。大反乱（一七五七–五八年）前後のインドを訪れたアフガーニーは、イギリスによる植民地支配の惨状に衝撃を受け、西洋列強の帝国主義に対する強い危機感を抱いた。その後の彼の人生は、イスラーム世界各地を遍歴し、人々に覚醒を訴えることに費やされた。イスラーム世界および東方が西洋の帝国主義に対抗するために連帯する必要を説き、そのためにもイスラーム法の近代化と時代に適応した解釈による**イスラーム改革**が必要であると訴えた。彼は人々に思想を説いたのみならず、エジプトのアラービー運動（一八八一–八二年）やイランのタバコ・ボイコット運動（一八九一–九二年）などの**反植民地主義闘争**にも関与した。イスラーム世界の連帯を訴えたアフガーニーは、**汎イスラーム主義***の嚆矢ともされる。晩年の彼は、汎イスラーム主義による権威保持を目論むオスマン宮廷に招かれイスタンブルへ移ったが、意見の対立により幽閉されて、一八九七年に死去した。

ジャマールッディーン・アフガーニー

***汎イスラーム主義**　イスラーム世界の連帯により、西欧列強などの外敵の侵略に対抗しようとする思想や運動、およびそれに基づく政策。十九世紀後半にアフガーニーの提唱によりイスラーム世界各地に広まった。

アフガーニーの足跡は、イスラーム世界のみならず、ヨーロッパ諸国にも及んだ。パリ滞在中の一八八三—八四年には、エジプト人の弟子**ムハンマド・アブドゥ**とともに、**『固き絆』**を発行している。雑誌の名は、イスラームへの信仰を意味する「固き絆」というクルアーン第二章二五六節中の言葉に由来しており、西洋の帝国主義に対するイスラーム世界の連帯を訴える彼らの思いが込められている。『固き絆』はイスラーム世界の各地に配布され、イスラーム改革とムスリムの連帯を唱えたその内容は、多くの読者に大きな影響を与えた。当時シリアに暮らしていた**ラシード・リダー**も、そのような読者の一人である。『固き絆』に感銘を受けた彼は、アフガーニーへの弟子入りを切望したが、それが果たされる前にアフガーニーは死去した。この報を受けたリダーは、アフガーニーの高弟アブドゥに弟子入りすべく、カイロへ移住した。

リダーはカイロ移住直後の一八九八年、『固き絆』の思想を継承する新たな雑誌**『マナール』**（灯台）を刊行した。リダーは死去する一九三五年まで、この雑誌の筆を執り続けた。『マナール』は総計三万頁にも及び、インドネシアからモロッコに至るイスラーム世界の各地へ配布され、広範な影響を及ぼした。その内容は、近代的なイスラームの解釈、時代に適応した柔軟なイスラーム法の解釈などが中心となっている。ここでは、啓示と理性の調和、イスラームと近代文明の調和を説いたアブドゥの理念がリダーへ受け継がれている。彼らが重視したのは、イスラームを本来の姿に戻すこ

***サラフ**　イスラーム初期の世代のムスリム。通常、預言者ム

とにより、近代文明と調和させることであった。すなわち、**伝統的イスラーム**は、長い伝統のなかで本来的な要素以外のものが付加され、それがイスラーム世界衰退の原因となっている。したがって、不純な要素を排除して、**本来のイスラーム**に立ち返ることで、イスラームの復興とイスラーム世界の再生も可能となる。この際、イスラームの初期世代である「**サラフ**」*のイスラームに戻ることが基本理念となったため、彼らは「**サラフィー主義**」とも呼ばれる。そして、サラフの時代に立ち返った純粋なイスラームには、近代文明との調和も可能であると主張された。

しかし、『マナール』が刊行されていた当時の状況は、決して順境の時代ではなかった。前期の『マナール』における主な批判対象は、伝統的イスラームを担うウラマーたちで、彼らのもとにある既存諸制度の改革が訴えられた。伝統的イスラームの側からの抵抗は根強く、その頑迷さは容易に改革されるものではなかった。さらに、第一次世界大戦以降、西洋化によって社会改革を行なおうとする**欧化主義者**の台頭が顕著となった。主に後期の『マナール』は、イスラームの**政教一元論***を否定する欧化主義者たちに対抗して、イスラームの包括性を主張した。なお、当時のイスラーム世界では、オスマン帝国は解体し、カリフ制は廃止され、各地で欧化主義が隆盛を迎えていた。イスラーム改革派にとって逆境の時代に『マナール』はイスラーム世界の闇夜を照らす「灯台」として、粘り強く改革の一条の光を灯し続けた。

ハンマドの教友である第一世代以降の第三世代までを指す。逸脱のない純粋なイスラームを実践した世代として、後代の模範とされる。

＊政教一元論　イスラームにみられる政治と宗教を分節化しない社会観に対する分析概念。イスラームの教えは、狭義の宗教の領域のみならず、社会のあらゆる領域を対象とする包括的なものであり、政治もその例外ではない。イスラームはマディーナにおける新生国家成立により宗教として確立したという原点を持つため、「政」と「教」は分節化されない一元的な関係にある。一方、西洋では、国家（ローマ帝国）と並行する形で宗教組織（キリスト教会）が築かれたため、「政」と「教」は最初から別々の実体を持っている。政教一致あるいは政教分離という考え方は、この「政」と「教」の二元的認識に基づくものである。

『マナール』の誌面の多くはリダーの筆によるものであるが、彼以外にも多くの人々が同誌に寄稿した。このような『マナール』に拠った人々は**「マナール派」**と呼ばれる。マナール派のなかで特筆すべき人物としては、アブドゥッラフマーン・カワーキビー（一八五四—一九〇二）とシャキーブ・アルスラーン（一八六九—一九四六）の二人が挙げられる。**カワーキビー**の主要な著作である『マッカ会議』は、一九〇二年に『マナール』に掲載された。『マッカ会議』は、一八九九年の巡礼に際してマッカに集まったイスラーム世界各地の指導者による秘密会合の議事録という体裁をとっており、いかにして**ウンマ***（イスラーム共同体）の衰退を克服するかが論じられている。ウンマ復興の議論と並んで興味深いのは、イスラーム世界の指導者たちが集まってウンマの諸問題について討議・議決する「国際会議」という新たな発想を示した点である。この斬新な発想は、**イスラーム諸国会議機構**（ＯＩＣ）などその後の実際の**イスラーム国際会議**の起点として位置づけられよう。

レバノンの名望家出身で、リダーと盟友関係にあった**アルスラーン**も、一九三〇年に「なぜ、ムスリムたちは後進的となり、他の諸民族は進歩したか」という論考を『マナール』に寄せた。これは、ジャワのムスリムから寄せられた質問にアルスラーンが答えたもので、彼はムスリムが後進的になった理由について、正しいイスラームの理解と実践の欠如を指摘し、ムスリムとして強烈な自己批判を述べている。また、

***ウンマ**　一五一頁以降の「ウンマ」の項参照。

***ムスリム同胞団**　エジプトで「イスラームのために奉仕するムスリム同胞」として創設され、アラブ諸国に拡大したイスラー

アルスラーンはジュネーヴを拠点に、フランス語のイスラーム復興雑誌『アラブ民族』を発行した。

『マナール』によるイスラームの改革と復興の訴えはイスラーム世界に広く影響を与えたが、マナール派自体は知識人による運動にとどまっていた。知識人主体のマナール派の思想を大衆運動の地平で展開したのが、**ハサン・バンナー**（一九〇六―四九）である。リダーは青年層の教育にも力を入れており、カイロの高等師範学校に通っていたバンナーも彼の講義に参加していた。一九二八年、バンナーは学校教師として赴任していたスエズ運河地帯の町イスマーイーリーヤで**ムスリム同胞団***を創設した。バンナーはマナール派から受け継いだイスラームの改革と復興の思想を、大衆に向けて平易な言葉で語った。* そして、イスラームの改革と復興のための行動を同胞団の諸活動においてともに実践することを大衆に訴えかけた。大衆社会が成立しつつあった当時のエジプトの社会状況のなかで、バンナーの主張は大衆の広い支持を集めた。同胞団はバンナーの指導下で急速に発展し、一九四〇年代末にはエジプト最大の政治運動となった。同胞団は幾多の政府による弾圧を乗り越え、現在も、アラブ世界における最大のイスラーム復興運動として活発な活動を続けている。イスラームの改革者が紡ぎ出した思想的営為は、われわれが生きる現在にも綿々とつながっているのである。

ム復興運動。大衆に立脚したイスラーム復興を目指す。宗教活動のみならず、政治・経済・社会・文化などのさまざまな分野で活動を行なう。一九四〇年代以降、アラブ各地に支部を設けた。現在、同胞団系組織の活動は一五ヶ国以上で確認され、アラブ世界最大のイスラーム復興運動とされる。

ハサン・バンナー

*バンナーがマナール派の思想的継承を自覚していたことは、リダーの死後に『マナール』を買い取り、一九四〇年まで刊行を続けたことにも示されている。

ジハード

現代政治を解く鍵

（横田貴之）

アラビア語の「**ジハード**」の原義は、神のために自己を犠牲にして戦うことを意味する。スーフィズムにみられるように、自己の信仰を深める個人の内面的努力を「**大ジハード**」、異教徒に対して武器を取る戦いを「**小ジハード**」と区別する場合もある。一般的には、ジハードというと後者を指す。イスラームと**ウンマ***（イスラーム共同体）を守り、イスラームの教えを広め、定着させることをその目的とする。クルアーンでは、ムスリムに課せられた義務として異教徒とのジハードが述べられている（雌牛章二一六節、改悟章二〇節など）。また、ジハードを行なう者には神による多大な報奨が約束されている（イムラーン家章一六九―一七〇節、女性章七四節など）。

イスラーム法学においては、ジハードは連帯義務とされる。**連帯義務**とは、ウンマの構成員の一部が義務を遂行することにより、ウンマ全体がその義務を果たしたとされるものである。ムスリム・成人・正常人・自由人・男性・健常者・費用負担可能者の要件を満たす者が、カリフの指揮下でジハードに従軍する。ジハードの戦死者は殉

***ウンマ**　一五一頁以降参照。

教者とされ、来世における楽園が約束されている。対外戦争としてはカリフにより宣戦が布告され、敵方の改宗や停戦協定などにより終結する。信仰の保障・庇護を受けている啓典の民はジハードの対象とはならない。また、ジハードが特定の個人が果たすべき個人義務と化す場合がある。異教徒によるムスリムの土地への侵略はその一例で、郷土防衛・侵略者撃退がその土地に住むムスリムに対して個人義務として課される。

預言者ムハンマド存命中のジハードはおおむね**ウンマ防衛**の性格が強かったが、正統カリフ時代以降、ジハードによる大征服が進められた。八世紀には、東は中央アジア・西北インド、西は北アフリカ・イベリア半島にまで「イスラームの地」は拡大した。「イスラームの地」とは、伝統的なイスラーム法学において、イスラーム法が適用されている領域を指す。一方、**イスラーム法**が適用されずにイスラーム世界と戦争状態にある領域は「戦争の地」とされ、世界は大きく二分される。大征服の時代には、「イスラームの地」の拡大のためのジハードが行なわれたのである。なお、中世における「戦争の地」からの攻撃に対する防衛的なジハードの例としては、十字軍やモンゴル軍などの侵略に対するジハードが挙げられる。

近代に入り、イスラーム世界は**西洋諸国の侵略**という危機に見舞われた。このような危機に対する防衛・抵抗のために、イスラーム世界の各地でジハードが行なわれた。十九世紀のアルジェリアにおけるカーディリー教団の反仏闘争や中央アジアにおけるナクシュバンディー教団の反露闘争、二十世紀のリビアにおけるサヌースィー教団の反伊闘争など、植民地支配に対するジハードにおいて、**スーフィー教団***がしばしば中心的な役割を果たした。

一九二四年の**カリフ制廃止**により、カリフを指揮官とする「イスラームの地」拡大のためのジハードは理論的に不可能となった。これ以降行なわれているのは、**防衛のためのジハード**である。拡大ジハードは不可能となったが、ジハードは現代イスラーム世界においても依然として重要な論題である。

現代の代表的なイスラーム復興運動とされる**ムスリム同胞団***においても、ジハードは重要な組織理念である。一九二八年にイギリス支配下のエジプトで誕生した同胞団は、「神がわれらの目的、使徒〔ムハンマド〕がわれらの指導者、クルアーンはわれらの憲法、ジハードはわれらの道、神のための死はわれらの最高の望み」とのスローガンを掲げている。実際に、**第一次中東戦争**（一九四八―四九年）におけるパレスチナへの義勇兵派遣や、一九五一年のスエズ運河地帯での反英武装闘争などのジハード活動を行なった。また、同胞団では戦闘行為のみならず、教育、医療奉仕、相互扶助などの社会活動もジハードとして位置づけられている。創設者**ハサン・バンナー**によれば、これらの活動はエジプトの社会改革・国力増大を可能とするものであり、戦闘行為と同じくイギリス支配からの脱却に寄与するジハードであるとされた。そして、

***スーフィー教団**　二四〇頁以降参照。

***ムスリム同胞団**　二五一頁参照。

***イスラーム集団**　一九七〇年代にエジプト各地の大学を中心に発展した運動。政府打倒とイスラーム国家樹立を目指し、武装闘争を展開した。九〇年代、観光客襲撃を頻繁に繰り返したため、政府の苛烈な弾圧を受け、分裂・弱体化した。

その「崇高な義務」のために各人が真摯に努力することを促した。

一九六〇―七〇年代以降、イスラーム諸国における世俗主義政権への武装闘争を正当化する新たなジハード論が現われた。いわゆる**「革命のジハード論」**である。イスラーム社会においてイスラーム法ではなく世俗法を施行する為政者は不信仰者であり、そのような為政者打倒のためのジハードは義務とされた。これは、**イスラーム集団**＊や**ジハード団**＊などの急進的イスラーム復興運動による武装闘争の理論的根拠となった。

また、近年では、パレスチナ、カシミール、チェチェンなどが異教徒の占領によって失われた「イスラームの地」であるとして、その回復・防衛のためにジハードが呼びかけられている。その背景には、イスラーム法施行の有無ではなく、ムスリム住民が多数を占める地域をすべて「イスラームの地」とする解釈の普及を指摘できる。たとえば、パレスチナは一〇世紀以上の間、住民のほとんどがムスリムであり、「イスラームの地」である。それゆえ、イスラエルの占領下でイスラーム法が施行されていなくとも、「イスラームの地」であることには変化がないとされる。パレスチナにおいてイスラエルへの抵抗運動を行なっている**ハマース**＊は、パレスチナ全域を不可分の「イスラームの地」であるとし、「失地」であるパレスチナ回復を目指してジハードを行なっている。

＊ジハード団　一九六〇―七〇年代、武力による政府打倒とイスラーム国家樹立を目標に結成されたといわれる。八一年、サーダート大統領暗殺を実行した。九〇年代、イスラーム集団の観光客襲撃作戦に同調したため、政府の弾圧を受け、分裂・弱体化した。現在、アイマン・ザワーヒリーら一部メンバーは、アル＝カーイダに合流し、共闘活動を行なっているとされる。

＊ハマース　正式名称はイスラーム抵抗運動。一九八七年、インティファーダ（民衆蜂起）に際して、ムスリム同胞団の闘争部門として、アフマド・ヤースィーンらを中心に結成された。パレスチナ解放機構（ＰＬＯ）とは別の独自の対イスラエル闘争や社会奉仕活動により、支持基盤を拡大させた。二〇〇六年一月の立法評議会選挙で第一党となり、イスマーイール・ハニーヤ政権が誕生した。

イスラーム革命

いかに国民の政治要求とイスラーム意識をくみ取るか

（末近浩太）

革命とは、既存の政治権力を打倒して、新たな政治体制を樹立する行動である。前近代のイスラーム王朝において、革命がイスラーム法的に容認されるケースは少なかった。それは、神の意思に従って築き上げた秩序を転覆することは不敬の行為であるという見解が、ムスリムのあいだでは主流であったためである。しかし、近代以降、西洋諸列強による**植民地支配**や世俗国家の誕生など政治体制の**脱イスラーム化**が進んでいくなか、革命はイスラーム的政治体制の再興を目指す行動として正当化・理論化されるようになった。その意味では、イスラームと革命の結合は、極めて近代的な現象なのである。

例えば、二十世紀初頭に活躍したシリア人思想家**ラシード・リダー***は、時の権力であったイスラーム国家オスマン帝国がその領土を西洋諸列強に分割・支配され、トルコ人を中心とするナショナリズムに傾倒していくなかで、「正しい」イスラームに立脚した改革を訴える。そこで、ムスリムは、イスラーム法を適切に施行できる国家元

＊ラシード・リダー　二三一頁参照。

＊ムスリム同胞団　二五一頁参照。

＊イスラーム解放党　パレスチナのイスラーム学者タキーッディーン・ナブハーニーにより結成されたイスラーム組織。イスラーム国家の樹立と聖地エルサレムの解放を主な目的とする。

＊クーデタ　一部の政治グルー

首を擁立できる「**革命権**」を有すると説いた。

今日のイスラーム運動の多くが、革命という言葉を用いている。例えば、**ムスリム同胞団***は個人、社会、国家の漸進的な変革の営みを「革命」と呼んでいる。しかし、最初に力による政権奪取を掲げたのは一九四九年にヨルダンで結成された**イスラーム解放党***である。解放党は世界規模のイスラーム国家の樹立を目指しており、中央・東南アジア、欧州にも支部を広げているが、ほとんどの国家で非合法化されており、また支持者の数も極めて限定されているのが実状である。そのため、少数派としての解放党がそのまま武力でもって政権奪取を成功させても、それは革命ではなく**クーデタ***に近いものとなるだろう。

実は、戦後の中東において、軍部による政権奪取を理論的に正当化したのはシリアで誕生した**バアス党***であり、それを最初に実践したのは**ナセル**率いるエジプトの**自由将校団***であった。いずれも政権転覆を成就させたが、軍部の少数グループによる一連の行動はまさしくクーデタであった。バアス党もナセルも自らの行動を「革命」と呼んでいるが、民衆の支持を得たものであったと事後的に強調するという側面もある。

これらの世俗的な革命の実例を目の当たりにした一部のイスラーム運動や思想家は、性急な武力による既存の国家の転覆のイスラーム的な意義づけを試みた。その代表例として、パキスタンの思想家**アブー・アーラー・マウドゥーディー***や、**ジハード**

プが主として軍事的手段によって国体を急激に変更する試み。

***バアス党**　シリア出身のミシェル・アフラク、サラーフッディーン・ビータールらによって結成されたアラブ民族主義政党。現在のシリアの政権党。正式名称はアラブ・バアス社会主義党。

***ナセル**（一九一八―七〇）一九五二年に革命によりエジプト王政を打倒し、その後第二代大統領に就任。五六年にはスエズ運河の国有化を宣言し、アラブ世界のカリスマ的な民族主義指導者として一時代を築き上げた。

***自由将校団**　一九五二年のエジプト革命を起こした青年将校の秘密結社。四九年にナセルを指導者とした一二名の執行委員会を結成。革命後は革命指導評議会を構成して、実権を掌握した。

団[*]や**イスラーム集団**[*]といった急進派の結成に大きな影響を与えたエジプト人思想家**サイイド・クトゥブ**[*]などが挙げられる。これらの革命的な急進派が戦後の中東に次々と誕生した世俗的な革命政権による弾圧によって伸長したことは、まったくのアイロニーである。こうして見てみると、イスラーム革命は、植民地支配や世俗国家に対峙する反近代的（反西洋的）な側面と、今日の国家の内部での権力抗争の手段として発展したという近代的な側面を兼ね備えていることがわかる。

現代の中東において成功した唯一のイスラーム革命が、一九七九年の**イラン・イスラーム革命**であった。それまでのイランでは、パフラヴィー朝のもとで西洋流の近代化政策が推し進められ、国王の強権政治によって民衆の声は抑圧されていた。シーア派イスラーム法学者**ホメイニー師**[*]は、これを反イスラームであると激しく糾弾し、亡命先のフランスからイラン民衆に対してイスラームへの回帰と王政の打倒を訴えた。民衆レベルのイスラーム復興は、ホメイニー師の呼びかけに触発され、熱狂的な政治要求のうねりとなり、最終的に国王を海外に追放して、「イスラーム共和制」の新国家を樹立した。イラン革命の意義は、言うまでもなく、イスラームに立脚した革命政権の確立であるが、見落としてはならないのは、それが中東の現代史上まれに見る**民衆による革命**であったということである。

イランでの革命の成功は、現代政治におけるイスラームの有効性と民衆による体制

＊アブー・アーラー・マウドゥーディー（一九〇三―七九）パキスタンの思想家、ジャーナリスト。イスラーム組織ジャマーアテ・イスラーミーの創設者。現代のイスラーム国家理念の体系化に大きな功績を残す。

＊サイイド・クトゥブ（一九〇六―六六）エジプトのイスラーム思想家、ムスリム同胞団のイデオローグ。ナセル政権によるイスラーム運動に対する弾圧下で、イスラームか否かという二者択一の急進的思想を展開した。当局により処刑されたが、むしろその事実はクトゥブ思想の国際的な影響力を高めることとなった。

＊ホメイニー師（一九〇二―八九）イラン・イスラーム革命の指導者で、イスラーム共和制樹立後は最高指導者の地位に就く。シーア派法学者の最高権威であり、「法学者による統治」という政治理論を打ち立てた。

転覆の可能性を証明し、その後の多くのイスラーム主義者や運動に多大な影響を与えた。アフガニスタンでは、一九七九年に同国への侵攻を開始したソビエト軍に対し、**イスラーム・ゲリラ（ムジャーヒディーン）**がイスラーム革命を掲げて武装抵抗運動を展開した。シリアでは、一九八一年に国内のイスラーム勢力が結集し「シリア・イスラーム革命」を試みた（しかし、バアス党政権による武力弾圧により失敗）。これらの各地のイスラーム運動の活動に対し、イラン革命政府は「革命の輸出」を掲げ、精神的・物質的支援を行なってきた。そこでは、イスラエルの占領に対するパレスチナ人の抵抗運動も――**ハマース***の武装闘争に限らず一般民衆の蜂起（**インティファーダ**）も――イスラーム革命の一環と捉えられている。

イラン革命以後、イスラーム革命は起こっていない。その理由としては、体制側がイラン革命を教訓に国内のイスラーム主義勢力の取締りを強化し、他方、イスラーム運動側は一部の急進派が性急な武装闘争路線を採用した結果、革命のレトリックが民衆の支持を失ったことが挙げられる。また八〇年代以降、湾岸諸国をはじめとする多くの中東諸国において、部分的ではあるが政治参加が拡大したこともその背景にあるだろう。こうみてくると、イスラーム革命は民主化と急進派・テロリストへの対策という昨今の中東が抱える二つの主要な問題と絡むものであり、その将来は、政府がいかに国民の政治要求とイスラーム意識をくみ取りうるかにかかっているといえよう。

***ハマース**　二五五頁参照。

イスラームと現代政治

イスラームは現代文明を否定しない

（末近浩太）

近年、新聞やテレビのニュースにおいて、ほぼ毎日のように「イスラーム」の語を見るようになった。イスラームは、混迷するイラク情勢やパレスチナ問題、「国際テロ組織」の活動といった国際政治のみならず、英仏などの西欧諸国においてはムスリム移民問題に代表される国内政治の話題としても頻繁に語られる。今やイスラームは現代の政治を考える際に重要な要素となっているが、実はこのような傾向は冷戦終結後の一九九〇年代以降目立ってきたものである。

米国の国際政治学者**サミュエル・ハンチントン**は、一九九三年に有名な論文**「文明の衝突」**を発表し、宗教を基軸とした文明どうしの対立こそが冷戦終結後の国際政治を規定していくと予見した。この議論は、米国を中心に一定の支持を得た一方で、粗雑な文明論や文明どうしの衝突を不可避とする悲観論として多くの批判を浴びた。しかし、宗教が国際政治の表舞台に立つという予見は誤っていなかったと言える。それを結果的に裏づけることとなったのが、二〇〇一年九月の**同時多発テロ事件**＊と**アル＝**

＊**同時多発テロ事件**　二〇〇一年九月十一日に米国で起きた、ハイジャックによる自爆テロ攻撃事件。ウサーマ・ビン・ラーディンが作戦を指揮したとされる。三〇〇〇名を超える死者を出した。

カーイダの登場であった。この事件は、「冷戦後」の国際政治からの劇的な転換点となった。すなわち、安全保障のためなら先制攻撃も辞さない唯一の超大国・米国の単独行動主義と、市場経済と民主主義の拡大を是とするグローバリズムに彩られた新たな国際秩序が立ち現われてきたのである。「対テロ戦争」の名の下に遂行された「**イラク戦争***」と、戦後の米国主導による「自由で民主的な国造り」は、この流れを象徴的に表わしている。

しかし、しばしば「世界が変わった日」とも呼ばれる二〇〇一年九月十一日以前に、イスラームが政治的な影響力を持っていなかったかといえば、そうではない。われわれはどうしても過激派の行動に目を奪われがちであるが、イスラームの価値観や規範を拠り所にした政治・社会変革の声は、十九世紀以来、世界各地で穏やかに、時に激しく綿々と紡ぎ継がれてきた。ムスリムたちは、当初は西洋の植民地主義からのイスラーム世界の防衛に挑み、その後は世俗主義やナショナリズムに特徴づけられる近代化＝西洋化の波を乗り切ろうとしたのである。

なかでも一九七九年のイランでの**イスラーム革命***の成功は、近代化が進むに連れて宗教の力は衰退していくという、長らく自明視されていた西洋的近代化のパラダイムに大きな衝撃を与えた。イスラーム勢力は冷戦構造のなかで東西陣営の対立に絡め取られながらも、徐々に国際政治を揺るがすアクターになっていった。米国は中東地域

***イラク戦争**　大量破壊兵器開発、テロ組織支援、圧政を理由にサッダーム・フセイン政権の排除を目的とする、米英軍を中心としたイラクへの軍事侵攻。二〇〇三年三月二十日の開戦から一ヶ月あまりで政権は崩壊したが、戦後体制の確立が進まず、米英軍のイラク駐留が続く。

***イスラーム革命**　前項参照。

最大の同盟国イランを革命で失い、他方ソビエトはアフガニスタンでイスラーム・ゲリラの武装闘争の前に軍事的敗北を喫し、超大国の威信を大きく傷つけられた。東西のイデオロギー対立をはじめとし、ナショナリズムの高揚を発端とする度重なる民族紛争、また一向に改善の兆しの見えない南北問題など、近代化＝西洋化の図式が抱える負の側面を、非西洋の側から最もラディカルなかたちで批判してきたのはイスラームであったと言えるかもしれない。

ここで重要なのは、確かにムスリムのなかには文化的・政治的な面で反西洋を掲げる人々も少なからずいるが、多くの場合は現代文明に対して批判的ではないということである。そこでは、イスラーム的な見地からその妥当性を検討しつつも、工業化による産業発展やグローバルな金融システム、最先端のＩＴや医療技術を積極的に採り入れてきた。例えば、利子を禁じるイスラームの教えと現代の金融システムの核である銀行を調和させた**イスラーム銀行***が、近年、中東諸国で次々に設立されている。また、冷戦の終結によってグローバルな資本主義経済が確立し、国家や個人のあいだの「仁義なき戦い」が拡大の一途をたどるなかで、道徳や倫理の体系としてのイスラームが加熱する競争や格差の拡大に一定の歯止めをかけている場合もある。

したがって、イスラームは現代文明にとってマイナスではなく、近代化に資する面を十分に持ち合わせていると考えるのが妥当であろう。その意味では、イスラームと

***イスラーム銀行**　一六〇頁参照。

西洋の衝突を文明間の宿命的なものととらえるハンチントンの議論は正鵠を射ていない。

今や中東地域だけではなく、東南アジアや欧州にまで活動の場を広げている**イスラーム過激派**を支持するムスリムは少ない。それは、過激派が偏狭で独善的なイスラーム解釈によって、自らの非人道的な行動を正当化しようとしているからである。こうした状況下では、一般のムスリムは西洋からの拒絶や憎悪に直面し、近代化による繁栄から遠のくことになりかねない。同時多発テロ事件は米国社会に深い傷跡を残したが、それは国際社会の平和と繁栄を真摯に希求する大多数の穏健なムスリムにとっても悲劇であったといえよう。

過激派の代名詞となった**アル＝カーイダ**は、「国際テロ組織」として広く知られているが、**ウサーマ・ビン・ラーディン**[*]を頂点とする明確な命令体系を持ったトップダウンの「組織」として見れば、その規模は潜伏先と言われるアフガニスタンを中心としたローカルなレベルに限定される。むしろ、今日世界各地で局地的に引き起こされているテロは、ビン・ラーディンらの主張に共感した者たちが自発的に行なっているのだと考えられている。エジプトのアフラーム戦略研究所のディーア・ラシュワーンは、これを「**概念としてのアル＝カーイダ**」と表現している。人々をアル＝カーイダに「覚醒」させる媒介は、インターネットや直接的な説教などを通じた過激派の主

***ウサーマ・ビン・ラーディン**（一九五七―　）一九九八年の米国大使館爆破事件や二〇〇一年の同時多発テロ事件の首謀者とされる、サウディアラビア出身の富豪。極端な軍事主義を掲げ、イスラームの名の下に西洋文明に対する闘争を訴える。

張へのアクセスである。しかし、本人にとりわけ関心がなくとも、BBCやCNNといったグローバルなマス・メディアを通じて意図せず過激派の活動を知り、体験することで、その主張に傾倒していくこともある。

グローバル化が加速するなかで、米国が掲げる軍事主義に彩られた「対テロ戦争」という対症療法では人々への「概念としてのアル＝カーイダ」の浸透を抑えることは難しい。そうではなく、過激派の主張が一定のリアリティと魅力をもって人々に受け止められてしまうような現代の政治のあり方を見直さなくてはいけないのではないか。約半世紀にもわたって占領という異常事態が黙認されてきたパレスチナ問題、そして国際社会の制止を振り切って遂行された「イラク戦争」は、それらを西洋によるイスラームへの攻撃だとする過激派の主張を裏づけ、テロリストを新たに生み出し続けているのではないか。二十一世紀の国際社会のあり方を模索していくためにも、大多数の穏健派のイスラームが提起する問題や声を、真摯に受け止め、考えていく必要があるだろう。

コラム　日本に来たムスリムたち

（ギュレチ・セリム・ユジェル）

日本社会に移り住んだムスリムの数は増加の一途をたどり、今ではさまざまな国籍の人が暮らしている。そのなかで最も早くから日本に移住し、日本社会に溶け込みながらも、自分たちの文化伝統を持ち続けてきたのはトルコ系の**タタール人**や**バシキール人**である。

ここでは、そのなかから三人の代表的人物を選んで、日本における彼らの活動を紹介したい。

アブデュルレシト・イブラヒム（一八五七―一九四四）

イブラヒムが最初に日本の土を踏んだのは一九〇〇年、明治三三年にあたる。日本に深い感銘を受けた彼は、その後もたびたび来日し、ついに生涯最後の一〇年を東京で過ごすことになった。一九四四年に他界した彼の墓は東京の多磨霊園にある。

彼の生涯を見るならば、明治から戦前にかけてのイスラーム世界と日本の関係を代表する人物といえるかもしれない。彼が初来日したときは日本にはまだほとんどムスリムはいなかった。しかしその後、次第に小さいながらもコミュニティができ、彼がその指導者を務めるようになった。イブラヒムは日本に、西欧列強の支配に喘ぐ東洋の希望を見いだした。彼は、日本についても数多くの見聞録や論評を書き、オスマン帝国やその周りのイスラーム諸国に日本の姿を紹介した。見聞録の一部は『ジャポンヤ』（小松香織・小松久男訳、第三書館、一九九一年）として邦訳されている。

明治時代から昭和にかけて日本ともっとも親密でもっとも長く接したトルコ・タタール系のムスリムである彼は、日本の郵便制度や学校教育、報道機関、食事、生活習慣などあらゆる分野に興味を示した。在日ムスリム・コミュニティの精神的指導者的な存在となった彼は、日本政府に対してムスリム社会を代表し、大隈重信や伊藤博文などの有力者と会って、世界の動向やムスリム社会の事情などについて意見交換を行なった。

トルコでは、彼のこれらの活動が強い印象を与え、オスマン帝国のスルタン・アブデュルハミト二世が彼を布教活動のために日本に送り込んだと考えられているが、この説は資料的な裏づけに乏しい。しかし、彼の活動によって、日本が西欧諸国ではないのに経済発展を進め、軍備化に成功し、歴史的にトルコ人の「宿敵」であった中国やロシアに勝ったために、当時オスマン全土において高まっていた親日感情がいっそう成長したことは間違いない。

「日本国民というのは、既存のムスリム以上にイスラームが人間に望むほぼすべての価値観やマナーを備え持っており、あとはただただ信仰告白の言葉を証言するのみである。その勤勉さや、礼儀正しさ、約束を守る姿などにはムスリムたちも学ぶべきものが多い」などと彼は日本を紹介し、中国、満洲やロシア領内のトルコ系諸民族に日本への協力を促した。トルコでも、イスタンブルを中心に行なった演説会などで彼は、大いに日本や日本人を讃えた。

イブラヒムの生涯は次のようなものであった。彼は一八五七年四月二十三日にロシアの西シベリア地方のタラに生まれた。祖先は十五世紀に中央アジアの古都ボハラからこの地にやってきたとされるので、ウズベク系ということになろうか。

七歳のときから村の学校に学び、宗教教育を受けた。一八七一年に両親を亡くしたイブラヒムは進学のためにカザン州に移住した。一八八〇年にまずイスタンブルを訪ね、引き続き最初の巡礼のため現在のサウディアラビアに行ったが、巡礼後マディーナに留まり、宗教的な勉学に励んだ。五年間の滞在中、イスラーム諸学問の勉強を進めると同時にアラビア語とペルシャ語を取得した。後にタサウウフ（スーフィズム）に興味を持ち、アーラービーやイマーム・ラッバーニーの影響を受けた。

一八八五年にイスタンブル経由で地元のタラに戻り、学校を設立し、教師を勤めた。この間に結婚し三人の子どもをもうけた。学校建設を含む彼の行動は同胞たちに応援され、やがて、ムスリムの代表としてロシア政府と交渉できる立場までに押し上げられた。ロシア支配下のムスリムの状況を訴える出版物を発行し、ロシア領内やトルコなどで配布した。

一八九四年から九六年までイスタンブルに滞在した。翌年にヨーロッパに渡り、スイス滞在中のロシアの社会主義者などに、ロシア支配下のムスリムの状況改善を訴えた。一八九七年からエジプト、ヒジャーズ、パレスチナ、イタリア、フランス、西ロシア、シベリアを経て、地元のタラに帰ってくる三年間の旅をした。彼は**天性の旅行家**であった。

一九〇〇年に初めて日本を訪れたが、このときはわずかの間しか滞在せず、帰国した。初めて来た日本の影響が大きかったために、一九〇二年に再び来日し、約一年間滞在した。彼にとって日本は、ロシア領内のムスリム解放のための希望の星であると同時に、西欧諸国やその文化と違って、イスラームに近い価値観や習慣を持っている国と考えられた。彼にとっては、日本はイスラーム布教のための絶好の舞台であった。

一九〇四年にイブラヒムはロシアにもどるが、イスラームの復興を目指す彼の活動に対してロシアは彼を監視下に置き、サンクト・ペテルブルグに強制滞在させた。彼は、その間に、雑誌を発行し、ロシア領内のトルコ系諸民族の統一を促し続けたが、雑誌発行はロシア政府に差し止められた。

一九〇五年の**日露戦争**での日本の勝利は、彼のロシア領内ムスリムの解放に対する期待をさらに膨らます機会となった。彼の名声もロシア領内のみならず、世界各地のムスリムに知れわたるようになった。

一九〇七年から再び旅に出たイブラヒムは東西トルキスタンの各地を訪れ、世界情勢の見聞やムスリムたちに説教を続けた。カザンにも滞在して教育活動を続け、多数の青年をイスタンブルへ留学させた。

イブラヒムは一九〇八年にシベリア、モンゴル、満洲経由で日本にいたる旅に出る。日本に着くと、政界や軍関係者と面会を重ねた。彼は**頭山満**や**犬養毅**とともに**「亜細亜議会」***の設立に関わった。

一九〇九年に再び日本を離れ、朝鮮半島を経て中国に向かった。中国各地でムスリムを訪ねた。そしてシンガポールから英国の植民地下にあるインドに渡り、これらの地域のムスリムの現状を理解し、情報発信の機会を探った。しかし植民地当局は彼のインド滞在を嫌った。

彼が一九〇九年の十月に船でボンベイからマッカへ向かったとき、同行していたのが**山岡光太郎**（一八八〇―一九五九）である。山岡はイブラヒムの勧めでイスラームに入信し、日本人として初めてマッカ巡礼を行なった。ちなみに、この山岡の弟子に当たる**三田了一**（一八九二―一九八三）は、はるか後年のことであるが、一九七二年にイスラームの聖典クルアーンを信徒による初めての日本語訳として刊行した。

巡礼を終えたイブラヒムは、イスタンブルへ向かった。当時のオスマン帝国は第一次世界大戦にまで続く厳しい国際情勢のなかに置かれていた。ヨーロッパ列強やロシアによる領土の占領に加えて帝国内における少数民族による独立戦争があちらこちらで起き、中央政府が弱体化し、イスラーム・ウンマのなかでイスラーム主義運動が高まりを見せていた。イブラヒムはイスタンブル滞在中に主なモスクで説教を行ない、イスラーム世界の状況を熱情的に語り、イスラーム世界の統一を訴えた。彼のこれらの説教は、トルコの国民的詩人でトルコ国歌を作詞した**アーキフ**（一八七三―一九三六）や後の**ヌルジュ運動***の思想家である**サイード・ヌルスィー**（一八七六―一九六〇）などのイスラーム主義論者に少なからぬ影響を与えた。

イブラヒムは一九一一年に北アフリカに渡り、イタリア軍と戦うオスマン軍を応援する。一九一二年のバルカン戦争勃発から一九一八年の第一次世界大戦終結まで、ヨーロッパやロシア各地を訪れ、オスマン軍への支援を呼びかけた。

オスマン帝国は解放戦争の末、**トルコ共和国**として再スタートした。彼はこのことをこの地域の人々とともに喜んだが、トルコの新政府は彼にそれほど好意的でなく、一九二五年から三三年までトルコ中部のコンヤ県に監視されながら滞在することになった。新政府は、イブラヒムが最初に抱いた親近感を裏切ったのである。

イブラヒムはついに、一九三三年の八月、再びトルコを離れ、十月に日本に到達した。日本では、ムスリムの代表的存在としての待遇を受けたイブラヒムは、日本政府の協力と**クルバン・アリー**（後出）をはじめとする東京在住のタタール系トルコ人の努力によって一九三七—三八年に建てられた渋谷区大山町の**東京回教学校**および**回教寺院**の初代イマームに就任し、日本におけるイスラーム布教活動に専念するようになる。東京、名古屋、神戸、九州各地に定住していたムスリムは彼を中心にまとまり、自らの宗教や文化を守りながらも日本社会との協調をよりよく図ろうとした。この期間、タタール人の子どもや青年とともに、イスラーム入信を希望する日本人を指導し、宗教教育を行なった。

生まれ故郷を離れ、世界各地を転々としたイブラヒムは、再びトルコに戻ることなく一九四四年八月十七日、日本で没した。多磨霊園の外国人墓地に埋葬された。

ムハンマド・アブデュルハイ・クルバン・アリー（一八九〇—一九七二）

アブデュルレシト・イブラヒムがイマームを務めた**東京モスク（東京回教寺院）**は日本の首都における唯一のイスラーム礼拝堂として、長らく親しまれてきた。戦前に建てられた最初の建物は中央アジア様式のもので、その建設に最も貢献したのはクルバン・アリーであった。

ソ連の共産政府の迫害を逃れて大正期から昭和の初期にかけて日本に移住してきたタタール系の難民は六百人とも千人とも言われているが、そのうちの二百人あまりが東京とその近辺に定住していた。彼らの取りまとめ役がクルバン・アリーであった。しかし、もともと彼はタタール系ではなく、バシキール系のトルコ人であった。また、彼はほかの難民と違って、政治的な亡命者であった。

一九二七年に日本の当局に出した履歴書によると、彼は、ロシア・バシキール国に一八九〇年十一月二十九日に生まれた。一九一六年にメディヤック高等回教学校を卒業し、一九一六年にペトログラード回教管長になる。

彼が日本の地を初めて踏んだのは、一九二〇年十一月のことである。それは、帝政ロシア滅亡で高まった民族独立の夢がロシア革命政権によって打ち崩され、反革命政権運動を展開していたクルバン・アリーに対する日本政府からの招待状によるものであった。一〇名ほどのバシキール系の青年を連れて来日したクルバン・アリーは早大総長であった**大隈重信**に会見した。翌年の一月に彼は再び一〇名ほどの青年を連れて来日した。この時、一行は大隈以外の政財界の要人たちとも面会し、ロシア領内のムスリムの状況やイスラームの偉大さ、日本人の価値観とムスリムである彼らの価値観や文化とは共通点を持っていることを強調した。

帰国したアリーは、ロシア赤軍に対して戦ったが、やがて敗退し満洲に逃れることになる。一九二二年一月にまずは南満洲鉄道株式会社（満鉄）所属となり、一九二四年十月に日本の軍部の誘いもあって日本に亡命し、東京に移住した。

アジア各地で民族運動に関わり、アリーのように日本に亡命したアジアのリーダーたちを迎え入れ支援したのは、玄洋社の頭山満や後に総理大臣になる犬養毅などの**アジア主義者**であった。アリーはその関係を生かして在日ムスリム・コミュニティに貢献しようとした。

一九二五年一月に**東京回教教団**を組織し、一九二七年十二月**東京回教学校**を創立し、校長を務めた。また、一九二八年に日本回教徒連盟会長に就任し、翌年にアラビア文字による**東京回教印刷所**を設立した。一九三二年に満洲国を訪れ、回教協進会を組織した。一九三三年に日本事情を海外向けに宣伝する雑誌として『ヤニ・ヤホン・ムフビリ』（新日本新報）を創刊した。ムスリムやトルコ民族の団結やソ連を反対する政治的論評から日本の政治経済事情までの幅広い内容で七年にわたって、六〇号までタタール語で発行されたこの雑誌は、海外の多数のタタール系トルコ人に送られた。この翌年六月に、東アジアで初めて、**聖典クルアーン**を東京回教印刷所において印刷した。彼のこれらの活動を資金面から支えたのは、難民タタール人たちとともに、対アジア・ムスリム政策の重要性に気がついていた日本の政財界の要人たちであった。

若い頃のクルバン・アリーにかわいがられたという**モヒト・テミムダール**（後述）は、アリーの日本の要人との関係に触れ、そのおかげでコミュニティがいろいろと助けられたし、東京モスクと学校ができたのも彼のおかげであったと強調する。ところが、彼はモスクの開堂式を翌日にひかえて突然、日本の当局に捕らえられ、国外追放に処せられた。その真相は、いまだ明らかになっていないが、日本政府の進めようとしていたイスラーム政策にとって彼が邪魔となったとも考えられる。彼のかわりに新しいモスクのイマーム（導師）に就任し、日本の政財界や軍人と肩を並べて開堂式に臨んだのは、前述したアブデュルレシト・イブラヒムであった。

妻と子どもを東京に残して国外追放されたクルバン・アリーは、満洲の大連に送られた。大連で満鉄所属として働かされた彼は、一九四五年八月の太平洋戦争終結間際に侵攻してきたソビエト軍に捕らえられ、一九七二年までの残りの人生のほとんどを政治犯罪者として刑務所で過ごした。

モヒト・テミムダール（一九一七―）

戦前に建てられた**東京モスク**は老朽化によって、一九八六年にいったん解体された。モスクは在日トルコ人にとって交流の場でもあったから、二〇〇〇年に**東京ジャーミイ**として再建されるまで、しばらく寂しい時期が続いた。新しいジャーミイはトルコ人たちの心のよりどころとも言えるが、ここで長老モヒトの姿を今でも見かけることができる。

ロシア革命直後の一九一七年頃にロシアのカザン郊外のサラアシ村に生まれた彼は、年齢的にも最長老の一人であるが、戦後のトルコ人社会を代表する一人といえよう。「共産革命が起きたとき私はまだお母さんのおなかの中にいた。ロシアの兵士が突然家に入ってきて、持っているライフルでお母さんの大きなおなかをたたいた。その結果お母さんが早産した。生まれたのは双子だったが、一人が死んだまま生まれたんです。生きていたのは私でした。そして、私の家族は共産勢力の迫害を逃れて、東へ東へと逃げて二年もかかって中国のハルビンまで来たんです。地主から難民に転落した家族は、いろいろな仕事につきながら、ここで一一年も過ごしました。その後、先に日本に渡っていた姉夫婦を頼りに、家族とともにハルビンから日本に来たとき、私はまだ十三歳でした。昭和七年のことでしたね。最初は日本語もわからなくて大変苦労しましたよ」と言う。

しかし、才能に恵まれていた彼はまもなく日本語に習熟し、日本大学の経営学部を卒業した。当時のトルコ人社会はアブデュルレシト・イブラヒムやクルバン・アリーなどを中心として発展しつつあったが、モヒトはその若いメンバーとして成長した。彼によれば、現在の新宿の伊勢丹付近にあった戦前の**東京ホテル**は「独身トルコ人たちの牙城」であったという。実際に、クルバン・アリーによって結成された「東京回教教団」の結成式も、このホテルの二階で行なわれた。

来日の両親世代に比べて、彼をはじめとする若い世代は日本語や日本事情を理解し、日本社会にいち早く溶け込んで活動の場を拡大した。その一人にアブデュルメンナン・サファーがいる。

東京回教寺院が開かれ、後に副イマームとしてイブラヒムを支えたのは、タタール系難民のアイナン・サファーであった。アイナンの息子の一人がアブデュルメンナンで、一九六〇年代から七〇年代にかけてラジオのディスクジョッキーとして活躍した。芸名を**ロイ・ジェームス**といい、その名から欧米系と勘違いする視聴者も多かったが、紛れもないタタール人である。外国人と思えないような絶妙な日本語と演歌好きのトークで、多くのファンに親しまれた。

日本に帰化して国籍の問題を解決したロイ・ジェームスにならって、その後の世代にも日本に帰化するものが現われたが、多くのタタール系は日本に帰化することも別の国の国籍を取得することもなかった。しかし、この現状は彼らの活躍できる場を限定し、日本国内での商売しかビジネス・チャンスはなかった。その商売も、定住型で店や従業員をもって行なう商売ではなく、主に繊維関係の品物を担いで地域の各世帯を歩き回る、いわゆる**訪問販売形式**のものであった。この訪問販売形式は、外国人であり日本語もまだ習得段階である彼らにしてみれば、言葉として足りないところをフェイス・ツー・フェイスで補う賢い手法であったようである。

大正の末期から昭和の初めにかけての一九二五年ごろは、日常生活において和服から洋服への変化の時代であった。日本ではこのころ農村部まで洋服が普及していった。この時代の流れに乗って少しずつ儲けたのが**タタールの行商人**であった。彼らにとってこの商売は、自分たちの存在を日本中に知らせる機会ともなった。また、事業の拡大とともに、より多くの人手が必要となり、満洲に残った親戚をはじめとする多くのタタール難民を呼び寄せることにもなった。

モヒトをはじめ在日タタール系トルコ人に転機が訪れたのは、一九五〇年、**朝鮮戦争**が勃発した時であった。もはや祖国も国籍も持たない彼らにとって、トルコ系の唯一の独立国家であったトルコ共和国は心のよりどころであった。そのトルコが朝鮮戦争に国連軍として参加したのである。この戦争で負傷したトルコ人兵士は日本で治療を受けたが、多くのタタール人が、彼らの入院する病院に駆けつけ、通訳などを務めた。モヒトはその先頭に立って活躍した一人であった。

トルコ政府は彼らのこの行動を高く評価し、一九五三年にトルコ国籍を授与した。その時まで日本国内だけで暮らして、商売だけにたよらざるをえなかった彼らに、世界の扉が開いたのである。これを契機に多くの難民が、トルコや欧米に移住して行った。

モヒトのような日本に留まったタタール人たちは会社を起こし、新しいビジネスの機会を探った。モヒトは港区三田に会社を創立し、日本とイスラーム世界の間で貿易を行なった。戦後日本の経済成長の波に乗った彼は、ミシンやその他の機械類の輸出に関わるビジネスを展開し、事業を拡大した。日本大学医学部を卒業し、医者として日本で活躍している同じタタール・トルコ人の妻も社会的に成功し、後に六本木ヒルズとして開発されることになる地域に家と診療所を持つことになった。モヒト家は、在日タタール・トルコ系移民のなかで経済的にもっとも成功した一家と言えよう。

彼は、ビジネスだけでなく、タタール・トルコ人コミュニティである**日本トルコ人会**の事務局や会長を務め、現在のトルコ大使館の敷地の確保や丹下健三の設計による大使館ビルの建設にかかわり、歴代大使をはじめ来日するほとんどの要人の名誉顧問を務め、日本とトルコの関係に少なからぬ貢献をしてきた。一九三八年に渋谷区上原に建った**東京回教寺院**の運営員として、また一九七〇年代以降留学生と日本人のムスリムが中心となって設立した**イスラミックセンター・ジャパン**の活動に理事として加わり、イスラームの教えを日本語で語ったり入信式を指導するなど、日本におけるイスラーム布教運動に貢献してきた。

彼のもっとも大きな功績として、**東京モスクの再建**に力を注いだことを強調しなければならない。筆者自身も含めて在日トルコ出身の青年たちを巻き込み、タタール系トルコ人で日本生まれの**エンヴェル・アパナイ**(一九三〇年生まれ。東京トルコ人会の前会長)とも協力し、トルコ政府の支援を取り付け、モスク再建のために獅子奮迅の働きをした。

長老モヒトはその年齢にもかかわらず、現在も活動力も意欲も旺盛である。「次は学校の再建だね」と彼は意欲を燃やしている。この学校とは、もともと東京モスクに隣接して建てられていた**東京回教学校**のことである。彼はそれをトルコ人子弟たちの学校として再建したいと言う。近年は、在日トルコ人コミュニティも拡大し、新しい世代のために教育の整備が必要とされているのである。子どものいないモヒトであるが、「小さい子どもたちはみんな私の孫と同じなのだ」といつも口にする。日本社会のなかに定着しつつも、自分たちの文化を継承していってもらいたいという気持がそこには込められている。

＊亜細亜議会 日本の頭山満、内田良平などの興亜論者と、在日ムスリムのリーダー的存在であったイブラヒムなどにより一九〇九年に結成された団体で、日本でのイスラーム布教とアジアの防衛を活動目標としていた。

＊ヌルジュ運動 現代トルコにおけるイスラーム復興運動の一つであり、最近その勢力を増しているといわれる。名前は、創立者とされるサイード・ヌルスィーに由来する。

巻末対談――イスラーム遊学の誘い

小杉　一緒にこの本をつくってまいりましたが、ようやく巻末対談となりました。ふつうはあとがきを書くと思いますが、せっかくの機会ですので編者対談をして、イスラーム世界のこと、最近のイスラーム研究のことなどいろいろ話し合いましょう。共同編集は初めてでしたか？

江川　そうです。一人より二人、二人より三人と多くの人たちと話し合って進めるというのは楽しいですね。

小杉　たくさんの執筆者に関わっていただいて、アイデアのキャッチボールをしながら本作りをするのは、一人で研究するのとは違う創造性が生まれると思います。

江川　ある意味で、研究者は独りですから。研究って、孤独に耐えてするものではないでしょうか。

小杉　やはり自分一人で頑張るというところはありますね。

江川　オスマン語の文書《もんじょ》を一人で読みつづけたり、文書のなかで一つの言葉の読み方や意味を把握するのに二〜三日かけて調べたり、一人で作業することが研究の大半です。もっとも、それが楽しみでもあります。わかったとき、誰もいないのに一人でにやりとしたり（笑）。

小杉　イスラームの歴史研究でも地域研究でも、文献解析は一人でするものです。いわば職人的作業だと思います。最近は、共同研究が重視されていますが、それも一人一人が自分の研究と作業をやってきて初めて成り立つことです。フィールドではどうでしょうね。

江川　トルコ人の共同研究者と一緒のときもありますが、単独のときは、自分だけの判断にかかっています。そこでこちらがトルコの村人にいろいろな質問をなげかけるわけですが、全員が私だけに注目し、私の一挙手一投足を見つめて観察されます。そこでは、大学や日本のバックグランドはいっさい関係なくて、人間として信頼に値するかどうかを試されていると実感します。

小杉　たしかに。フィールドワークというと、こちらが観察すると皆思いがちですが、実はこちらも観察されるものですね。

江川　その緊張感と、人と人とのつながりが出来上がっていく高揚感が格別ですね。初めて行ったときよりも、二回目、三回目と足を運ぶことによって、信頼関係が築き上げられていくことをお互いに共感できるようになるわけです。

小杉　なんと言っても現地がおもしろいですよ。私の場合、エジプトから始まってレバノン、パレスチナ、最近は湾岸にも足を運んでいます。地域研究は、フィールドが喜びの源泉ですね。イスラーム世界には、日本人からみると不思議なことがたくさんあって、それと出会う驚き、発見の連続です。それに魅入られるとやみつきになりますね。

江川 私もそれで研究がやめられなくなりました（笑）。

小杉 イスラーム世界に関心のある方に、いつも申し上げるのは、この発見のおもしろさです。外国の文化に親しむと、どこでもいろいろ発見はあると思いますが、イスラームの場合、とびっきり発見度が高いのではないでしょうか。日本にとってまだ未知だということもありますが、文化・文明の玉手箱のようなものだと思います。「研究」と言って肩肘張らなくても、どんどんいろいろ勉強したら楽しいと思いますね。「イスラーム遊学」って言うのでしょうか。

江川 歴史的に見てもイスラーム世界は、旅をしながら学ぶ人が多く、それがごく日常的に行なわれていましたね。学びたい先生がいるとどんな遠くまでも出掛けて行きました。学びの原点です。

小杉 この本は、どちらかというと関西圏の執筆者が多いのですが、日本でもいろいろなところでイスラームの勉強ができるところが増えています。

江川 私たちが学生の頃に比べて、全国的に広がったと思います。

小杉 江川さんが教えていらっしゃる立命館大学はどのような感じですか？

江川 イスラームに関心を持つ学生は確実に増えています。オスマン史や現代の中東に関わる専門的な研究課題もありますが、サッカーや料理、ベリーダンスなど、関心は多岐にわたっています。

小杉　ベリーダンスは、日本では多少誤解があると思いますが、民族舞踊の一つですね。エジプトでも修学旅行先で小学生が踊っていたりします。男性も踊ります。

江川　腹筋を使うところなんかは、いわゆる丹田に通じているのです。

小杉　なるほど。そうなると、東アジアの文化とも比較できますね。

江川　実は、ベリーダンスと丹田を結びつけて身体論的な観点から研究した学生がいました。小杉さんの京都大学では、いかがですか。

小杉　私のところは、イスラーム世界論が研究領域になっているので、イスラーム復興や、現代の政治・経済から、スーフィー教団や神秘主義思想まで、多様なテーマがあります。この本にもいく人か参加しました。それと、今回は執筆者にたくさんの女性に参加していただきました。この男女比の点は、いかがでしょうか。

江川　日本の大学の教員は、圧倒的に男性が多いです。トルコから女性の先生が来日されると、女性の研究者が少ないことに皆さん驚きます。ちょっと恥ずかしいくらいです。

小杉　日本でも例えば片倉もとこ先生のようなパイオニアがいらっしゃいますが、あの時代は本当に女性が少なかったですね。江川さんの代はどうですか?

江川　少しずつ女性研究者が増えてきましたが、まだちらほらですね。学生時代には「女だてらにイスラーム世界か」なんて言われたこともありました。

小杉　イスラーム世界は女性隔離だとよく誤解されて言われますが、この言い方自体が男性の視点ですよね。

江川　男女分離はある程度ありますが、女性の生き生きとした世界があって、私にはそれがよく見えます。今までは、男性の側からだけ見ていた弊害がありますね。

小杉　日本の研究者も三十代以下の世代を見ると、日本中東学会の会員でいえば男女だいたい同数ですね。研究領域にもよるとは思いますが、同数というのは、学界でも珍しいのではないでしょうか。

江川　この本では、女性の執筆者が半数以上で、こんな画期的なことは今までにありませんでした。

小杉　本書の特色の一つですね。もう一つは、若手の執筆者で、広い領域を充実してカバーしているところでしょう。裾野の広がりを実感させてくれますね。

江川　そういう若い人たちのエネルギッシュな研究への情熱を嬉しく感じます。

小杉　人生は、おもしろいことを勉強するのが一番だと思うのですが、イスラーム世界の場合、歴史も現代もそれに値するテーマに満ちています。

江川　この本が、読者の皆さんにとって、イスラーム世界へ誘う一つの扉になってくれれば望外の喜びです。

小杉　実は、この本の最初の企画は一九九四年でしたので、結果としては一〇年以上かかったことになります。江川さんと共同作業して一年半でつくりましたが、編集部の渦岡謙一さんには、辛抱強く待っていただきました。

江川　一〇年以上ですか。

小杉　本をいろいろつくっていると、予想外に時間がかかってしまうことがあります。実のところ、ここ一両年の間に仕上げた本を見ても、一五年かかった『イスラーム政治思想の遺産』（アラビア語原典資料集、共編）、七年かかった『二十世紀のイスラーム知識人』（英語の共編著）、六年かかった『現代イスラーム世界論』（単著）というような感じです。あきらめずに頑張っているといつかは日の目を見ると信じているんです。

江川　子育てのようですね。

小杉　たしかに。自分たちでつくった本は、子どものように愛着を感じるところがありますね。それにしても、編集部の渦岡さんにはお世話になりました。深く御礼申し上げたいと思います。

江川　編集を手伝っていただいた渋谷晴巳さんにも心から感謝しております。

小杉　執筆者の皆さんも、全力投球で参加していただいて喜びにたえません。若手の皆さんには、さらにどんどん発表していただきたいですね。読者の皆さまには、是非この本をイスラーム発見の手引きとしてご愛読をお願いしたいと思います。

ブックガイド

イスラームやイスラーム世界を知るための参考書を、比較的手に入りやすい日本語の書籍を中心に選び、簡略な解説を全執筆者の分担で加えました。
おおむね本書の内容に沿って、概説、初期イスラームとクルアーン、歴史、法と経済、現代、現代の諸地域、生活と社会、知・科学・芸術、スーフィズム、日本とイスラーム、に分けてあります。

イスラーム概説

東長靖『イスラームのとらえ方』（世界史リブレット）山川出版社、一九九六年
イスラーム入門に最適の一冊。非常にわかりやすく、「基本のき」をおさえている。

小杉泰『イスラームとは何か――その宗教・社会・文化』講談社現代新書、一九九四年
イスラームの基本的な教えから現代のイスラーム復興運動までを広く扱っており、イスラームについて学び始める人に最適の書。最終章では、アフガーニー、アブドゥ、リダーから現在のイスラーム復興運動に至るまで論じられている。

小杉泰・林佳世子・東長靖編『イスラーム世界研究マニュアル』名古屋大学出版会、二〇〇八年
飛躍的に増加するイスラーム世界に関する情報の渦――それへの対処法を提示する。多数の執筆陣が参加し、便利なマニュアルとして、信頼できる「知の見取り図」を示す。付録も充実し、有意な情報を満載。

ポール・ランディ『イスラーム――この一冊でイスラームのすべてが見える』小杉泰監訳、ネコ・パブリ

ッシング、二〇〇四年
教養、歴史、文化・芸術など幅広く、多数の図版を用いてビジュアルにイスラーム世界の全体像を見せてくれる。さらに、現代のイスラーム諸国について概要を紹介し、今日的な情報も豊富に収録している。

初期イスラームとクルアーン

井筒俊彦『コーランを読む』岩波書店、一九八三年（一九九一年の著作集にも所収）
イスラーム思想研究の大家で、クルアーンの邦訳も行なった著者の講演録。現象学的な方法論と意味論的手法を組み合わせ、クルアーンの内在的世界を描き出す独特の知的営為を、一般向けにわかりやすく説明している。
大川玲子『聖典『クルアーン』の思想——イスラームの世界観』講談社現代新書、二〇〇四年
日本語で入手できる最新のクルアーン概説書の一つ。クルアーンをユダヤ教、キリスト教とのつながりのなかに位置づけ、またクルアーンのテクストから啓示理論を抽出しようとする試みは、欧米流のクルアーン分析を継承しており、著者の手腕が光る。
大川玲子『図説コーランの世界——写本の歴史と美のすべて』河出書房新社、二〇〇五年
クルアーンの写本美術の広がりをわかりやすく紹介したビジュアル・ブック。半分以上がカラー頁で、図版が多用されている。クルアーンの邦訳やクルアーン美術館を紹介するコラムが挿入され、イスラームやクルアーンの入門書としても役立つ、盛りだくさんな内容となっている。
小杉泰『「クルアーン」——語りかけるイスラーム』岩波書店、二〇〇九年
「書物誕生——あたらしい古典入門」のなかの一冊。ムハンマド時代に「暗誦し、読み聞かせる聖典」として始まったクルアーンが、やがて書物の形を取り、イスラーム世界に流布することになる歴史を描き、

そのように成立した聖典がどのような宗教文化を生み出したか、丁寧に論じている。

リチャード・ベル『コーラン入門』医王秀行訳、筑摩書房、二〇〇三年（原著一九五三年）

クルアーン研究の本流であった歴史主義的・文献学的研究の集大成。十九世紀末の金字塔であるネルデケを中心に、古典期の研究を批判的に精査・継承している。クルアーン研究の諸主題を開陳しているが、クルアーン自体の入門書ではなく、内容はやや専門的である。

アーイシャ・アブドッラハマーン『預言者の妻たち』徳増輝子訳、日本ムスリム協会、一九七七年

アーイシャ・アブドッラハマーン『預言者の娘たち』徳増輝子訳、日本サウディアラビア協会・日本クウェイト協会、一九八八年

ビント・シャーティーの筆名で知られる著者による預言者ムハンマドの妻たち、娘たちの伝記。著者は、現代エジプトで最も著名な女性のイスラーム学者。本書は学術的な歴史研究ではないが、ハディースなどの伝承に基づき、預言者ムハンマドとその周りの女性たちの姿が活き活きと描き出されている。流麗な言葉で綴られており、文学作品としても味わえる。

歴史

嶋田襄平『イスラムの国家と社会』岩波書店、一九七七年

正統カリフ時代からアッバース朝時代にかけてのイスラームの国政について論じた古典的名著。

佐藤次高『イスラームの国家と王権』（世界歴史選書）岩波書店、二〇〇四年

イスラームにおける国家の位置づけの変遷を、初期イスラーム時代まで遡り、多彩な史料から描き出した一冊。教義上はウンマに対して二次的な意味しか持たない国家が、実際には強く現実のイスラーム世界の発展・変容に影響をおよぼしていたことを鋭く描き出す。

湯川武編『イスラーム国家の理念と現実』（講座イスラーム世界五）栄光教育文化研究所、一九九五年
現代のイスラーム政治を学ぶ上で必読の書である。ウンマ、イスラーム法、ジハード、正義と秩序など、今日のイスラーム世界が抱える重要論点が、歴史的に詳しく論じられている。
三浦徹・岸本美緒・関本照夫編『比較史のアジア——所有・契約・市場・公正』（イスラーム地域研究叢書四）東京大学出版会、二〇〇四年
中国・東南アジア・中東の三つの地域を取り上げ、各地域における歴史的な所有・契約・市場・公正の在り方を比較・検討しようとする論集。
鈴木董『オスマン帝国——イスラム世界の「柔らかい専制」』講談社現代新書、一九九二年
オスマン帝国の黎明期から発展期（十四—十七世紀）を中心に、単に政治史をたどるだけでなく、異教徒との共存のあり方、有為な人材を吸収・養成したシステムなどをとりあげながら、さまざまな宗教、民族、文化を内包しつつ支配体制を確立していった専制国家の特徴を検討している。
永田雄三編『西アジア史Ⅱ　イラン・トルコ』（新版世界各国史九）山川出版社、二〇〇二年
新井政美『トルコ近現代史』みすず書房、二〇〇一年
林佳世子『オスマン帝国の時代』（世界史リブレット）山川出版社、一九九七年
それぞれオスマン帝国史、近現代トルコ史の概説書としてはもっとも一般的な著作。
N・M・ペンザー『トプカプ宮殿の光と影』岩永博訳、法政大学出版局、一九九二年
後宮に暮らすスルタンの愛妾や母后、宦官、黒人奴隷たちの生活に光をあてながら、宮殿内部の組織や制度の成立と発展を分析するとともに、宮殿の女性たちの政治への関わりを考察している。オスマン宮廷の文化に触れ、その特徴を知るには良い書である。
家島彦一『イブン・バットゥータの世界大旅行』平凡社新書、二〇〇三年
十四世紀の大旅行家イブン・バットゥータの『大旅行記』を全訳した著者による『大旅行記』の案内書。

イブン・バットゥータの旅をたどり、彼の世界観に言及している。さらにイブン・バットゥータの旅を可能にした「近代以前」の世界システムおよびイスラーム世界の特質を歴史学者の視点から論じている。

イブン・バットゥータ『大旅行記』全八巻、イブン・ジュザイイ編、家島彦一訳注、（東洋文庫）平凡社、一九九六―二〇〇二年

モンゴルがアジア大陸を支配していた十四世紀にイスラーム世界のみならずインド、中国、さらにはアフリカを旅行したイブン・バットゥータの旅行記の全訳。訳者による詳細な注と各巻の解説から十四世紀のイスラーム世界の社会状況を克明に知ることができる。

イブン・ジュバイル『旅行記』藤本勝次・池田修監訳、関西大学東西学術研究所、一九九二年

リフラ（マッカ巡礼記）の傑作とされ、巡礼案内書として、また東方イスラーム世界への留学案内書として、後の人々にも広く読まれたマッカ巡礼記の全訳。十字軍に接触したムスリム社会の状況、ノルマン王朝下のシチリアの実情などを伝える貴重な史料である。

佐藤次高『イスラームの「英雄」サラディン――十字軍と戦った男』（選書メチエ）講談社、一九九六年

欧米のサラディン伝はしばしば偏った人物評価に陥ることがあるが、アラビア語の史料を駆使して、客観的なサラディン像の描写を試みた本。

佐藤次高『イスラーム世界の隆興』（世界の歴史八）中央公論新社、一九九七年

永田雄三・羽田正『成熟のイスラーム社会』（世界の歴史一五）中央公論新社、一九九八年

佐藤正哲『ムガル帝国から英領インドへ』（世界の歴史一四）中央公論新社、一九九八年

サラディンを除くと、日本語で読めるイスラーム史上の人物の評伝はあまりない。この三書はイスラーム史の平易な概説書であるとともに、本文で登場した女性を含めた権力者についても、各王朝史の文脈内で若干の記述がある。社会経済史の分野では女性の活動についての研究が増えつつある。英語ではイスラーム史上で女性の果たした役割について概観した論文集 G. R. G. Hambly ed., *Women in the Medieval*

Islamic World, New York, 1998がある。この分野の研究を志す人にお勧めする。

イスラーム法・イスラーム経済

堀江聡江『イスラーム法通史』山川出版社、二〇〇四年

題名のとおり、成立期から現代にいたるまでのイスラーム法発展の歴史を叙述している。過去において法学者たちが議論したさまざまな法律上の案件を紹介しながら、イスラーム法発展の過程を具体的に描き出す。専門用語も丁寧に解説され、スンナ派を中心とした法の変容と法学者の知的努力も知ることができる。

ワーイル・ハッラーク『イジュティハードの門は閉じたのか――イスラーム法の歴史と理論』奥田敦編訳、慶應義塾大学出版会、二〇〇三年

イスラーム法に時代への柔軟性と対応性を与える法学者たちの知的営為（イジュティハード）を実証的に検証することで、西洋のオリエンタリストによるイスラーム法の硬直性や停滞性の強調に対し批判を加えていく。同題の著明な論文の邦訳を含む、法と法学者をめぐる八編から成る一冊。

柳橋博之『イスラーム家族法――婚姻・親子・親族』創文社、二〇〇一年

古典イスラーム法の、家族法に関連する部分について、主にスンナ派四法学派を網羅的かつ詳細に紹介・解説した著作。

柳橋博之編著『現代ムスリム家族法』日本加除出版、二〇〇五年

現代において、イスラーム法を取り入れた家族法立法を行なっている国々のうち五ヶ国（マレーシア、インドネシア、フィリピン、インド、モロッコ）についての、家族法条文翻訳および解説。

両角吉晃『イスラーム法における信用と「利息」禁止』羽鳥書店、二〇一一年

イスラームの法と経済において最も重要な論点であるリバー（利息）禁止を中心に、ハナフィー法学派の資料などを用いてイスラームの論理を読み説いている。広い視野から論じ、民法に通暁した法律学の専門家ならではの視点が随所に光る。

ムハンマド・バーキルッ＝サドル『イスラーム経済論』黒田壽郎訳、未知谷、一九九三年

イスラーム世界において二十世紀を代表する思想家である著者が、所有や生産、分配といった経済の基本概念についてのイスラーム独自の特徴を、資本主義や社会主義との違いを鮮明に浮かび上がらせながら論じたもの。

中沢新一『緑の資本論』集英社、二〇〇二年

ともに一神教であるイスラームとキリスト教において、利子の禁止規定がどのように遵守され、あるいは逸脱されてきたのかについて、イスラームのタウヒード（一性論）の概念やキリスト教の三位一体説を援用して原理的に比較したもの。

加藤博『イスラム世界の経済史』NTT出版、二〇〇五年

前近代のイスラーム世界の経済システムを市場経済と規定した上で、それを支えるイスラーム独自の制度の考察を通じて市場経済の多様性のなかのイスラーム経済システムの特徴を論じたもの。

小杉泰・長岡慎介『イスラーム銀行――金融と国際経済』山川出版社、二〇一〇年

一般向けの「イスラームを知る」シリーズの一冊。イスラーム金融を歴史と現代の両面から、簡潔に眺望している。なぜ、一九七〇年代から現在までイスラーム金融が広がり続けているのか、その発想やダイナミックな発展ぶりがよくわかる。

長岡慎介『現代イスラーム金融論』名古屋大学出版会、二〇一一年

金融を中心にイスラーム経済とは何かを解明する基本書。大きな経済史の流れを踏まえて、今日の資本主義さえも相対化して見る視座が鮮やか。

現代イスラーム

小杉泰『現代中東とイスラーム政治』昭和堂、一九九四年
「イスラーム復興」を全体を貫く軸に据え、現代の中東政治における諸問題をいかに把握すべきかを論じた大部の研究書。イスラーム政治の基本理念やイスラーム復興の理論が丁寧に分析されている一方で、中東政治についての具体的な事例研究や情報も満載。

大塚和夫『イスラーム主義とは何か』岩波書店、二〇〇四年
九・一一以降、政治勢力としてのイスラームに注目が集まっているが、この本は、分析概念としての「イスラーム主義」を正面に据えて、昨今のイスラーム復興現象の歴史的起源・展開、そしてその原理を探る。「原理主義」や「テロ」といった言葉では把握できないこの複雑な問題を、平易で読みやすい文体で解きほぐす。

小松久男・小杉泰編『現代イスラーム思想と政治運動』（イスラーム地域研究叢書二）東京大学出版会、二〇〇三年
主に十九世紀以降の激動の時代に活躍したイスラーム思想家たちが、何を論点とし、いかにして政治と社会の厳しい現実と対峙したかを紹介。一一編の収録論文は、それぞれ異なる時代・地域の事例に焦点を当てる。巻末の「現代イスラーム思想家群像」は、現代思想の担い手たちの経歴や主要な論点を知ることができ、非常に便利。

酒井啓子・臼杵陽編『イスラーム地域の国家とナショナリズム』（イスラーム地域研究叢書五）東京大学出版会、二〇〇五年
民族主義と宗教意識が複雑に絡まり合う現代中東の政治・社会状況を解き明かすための概念的枠組みを検

討した一冊。収録された一〇本の論文には、それぞれが対象とする地域におけるネイション（民族／国民）、ステイト（国家）、イスラームの三者関係についての興味深い議論が詰まっている。

加藤博『イスラーム世界の危機と改革』（世界史リブレット）山川出版社、一九九七年

近代のイスラーム世界の流れを、平易に鳥瞰している。コンパクトで、非常にわかりやすい。

坂本勉・鈴木董編『イスラーム復興はなるか』（新書イスラームの世界史㈢）講談社現代新書、一九九三年

今日のイスラーム世界における政治的な混乱がいかに生じたのか、少し時代をさかのぼって考える上で便利。「西洋の衝撃」やネイション・ステイト・システム（国民国家体制）の成立などの歴史的背景について、情報を満載しながらも、明瞭な筋道を立てて描き出す。

ジル・ケペル『ジハードとフィトナ』早良哲夫訳、NTT出版、二〇〇五年

著者はフランスにおける著名なイスラーム運動研究者。正戦・義戦を意味する「ジハード」とイスラーム世界の内なる戦い「フィトナ」を鍵概念に、九・一一事件以降の中東地域、さらには欧米における急進派イスラーム復興運動の思想と活動について論じている。

ズィーバー・ミール＝ホセイニー『イスラームとジェンダー――現代イランの宗教論争』山岸智子監訳、中西久枝ほか訳、明石書店、二〇〇四年（原著は一九九九年）

イラン人ムスリムで人類学者である著者が、イランの宗教都市コムにおいて著名な宗教学者たちと行なった対話を記録した民族誌。ジェンダーをめぐるイスラーム的な言説の根底に、男女の役割分業に基づいた「ジェンダー不平等論」「ジェンダー均衡論」「ジェンダー平等論」の三つの流れを読み取っており、一枚岩的ではないイスラームのジェンダー観を提示している。

小杉泰『9・11以後のイスラーム政治』岩波書店、二〇一四年

攻撃的ジハード、テロ対反テロ戦争、グローバル化のなかのラジカリズムなどを通して、世界政治の一部となったイスラームを論じる。最後に二十一世紀の国際社会のあり方と共存の道を探る。

現代イスラーム諸地域

大塚和夫編『暮らしがわかるアジア読本　アラブ』河出書房新社、一九九八年
上岡弘二編『暮らしがわかるアジア読本　イラン』河出書房新社、一九九九年
鈴木董編『暮らしがわかるアジア読本　トルコ』河出書房新社、二〇〇〇年
その名のとおり、暮らしぶりがよくわかるアラブ、イラン、トルコの三部作。旅行をされる方には出発前に是非ご一読をおすすめしたい。

臼杵陽『世界化するパレスチナ／イスラエル紛争』岩波書店、二〇〇四年
パレスチナ／イスラエル紛争は、一地域内で起こっている現象であるにもかかわらず、その解決は当該地域内では自己完結的には決して達成できない問題である。この本は今日のパレスチナ／イスラエル紛争の「世界化」について、アメリカを含めた広い視座から鋭い考察を加えている。

青木保・小杉泰ほか編『アジア新世紀一　空間』岩波書店、二〇〇二年
二十一世紀における認識課題としてのアジアを問うシリーズの第一巻（全八巻）。今まさに「燃えているアジア」を「空間」を手がかりに観察したこの巻では、ブリジ・タンカ「デリー／ニューデリー」、応地利明「市場――イラン」、江川ひかり「ボスポラス海峡」などイスラーム世界の理解に多くのヒントを与えてくれる視点がひそんでいる。

黒崎卓・子島進・山根聡編『現代パキスタン分析――民族・国民・国家』岩波書店、二〇〇四年
現代パキスタンの政治・経済・宗教・言語・開発などをめぐる諸問題を、民族・国民・国家といった三者間の複雑な関係に焦点をあてて読み解こうとする研究書。

小西正捷編『もっと知りたいパキスタン』弘文堂、一九八七年

パキスタンの歴史、民族、文化、言語、芸能、生活、自然などに関するエッセイを収めた入門書。タイトルは「パキスタン」だが、実際にはインド、特に北インドのムスリムの社会生活・宗教実践についても、かなりの程度まで知ることができる。

岡田恵美子・北原圭一・鈴木珠里編著『イランを知るための六五章』明石書店、二〇〇四年
文学・言語、芸術、宗教、歴史、地理・風土・民族、政治・経済・社会、生活文化、日本とイランといった章立てからなる、イランについての必読の入門書。

宇山智彦編『中央アジアを知るための六〇章』明石書店、二〇〇三年
中央アジア地域を知る上で欠かせないさまざまな情報を、歴史、言語、文化、生活、政治、経済等各分野ごとにまとめたガイドブック。中央アジアの過去と現在を理解するうえでの最良の入門書である。

小松久男・堀川徹ほか編『中央ユーラシアを知る事典』平凡社、二〇〇五年
過去と現在の中央ユーラシア地域にかかわるさまざまな知識を網羅した「読む事典」。当該地域におけるイスラームに関連した事項もきわめて豊富に盛り込まれており、各事項の説明も比較的詳細である。

宇山智彦『中央アジアの歴史と現在』（ユーラシア・ブックレット）東洋書店、二〇〇〇年
中央アジアの近現代史における主要な問題群を、簡潔かつ平易にまとめた好著。帝政ロシア支配期からソ連時代を経て現在にいたるまでの当該地域変容の過程を見事に描写している。

生活と社会

三浦徹『イスラームの都市世界』（世界史リブレット）山川出版社、一九九七年
佐藤次高『イスラームの生活と技術』（世界史リブレット）山川出版社、一九九九年
杉田英明『浴場から見たイスラーム文化』（世界史リブレット）山川出版社、一九九九年

この世界史リブレット・シリーズは、私たちにとって生活のなかのごく身近なもの（例えば、砂糖、市場、浴場など）が、イスラーム史といかに直結しているかについて非常にコンパクトにわかりやすく解説した格好の入門シリーズである。

片倉もとこ『「移動文化」考』日本経済新聞社、一九九五年
「動くこと」がよしとされるイスラーム社会での「移動」のあり様を、遊牧民の生活と習慣、歴史における商人や学者の活動、巡礼システム、カナダ在住のエジプト人社会からさぐった好著。

グスタフ・E・フォン・グルーネバウム『イスラームの祭り』嶋本隆光監訳、伊吹寛子訳、法政大学出版局、二〇〇二年
五行のうちの礼拝、巡礼、断食について、その本質的な要素を具体的に明らかにし、同時にムスリムたちの内面にも触れた書。ムハンマドの聖誕祭（マウリド）や各地の聖者崇拝、アーシューラーの哀悼行事にも言及する。監訳者による「シーア派小史」も有益。

ファティマ・メルニーシー『ハーレムの少女ファティマ――モロッコの古都フェズに生まれて』ラトクリフ川政祥子訳、未來社、一九九八年
モロッコ人社会学者でありフェミニストである著者が、モロッコの古都フェズを舞台に、伝統的なムスリム社会を描いたフィクション。男女がはっきりと区別された日常空間が、一人の少女の眼をとおしてきめ細かに、そして大胆に語られている。

鈴木貴久子「ムスリムたちの食生活」（後藤明編『文明としてのイスラーム』〔講座イスラーム世界二〕栄光教育文化研究所、一九九四年）
ムスリム商人によるインド洋交易の活発な展開と農業技術の進歩によって、イスラーム世界の食べ物は十世紀以降から大きく変化する。十世紀から十四世紀にかけてのイスラーム世界の宮廷や都市民の食生活のあり様と変遷を、歴史資料から明らかにした論文。

鈴木董『トルコ』（世界の食文化）農山漁村文化協会、二〇〇三年
トルコの食文化の体系（食材、調理法、料理、料理器具、調理場、食の作法）全般を具体的に紹介した書。トルコの食文化の母体となったオスマン帝国の食文化がいかなる歴史的過程で形成され発展されたかを検討している。現在のトルコの食文化の変容に関する著者の指摘も興味深い。
鈴木董『食はイスタンブルにあり』ＮＴＴ出版、一九九五年
オスマン帝国の食文化の特質を、食材の供給面、調味加工面、消費面において豊富な一次資料を用いて明らかにした書。ケバブやドネルなど各種トルコ料理の詳しい紹介がなされ、料理読本としても楽しめる。後半部ではオスマン宮廷の食生活が描かれている。巻末には、オスマン帝国の食文化に関する主要文献の一覧がある。
ラルフ・Ｓ・ハトックス『コーヒーとコーヒーハウス』斎藤富美子・田村愛理訳、同文舘、一九九三年
アラブ・イスラーム世界を中心としたコーヒーに関する歴史の詳細を検証した研究書。
秋野晃司・小幡壮・渋谷利雄編著『アジアの食文化』建帛社、二〇〇〇年
アジアの、しかもかなり珍しい諸地域の儀礼食・日常食、食のシンボリズム、嗜好品などのテーマに関して、現地経験豊富な執筆者が健筆をふるった一冊。アジアの食文化の多様性が理解でき、なによりも楽しく読めることが大きな魅力で、イスラーム世界についてもトルコのコーヒーとチャイ（茶）、インド亜大陸のカレーやチャーイ（茶）、パキスタンにおける食事作法、南ウズベキスタンのパン焼きなどの話題がとりあげられている。
レイ・タナヒル『食物と歴史』小野村正敏訳、評論社、一九八〇年
先史時代から二十世紀まで、世界の食べ物を時系列的に概観した書。第十章に中世アラブの料理がある。中東地域の料理に関して、ローマ帝国時代の料理、あるいは同時代の中国、中央アジア、インド、ヨーロッパの料理などと比較し、その特質を検討できる好著。

知・科学・芸術

竹下政孝編『イスラームの思考回路』(講座イスラーム世界四) 栄光教育文化研究所、一九九五年
法、契約、知識、倫理、芸術といったさまざまな視点から、イスラーム固有の発想を多角的に描き出した論文集。なかでも松井健によるイスラームと自然環境についての論文は、なかなか他に類を見ないテーマで刺激的なものとなっている。

伊東俊太郎『近代科学の源流』中央公論社、一九七八年
ギリシアに始まり、中世ラテン世界、ビザンツ、アラビア、そして十二世紀以後の西欧ラテン世界とつながる、科学の歴史が述べられている。科学だけでなく、哲学、歴史、宗教などとの関係もふれられている。現在、日本語で読めるもっとも詳しい、イスラーム科学の解説書である。

ハワード・R・ターナー『図説 科学で読むイスラム文化』久保儀明訳、青土社、二〇〇一年
宇宙論、数学、天文学、占星術、地理学、医学、錬金術、光学、その他の科学と、テーマ別に書かれている。それぞれのテーマごとに、器具、写本、建造物などの写真が豊富に含まれており、解説がつけられている。

伊東俊太郎『十二世紀ルネサンス——西欧世界へのアラビア文明の影響』岩波書店、一九九三年
「十二世紀ルネサンス」とは何かということがテーマになっており、「シリア・ヘレニズム」「アラビア・ルネサンス」、十二、十三世紀の翻訳活動、そして「シチリアにおける科学ルネサンス」という、刺激的なテーマがわかりやすく解説されている。

矢野道雄『星占いの文化交流史』勁草書房、二〇〇四年
バビロニア、ヘレニズム、インド、イラン、イスラーム世界、中国、日本という広範囲にわたる、天文

学・占星術の伝承が述べられているが、平易な文章で簡潔に書かれている。密度が濃く読み応えがある。

ジクリト・フンケ『アラビア文化の遺産』高尾利数訳、みすず書房、二〇〇三年

原著は一九六〇年出版とやや古く、邦訳のアラビア語表記は不正確であるが、数学、天文学、医学に関する基本的な歴史が面白く書かれている。今のところ、イスラーム科学がシチリアとスペインを経由してヨーロッパに伝えられた歴史について書かれたもっとも詳しい文献である。

エリク・ド・グロリエ『書物の歴史』大塚幸男訳、（文庫クセジュ）白水社、一九九二年

本（書物）の歴史に関する概説書。西洋が中心だが、古代オリエントや中国・インド・イスラーム世界の書物の歴史についても随所で解説されている。

箕輪成男『紙と羊皮紙・写本の社会史』出版ニュース社、二〇〇四年

古代メソポタミア、ユダヤ、イスラーム、ビザンツなどの東方諸文明を対象地域とし、その写本の出版事情と西洋に対する優位性を明らかにしたユニークな社会史。巻末の参考文献一覧も網羅的で役に立つ。

ガブリエル・マンデル・ハーン『図説 アラビア文字事典』矢島文夫訳、創元社、二〇〇四年

アラビア文字と書道に関する入門書。豊富な図版を用いて、各文字の意味や性質、数学的価値についても解説してあり、眺めているだけでも面白い。

ジョナサン・ブルーム、シーラ・ブレア『岩波世界の美術　イスラーム美術』桝谷友子訳、岩波書店、二〇〇一年

イスラーム美術の優れた概説書。イスラーム世界における書物に関する総合的な研究で日本語で読めるものはないが、英語では、同じ著者による Jonathan M. Bloom, *Paper before Print: The History and Impact of Paper in the Islamic World*, New Heaven & London, 2001 がある。

ジェム・ベハール『トルコ音楽にみる伝統と近代』新井政美訳、東海大学出版会、一九九四年

著者は経済学者。トルコ古典音楽を題材として非西洋伝統文化の近代における諸問題を提示する。トルコ

音楽と社会・歴史・教育の関係に興味をもつ人々の必読書。訳者の手による歴史背景解説、年表、人名解説も充実しており、読み応えがある。

スーフィズム

赤堀雅幸・東長靖・堀川徹編『イスラームの神秘主義と聖者信仰』東京大学出版会、二〇〇五年
スーフィズムやタリーカに関する日本の研究の最新の到達地点を最もよく示す一冊。日本で過去十年近くにわたって行なわれてきた「スーフィズム・聖者信仰・タリーカをめぐる研究会」における研究成果が母体となっている。聖者信仰、スーフィズム、タリーカに加え、サイイド・シャリーフ（預言者一族）を四本の柱に据え、理論と事例をつきあわせた構成となっている。

ラレ・バフティヤル『スーフィー――イスラムの神秘階梯』竹下政孝訳、平凡社、一九八二年
豊富な図版でスーフィズムのイメージを楽しみたい人に。シリーズ「イメージの博物誌」の一冊で、学問的にはやや厳密さに欠けるが、訳者の豊富な注記がそれを補っている。とにかく見ているだけで飽きない。

R・A・ニコルソン『イスラムの神秘主義　スーフィズム入門』（新版）中村廣治郎訳、平凡社ライブラリー、一九九六年
スーフィズムの基本的な教義について、わかりやすく説き明かしたもの。スーフィズムの理論について理解したい人には、まずこれを勧める。原著は一九一四年刊行だが今でも十分通用する。訳文も達意でよくこなれており、読みやすい。

東長靖「スーフィーと教団」（山内昌之・大塚和夫編『イスラームを学ぶ人のために』世界思想社、一九九三年）

スーフィズムの起源から現代までを扱う通史として、日本語で読める唯一のもの。時間的・空間的に偏ることなく、対象を広くとっているところに特徴がある。ほかの章もあわせ読むことにより、複合的なイスラーム像が得られるだろう。

ルーミー『ルーミー語録』井筒俊彦訳・解説、岩波書店、一九七八年（井筒俊彦著作集の一冊として一九九三年に中央公論社より再刊）

最高のペルシア神秘主義詩人と謳われるルーミーの直の声を聞きたい時はこの一冊。逸話を含んだわかりやすい語り口で、神秘道の真理を垣間見させてくれる。達意の翻訳により、見事に日本語として蘇った。

日本とイスラーム

杉田英明『日本人の中東発見』東京大学出版会、一九九五年

日本と中東イスラーム諸国の間での歴史的・文化的な相互交渉・相互認識の軌跡とその特徴を整理し、古代から現代まで日本独自の視点でイスラーム社会を見つめようとする。日本におけるイスラーム・イメージや中東における日本イメージを形成した多くの資料に触れている。

小村不二男『日本イスラーム史』日本イスラーム友好連盟、一九八八年

著者自身がムスリムであり、本書で語る日本におけるイスラームの歴史の大半の証人でもある。索引がないのは不便であるが、第一次資料などの貴重な素材を多く提供している。日本におけるイスラームの歴史だけでなく、戦前・戦後の日本の歴史の一側面を体験的に語る貴重な記録ともなっている。モスクなどのイスラーム施設や在日ムスリムの歴史を知りたい方に魅力的な一冊である。

アブデュルレシト・イブラヒム『ジャポンヤ――イスラム系ロシア人の見た明治日本』小松久男・小松香織訳、第三書館、一九九一年

原著『イスラーム世界』より日本に関する章のみを翻訳したもの。著者のアブデュルレシト・イブラヒムは二十世紀初頭の有名な「旅大好き人間」である。ロシア出身のトルコ・タタール系のイブラヒムの日本滞在記であるこの作品は大きな影響を与え、今日のイスラーム圏に広がっている親日感の土台をつくった。西欧諸国やロシアに支配されていたイスラーム圏の解放と発展を夢見る著者が、日本や日本人を高く評価し見習うべき国としてイスラーム世界に紹介している。この本を通して、近代日本史の一幕を違った視点から探検することができる。

田澤拓也『ムスリムニッポン』小学館、一九九八年

第二次世界大戦前後におけるイスラームと日本の関係を六つの物語で取り上げ、第四回「週刊ポスト」「SAPIO」二十一世紀国際ノンフィクション大賞・優秀賞受賞。当時イスラームに関心を持った日本人について、イスラームの魅力に惹かれたというより、大東亜主義を掲げる日本政府の政策の一環として、彼らがイスラームや在日のムスリム社会に近寄ったと見なしている。この点にはやや疑問が残るが、日本とイスラームの関係を解明しようとする日本人ジャーナリストによるユニークな作品。

桜井啓子『日本のムスリム社会』ちくま新書、二〇〇三年

一九九〇年代以後の在日ムスリムの現状を情報と統計の両面からとらえ、わかりやすく解説した作品。現代日本のムスリム社会を取り上げた最初の一般書であり、現在日本に住むイスラーム教徒やイスラーム関連団体、彼らの祖国における社会的バックグランド、日本社会のなかでのイスラーム生活の問題などを、フィールドワークに基づくデータ、写真や表などを用いて論じている。

1945	シリア・ムスリム同胞団結成
1947	国連パレスチナ分割決議, 東西パキスタン独立
1948	イスラエル建国宣言に伴い, 第一次中東戦争
1956	第二次中東戦争（スエズ動乱）
1967	第三次中東戦争
1969	第一回イスラーム首脳会議, イスラーム諸国会議機構（OIC）設立
1973	第四次中東戦争, 第一次オイル・ショック
1975	無利子金融を主張するイスラーム銀行の設立が各地で開始
1979	イランでパフラヴィー朝崩壊, イラン・イスラーム革命
1980	イラン・イラク戦争（-1988）
1987	パレスチナの占領地でインティファーダ（民衆蜂起）始まる
1991	湾岸戦争
1993	オスロ合意に基づき, イスラエルとPLOの相互承認
2001	インドネシアでメガワティ大統領就任（イスラーム世界初の女性国家元首）。9月11日, ニューヨークなどにおいて同時多発テロ事件
2003	イラク戦争
2005	マッカでのイスラーム首脳会議が, 西洋とイスラームの相互理解を提唱
2007	トルコで、イスラーム復興派のギュル大統領就任。アブダビでハラール世界展示会開催, ハラール食品市場やハラール認証に国際的な注目
2011	アラブ諸国で「アラブの春」の民主化運動。OICが「イスラーム協力機構」に改称
2012	世界のイスラーム人口が16億人、世界人口の23%に

1299	オスマン朝成立（-1922）
14世紀中葉	アラブ人大旅行家イブン・バットゥータが旅行記を記す
1429	サマルカンド天文台建設
1453	オスマン朝スルタン，メフメト二世，コンスタンティノープル征服
1492	グラナダ陥落。イベリア半島のイスラーム時代終わる
1501	シーア派を国教とするイラン統一王朝，サファヴィー朝成立（-1736）
1517	オスマン朝スルタン，セリム一世によるエジプト征服
1520	スレイマン一世，オスマン朝スルタンに就任（在位-1566）
1554頃	世界初のコーヒー・ハウスがイスタンブルで開店
16世紀中葉	中東からチューリップの球根がヨーロッパへもたらされる
1588	巨大なドームなどオスマン建築を代表する建築家スィナン没
1699	オスマン朝，神聖同盟諸国とカルロヴィッツ条約締結，領土の縮小始まる
1718	オスマン朝で「チューリップ時代」始まる（-1730）
1774	オスマン朝，ロシアとキュチュク・カイナルジャ条約締結（いわゆる「東方問題」）
1789	セリム三世，オスマン朝スルタンに就任（在位-1808），軍隊の西欧化および芸術音楽（セリム三世楽派）の黄金時代を導く
1791	ワッハーブ運動の創始者イブン・アブドゥル・ワッハーブ没（1703-）
1826	イェニチェリ軍廃止，西洋式軍隊および宮廷内軍楽隊設立
1839	オスマン朝でタンズィマート改革始まる（-1876）
1847	フランスによるアルジェリア植民地化
1856	クリミア戦争終結，英仏によるオスマン朝への経済的植民地化加速
1858	インド最後のイスラーム王朝ムガル帝国滅亡
1876	オスマン朝でミドハト憲法制定（アジア最初の憲法）
1881	オスマン朝財政破綻に伴い英仏による財政管理開始，ロシアによる中央アジア制圧，エジプトでアラービー革命，チュニジア，フランス占領下に
1882	イギリスによるエジプト軍事占領
1883-84	アフガーニーとムハンマド・アブドゥ，雑誌『固き絆』をパリで刊行
1891-92	イランでタバコ・ボイコット運動
1898	ラシード・リダー，カイロで雑誌『マナール（灯台）』刊行
1899	ムハンマド・アブドゥ，エジプトの大ムフティに任命される
1914	オスマン帝国，第一次世界大戦に同盟国側で参戦
1915	フサイン・マクマホン書簡
1916	オスマン帝国に対する「アラブの反乱」
1917	バルフォア宣言
1918	第一次世界大戦終結，オスマン帝国支配下だった中東地域が事実上英仏の支配の下に独立
1922	オスマン朝スルタン制廃止，オスマン朝滅亡
1923	トルコ共和国成立
1924	トルコ共和国においてカリフ制廃止
1925	イランでガージャール朝崩壊，パフラヴィー朝始まる
1928	ハサン・バンナー，エジプトでムスリム同胞団創設
1939	第二次世界大戦開始

イスラーム関連略年表

570頃	ムハンマド, マッカに生まれる
599頃	ムハンマド, 商人ハディージャと結婚
610頃	ムハンマド, 瞑想中に天使の訪問を受け, 「アッラーの使徒」と自覚。預言者活動を開始
619頃	ハディージャとムハンマドの保護者だった伯父が没
622	ムハンマド, 弟子とともにマディーナへ移住。ヒジュラ（聖遷）。イスラーム共同体成立
623	バドルの戦いで, マッカ軍を破り, イスラーム共同体を防衛
630	マッカ征服。偶像崇拝時代の終わり
631	ムハンマド没。アブー･バクルが後継者。正統カリフ時代にはいる(-661)
633	ムハンマドとハディージャの娘ファーティマ没
632	第二代カリフ, ウマルが国家制度および法整備に着手
644	第三代カリフに, ウスマーンが就任
650頃	ウスマーンの命で, クルアーンを一冊の書物として編纂, 公式版を確定
661	第四代カリフ, アリーが暗殺され, ウマイヤ朝成立（-750）
680	ムハンマドの孫, フサインがカルバラーで殉教
711	イスラーム軍, イベリア半島に侵攻。以後, 同半島においてユダヤ, キリスト, イスラーム文明の交流が活発化
750	アッバース朝成立（-1258）
751	タラス河畔の戦いでイスラーム軍が唐軍を破る。中国の製紙法西伝
762	バグダード建設始まる。8世紀後半にバグダードに製紙工場建設
830	バグダードに「知恵の館」が設立され, ギリシア語やシリア語書籍のアラビア語への翻訳作業開始。この頃, 数学者・天文学者フワーリズミー（アルゴリズム）活躍
870	『真正集』を編纂したハディース学者, ブハーリー没（810-）
970	カイロにアズハル・モスク建設。学院を併設し, 世界最古の大学となる
1005	カイロに「知恵の館」設立
1037	ヨーロッパで医学教科書として用いられた『医学典範』の著者, 哲学者・医学者イブン・スィーナー（アヴィセンナ）没
1071	セルジューク朝軍, マラーズギルトの戦いでビザンツ軍を破る
1091	神学者・哲学者ガザーリーがバグダードの学院教授に就任
1169	クルド系武将サラディン, アイユーブ朝を建国（-1250）
1240	「存在一性論」を創唱したイブン・アラビー没
13世紀	モンゴル軍によるイスラーム世界進出によって中国絵画の技法がもたらされ, その影響下に写本絵画（ミニアチュール）が発展
1250	マムルーク朝成立, シャジャル・アッドゥッルが女性のスルタンとして即位（在位3ヶ月）
1272	メヴレヴィー教団の創始者ルーミー, アナトリアのコンヤで没（-1207）

ヤ　行

ラ　行

ワ　行

索　引

ア　行

カ　行

サ　行

タ　行

ナ　行

ハ　行

マ　行

執筆者紹介

磯貝健一（いそがい けんいち）
追手門学院大学文学部准教授。イスラーム期の中央アジア史，イスラーム法廷文書研究。

尾崎（鈴木）貴久子（おざき〔すずき〕きくこ）
防衛大学校人間文化学科准教授。中東食生活史。

小野仁美（おの ひとみ）
学習院女子大学・多摩美術大学・立教大学非常勤講師。イスラーム学，イスラーム法研究。

ギュレチ・セリム・ユジェル（Gulec Selim Yucel）
コンヤ市国際交流部長。イスラーム社会論，スーフィー・タリーカ研究。

小杉麻李亜（こすぎ まりあ）
前ブルネイ・ダルサラーム大学イスラーム研究センター研究員。宗教人類学，クルアーン研究。

小牧幸代（こまき さちよ）
高崎経済大学地域政策学部教授。社会人類学。

後藤裕加子（ごとう ゆかこ）
関西学院大学文学部教授。イラン前近代史，サファヴィー朝史。

末近浩太（すえちか こうた）
立命館大学国際関係学部教授。現代中東政治，イスラーム政治思想。

竹田敏之（たけだ としゆき）
京都大学大学院アジア・アフリカ地域研究研究科研究員。アラビア語文法学，現代アラブ文化論。

ダニシマズ・イディリス（Danismaz Idiris）
同志社大学高等研究教育機構高等教育院助教。イスラーム思想，スーフィズム研究。

長岡慎介（ながおか しんすけ）
京都大学大学院アジア・アフリカ地域研究研究科准教授。中東地域研究，イスラーム経済学。

松尾有里子（まつお ゆりこ）
お茶の水女子大学教育開発センターアカデミック・アシスタント。オスマン朝史，ウラマー研究。

松本奈穂子（まつもと なほこ）
東海大学教養学部准教授。音楽・舞踊学，トルコ・コーカサスの音楽・舞踊研究。

守川知子（もりかわ ともこ）
北海道大学文学部准教授。イラン・イスラーム史。

山本啓二（やまもと けいじ）
京都産業大学文化学部教授。アラビア科学史。

横田貴之（よこた たかゆき）
日本大学国際関係学部准教授。中東地域研究，現代エジプト政治。

編者紹介

小杉　泰（こすぎ やすし）
1953年北海道生まれ。エジプト国立アズハル大学卒業。法学博士（京都大学）。現在，京都大学大学院アジア・アフリカ地域研究研究科教授。専門は，イスラーム学，中東地域研究。
主著：『イスラームとは何か』（講談社現代新書），『現代中東とイスラーム政治』（昭和堂），『現代イスラーム世界論』（名古屋大学出版会）など。

江川ひかり（えがわ ひかり）
1961年東京生まれ。お茶の水女子大学大学院人間文化研究科博士課程単位取得退学。文学修士（お茶の水女子大学）。現在，明治大学文学部教授。専門は，トルコ近代史，オスマン帝国社会経済史。
主要論文：「タンズィマート改革期のボスニア・ヘルツェゴヴィナ」（『岩波講座　世界歴史』第21巻），「19世紀中葉バルケスィルの都市社会と商工業――アバ産業を中心に」（『お茶の水史学』第42号）など。

新曜社
ワードマップ
イスラーム　社会生活・思想・歴史

初版第1刷発行　2006年7月20日
初版第2刷発行　2015年3月2日

編　者　小杉　泰・江川ひかり
発行者　塩浦　暲
発行所　株式会社新曜社
〒101-0051　東京都千代田区神田神保町3-9
電話(03)3264-4973(代)・Fax(03)3239-2958
URL http://www.shin-yo-sha.co.jp/
印刷所　銀河
製本所　イマヰ製本所

ISBN978-4-7885-1005-0　C1014